任力资源

任康磊◎著

第2版

用数据提升
人力资源
管理效能

（实战案例版）

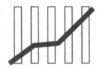

人民邮电出版社

北 京

图书在版编目（CIP）数据

用数据提升人力资源管理效能：实战案例版 / 任康
磊著. -- 2版. -- 北京：人民邮电出版社，2022.10（2023.11重印）
ISBN 978-7-115-59028-2

Ⅰ. ①用… Ⅱ. ①任… Ⅲ. ①人力资源管理－研究
Ⅳ. ①F243

中国版本图书馆CIP数据核字(2022)第053038号

内 容 提 要

本书内容涵盖数据在人力资源管理应用中的大量实战案例，完整呈现数据在应用过程中的背景、思考、方法论以及各类表单、图形、工具、模型，让方法论可视化、流程化、步骤化、模板化，并通过对实战案例进行详细拆解，呈现操作过程，让读者能够轻松上手，快速掌握做好人力资源量化管理和数据分析工作的方法。

本书分为9章，主要内容包括人力资源管理数据应用概述；用数据提升人才规划效能；岗位工作量化分析；用数据提升招聘选拔效能；用数据提升人才培养效能；用数据提升人才保留效能；用数据提升薪酬管理效能；用数据提升绩效管理效能；用数据提升员工关系管理效能。

全书以案例为主，模板齐全、实操性强、通俗易懂，适合人力资源管理从业人员、企业管理者、高校人力资源管理专业的师生，以及其他对人力资源管理工作感兴趣的人员阅读。

◆ 著　　　　任康磊
　　责任编辑　马　霞
　　责任印制　周昇亮

◆ 人民邮电出版社出版发行　北京市丰台区成寿寺路 11 号
　　邮编　100164　电子邮件　315@ptpress.com.cn
　　网址　https://www.ptpress.com.cn
　　涿州市般润文化传播有限公司印刷

◆ 开本：700×1000　1/16
　　印张：16.25　　　　　　2022 年 10 月第 2 版
　　字数：328 千字　　　　2023 年 11 月河北第 4 次印刷

定价：69.80 元

读者服务热线：(010) 81055296　印装质量热线：(010) 81055316
反盗版热线：(010) 81055315
广告经营许可证：京东市监广登字 20170147 号

HR，用专业证明自己

有很多做人力资源管理工作的朋友问过笔者这样的问题："HR要如何证明自己？"

营销类的岗位可以用业绩来证明自己；产品类的岗位可以开发出好的产品来证明自己；运营类的岗位可以通过达成项目预期来证明自己；就连财务类的岗位，也可以通过定期形成财务报表，做财务分析来证明自己。

可是，HR要用什么来证明自己呢？

实际上，HR可以证明自己的方法非常多，比如划分清楚岗位权责利，保证人才的招聘满足率，给关键岗位建立胜任力模型，帮团队培养出能力达标的人才，设计出有激励效果的薪酬体系，建立起有助于实现目标的绩效体系，帮助团队提升员工敬业度，实施有价值的人力资源数据分析，帮助团队提升劳效，帮助公司降低人力成本等。

不过，任何一项能够证明自己的工作，都需要HR专业能力的支持。HR这份职业是一个上限可以很高，下限也可以很低的职业。要提升HR的职业上限，提升专业能力是大多数HR的唯一解。

如果不具备人力资源管理的实战专业能力，HR就只能做人力资源管理中价值比较低的事务型工作。只有具备系统实战专业能力的HR，才能在人力资源管理岗位上获得好的职业成长与发展。

十几年之前，笔者刚接触人力资源管理工作的时候，特别想系统地学习人力资源管理实战技能，帮助自己更好地开展工作。但当时找遍了全网，我也没找到好的学习渠道和课程。

后来，靠着不断向世界顶级的管理咨询公司学习方法论，靠着对大量人力资源管理咨询项目不断实施验证，靠着实战中对搭建人力资源管理体系的不断应用复盘，靠着十几年的经验积累，笔者终于能相对全面地总结出实战人力资源管理体系的方法论，能够帮助 HR 更系统、更快速、更有效地提升人力资源管理技能。

任康磊的人力资源管理方面的图书自上市以来就好评如潮，销量与口碑都名列前茅，如今已有超过 60 万册的总印刷量。

许多读者在线上平台和笔者社群中晒出自己的书架，上面摆着一整套任康磊的人力资源管理实战系列丛书，并开心地说这套系列书已经成为其案头必备的工具书，内容非常实用。笔者很高兴自己的经验知识能够帮助到广大 HR 学习成长。

为帮助读者朋友们更高效地学习实战人力资源管理技能，介绍一个"4F"学习成长工具。工具中的"4F"分别是：facts（现实／事实）、feeling（感受）、findings（引申为思考／观点）、future（引申为行动计划）。"4F"对应着 4 个学习步骤，按照这个学习步骤进行实战学习，能让学习效率事半功倍。

第 1 步，总结事实。

在学习过程中，注意学习内容中都有什么，看可以总结出多少对自己当前工作有价值的要点。学习的过程固然重要，个人的总结同样重要。没有总结，知识都是别人的；有了总结，知识就变成了自己的。

第 2 步，表达感受。

通过总结出的要点内容，表达自己的感受。这里的感受可以随意延展，不限于总结出的内容。横看成岭侧成峰，远近高低各不同，相同的内容，即使是同一个人看，其不同时间点的感受是不同的。

第 3 步，寻找观点。

通过学习的过程，获得了怎样的独立思考？形成了哪些自己的观点？得到了哪些具体收获？学而不思则罔，思而不学则殆，学习的过程必然伴随着深度的独立思考。

第 4 步，行动计划。

经过思考之后，形成具体的行动计划。这里的行动计划最好能够帮助实际工作，能够可实施，可落地。行动不仅是实践学习成果的方法，也是检验学习成果的有效方式。行动计划过程中如果发现问题，可以再回到第 1 步重新学习。

"4F"学习成长工具是个闭环。每一个学习过程，都可以用"4F"学习成长工具进行复盘。当你刻意运用这个工具学习的时候，即便学到自己已经知道的内容，也往往会有一些新的认知、新的理解和新的感悟。

如果读者朋友在系统学习任康磊的人力资源管理系列图书、线上课或线下课，建议不断运用这个工具开展学习，你将能够不断获得成长与提升。

系统有效地学习任康磊的人力资源管理系列学习产品（图书、线上课、线下课），将帮助 HR 全面提升个人能力，提升职场竞争力；帮助 HR 成为解决人力资源管理实际问题的专家，提高 HR 的岗位绩效；帮助 HR 迅速增加个人价值，增加职场话语权。

最后，要感谢广大读者朋友的支持与厚爱，感谢人民邮电出版社恭竟平老师与马霞编辑的指导与帮助，感谢张增强老师的鼎力协助。

祝读者朋友们能够成为卓越的人力资源管理者。

HR，让咱们用专业证明自己！

在一次大型的人力资源管理线下论坛上，主持人抛给笔者一个问题：数据和经验哪个更重要？要解答这个问题，不妨从一部电影开始讲起。

2019 年春节时上映了一部电影，是韩寒导演的《飞驰人生》，电影讲的是一个赛车手为了找回自己曾经的辉煌岁月，经过重重艰难险阻，重新返回赛场的故事。电影中有个桥段，这个赛车手为了再次取得冠军，找到了他之前夺冠时的赛车架，并将其重新组装。

如果用电影《飞驰人生》中的桥段来解释：数据就像那台夺冠的赛车，没有那台赛车，赛车手无法夺冠；经验就像赛车手，没有赛车手，只有赛车，夺冠也是无稽之谈。一个车队赢了比赛，到底是这个赛车手厉害，还是这个赛车手开的赛车厉害？这很难回答。同样，数据和经验也是相辅相成的，很难讲孰轻孰重。

在管理实践中，有句比较经典的话，叫"数据会说话"。这句话的意思是数据能够告诉我们当前的问题在哪里，能够帮助我们找到方案、解决问题。可数据自己真的会说话吗？当然不会，至少在人工智能被研发出来之前不会。这句话的真正含义是，使用数据的人是通过数据来查找问题、分析问题和解决问题的。

既然数据是通过它的使用者来"说话"的，这就决定了使用数据的人怎么"说话"，数据就怎么"说话"。如果使用数据的人能力卓越、经验老到，就有可能让数据发挥出最大的价值；可如果使用数据的人逻辑思维混乱、缺乏经验，在相同的数据背景下，不仅有可能发挥不出数据的正向价值，还有可能产生反作用。所以，使用数据的人决定了数据的质量。

关于数据，笔者相信财务数据是目前整个市场规则里公认的最有效、最系统的数据了。比如三大报表、杜邦分析之类的概念，很多没有财务基础的人也许看不懂，但多多少少也都听说过。

财务管理始于 15 世纪，在工业革命时代得到了快速发展。财务管理发展到今天，所有的系统、所有的资源、所有的制度，都让财务数据越来越准确、越来越客观。

可是，我们能不能说现在有了这么完善的财务数据系统，经验就不重要了？肯定不能。让一个刚从哈佛大学财务专业毕业的博士看一家上市公司的全套财务报表，他能不能看出问题来呢？我认为他即便能看出问题，可能更多的也只是表面问题。他和资深从业人员看出来的问题肯定会有差距。

一千个人眼里，有一千个哈姆雷特；一千个人看同一家上市公司的财务报表，也可能有一千种解读。这其中有知识和能力的差距，也有很大一部分是经验的差距。但光有经验，没有数据支持，那又回到了原点，所有的决策只能拍脑袋得出。

近几年，人力资源管理数据的应用正在快速增加，而且也在逐渐规范化和标准化。特别希望有一天，人力资源管理数据也能像财务管理数据一样规范。这可能需要一代人的努力，也需要这种努力的成果被世人认可。

然而，未来人力资源管理数据再怎么规范，想要发挥出价值，也还需要使用这些人力资源管理数据的人拥有一定的管理经验来准确解读这些数据。

数据可以提升人力资源管理效能，这是毋庸置疑的。可如何用数据提升人力资源管理效能呢？数据可以在哪些方面提升人力资源管理效能呢？在人力资源管理的不同模块中，数据的运用，其实是有一些相对固定的模式和方法的。但在实战中，人力资源管理的数据运用更加复杂，也更加多变。

针对如何让人力资源管理工作更加科学、有效地运用数据，如何让数据提升人力资源管理效能，笔者结合自己的经验和曾经参与过的管理咨询项目，以及一些知名公司的管理方法，将这些知识总结成案例、方法和工具。希望通过阅读本书，读者可以快速掌握人力资源管理各环节、各模块的内容，了解在实战中可以运用哪些数据，学会如何运用这些数据，以及如何分析这些数据。

本书包含大量的实战案例，这些实战案例中的公司涉及连锁零售业、生产制造业和互联网等典型行业，案例分别对应着不同的具体场景，建议读者在阅读时不要忽略本书对这些具体场景的描述。在不同的实战场景中，数据的应用可以根据场景的需要发生更多样的变化。

本书实战案例中的数据取自真实公司、真实场景中的真实数据，考虑到保密需求，部分案例隐去了公司的真实名称，并视情况修改或隐去了原始数据中的部分数据。但这不影响读者对各类数据应用方法论的学习，读者可重点关注本书对实战场景、应用方法和演示模板的解析。

随着方法更新，本书迎来了第 1 次改版。本次改版修正的内容主要包括如下

3点。

1.增加了人力资源供需预测分析相关方法和案例

人力资源供需预测是人力资源规划相关数据分析的方法。有读者反馈不了解如何用数据分析实施人力资源规划。为满足读者需求，本书增加了多种人力资源规划中可能用到的人力资源供需预测分析方法。

2.增加了培训数据分析的方法论

在用数据提升人才培养效能（第5章）中，第1版的内容以案例为主。为了丰富内容，本次改版加入了人才培训结果分析的方法论。

3.增加了疑难问题、典型误区和前沿认知

笔者的人力资源管理相关系列书有个特点：每章最后会视情况加入实战案例、疑难问题、典型误区或前沿认知。本书第1版以实战案例为主，没有加入疑难问题、典型误区和前沿认知等相关内容。本次改版加入这些内容是为丰富全书内容，更全面地满足读者对实战知识的需求。

除以上3点主要修正内容外，还对原书章节内容做了改写和升级，修正了个别表述方式。

如果读者希望延伸阅读，可以选择阅读笔者所写的《人力资源量化管理与数据分析》；如果读者有人力资源成本管控方面的需求，可以选择阅读笔者所写的《人力资源成本管控》。把这两本书与本书结合起来读，对掌握数据在人力资源管理中的应用方法，效果会更佳。

公司中的问题是多种多样、千变万化的，这就造成了解决问题的过程和方法也是千变万化的。不同的问题，可能需要用到不同的数据组合、不同的分析方法。

我们学习人力资源管理时，都想尽可能学习更多的方法论。再好的方法论也有具体的应用场景，离开了那个场景，它可能会一文不值；反过来，我们觉得不合理的事情，在某个特定场景下，却有可能是对的。

书里的文字毕竟是"死"的，就算尽可能多地呈现，最后呈现出来的也只是"冰山一角"。有限的知识承载难以穷尽无限的实际变化。笔者认为，学人力资源管理、学数据应用，最重要的是学思维和逻辑，然后用思维和逻辑来解决实际问题。

笔者总结了一个学习的ABC原理：看到的是A，学到了B，用出来变成了C，这才是真正的学习成长。很多人不是这样，他们是看到了A，学到了A，就只会用A，结果用的时候发现A没有解决问题，就说A没有用，这其实是不会学习的表现。

当我们看到A时，想要学到B，需要总结、归纳、发散的能力；学到B时，想要用出C，需要对场景进行观察、思考，同时对B不断进行练习、复盘，并不断调整，这也是一种行动力。所以笔者认为，学习能力从来都不是一种单一的能力，而是能够发散思维、举一反三，并在实际应用时灵活变通的能力。

希望本书能够持续为各位读者朋友的人力资源管理实践提供帮助。如有更多实战人力资源管理学习需求，欢迎关注任康磊人力资源管理系列丛书的其他书、线上课或线下课。

祝读者朋友们能够学以致用，更好地学习和工作。

本书若有不足之处，欢迎读者朋友们批评指正。

本书特色

1.通俗易懂、案例丰富

读者拿到本书后能够看得懂、学得会、用得上。本书包含丰富的实战案例，让读者们能够快速掌握数据在人力资源管理实战中的应用。

2.上手迅速、模板齐全

本书把大量复杂的理念转变成能在工作中直接应用的、简单的工具和方法，并把这些工具和方法可视化、流程化、步骤化、模板化，即便是初学者也能够快速上手开展工作。

3.知识点足、实操性强

本书涉及大量的知识点。知识点的选择立足于解决工作中的实际问题，让读者通过本书，学会在人力资源管理实战中有效运用数据。

本书内容及体系结构

本书主要内容如下

第1章　人力资源管理数据应用概述

本章分成3部分：第1部分主要介绍人力资源管理者应关注哪些数据，包括不同层级的人力资源管理者分析数据的落脚点、分析的视角和关注的数据类型；第2部分主要介绍如何围绕价值做数据分析，包括如何通过数据表达价值、如何围绕价值制定目标和采取行动；第3部分主要介绍如何运用数据做总结分析，包括如何用数据 总结事实、聚焦问题、分析问题、得出结论。

第2章　用数据提升人才规划效能

本章分成4部分：第1部分主要介绍人力资源供需预测分析的方法，包括马尔可夫矩阵分析法、人才优化替换分析法、人才成长指数分析法、人才引进指数分析法、财务成本预算规划法、效率趋势分析预测法、能力与需求预测法、角色与需求预测法、德尔菲趋势预测法；第2部分主要介绍上市公司人力资源规划的案例，包括人才数量规划、人员配置测算、人员配置管控；第3部分主要介绍上市公司人力资源数据分析的案例，包括序列角色分析、定岗定编分析、入职离职分析、身份结构分析、职务结构分析、年龄结构分析、司龄结构分析和学历结构分析；第 4 部分主要介绍阿里巴巴公司人才盘点的案例，包括阿里巴巴公司人才盘点的价值、方法、种类和应用。

第 3 章　岗位工作量化分析

本章分成 3 部分：第 1 部分主要介绍岗位工作量的分析方法，包括观察分析法、岗位访谈法、工作实践法、问卷调查法和标准作业程序的编制方法；第 2 部分主要介绍运用观察分析法进行岗位工作量分析的案例，包括对理货岗位、生鲜岗位、收款岗位、装卸岗位和库管岗位的工作量的具体分析过程；第 3 部分主要介绍运用岗位访谈法进行工作量分析的案例，包括对人力资源部负责人、招聘与组织管理专员、培训与发展管理专员、薪酬与绩效管理专员和子公司人力资源专员的工作量的具体分析过程。

第 4 章　用数据提升招聘选拔效能

本章分成 3 部分：第 1 部分主要介绍华为公司后备干部选拔的案例，包括后备干部选拔的象限、标准和学习潜力评价标准；第 2 部分主要介绍腾讯公司岗位任职资格的案例，包括职位能力框架、等级和标准；第 3 部分主要介绍上市公司校园招聘项目的案例，包括招聘需求分析、行程费用计划、内容物资筹备和招聘效率分析。

第 5 章　用数据提升人才培养效能

本章分成 4 部分：第 1 部分主要介绍人才培训结果分析方法，包括人才培训效果分析的 3 个维度和人才培训工作分析的 4 个阶段；第 2 部分主要介绍上市公司人才培养量化的案例，包括人才培养人数量化、时间量化和人才职业发展量化；第 3 部分主要介绍岗位学习内容量化的案例，包括店长岗位、主管岗位和员工岗位学习内容的量化；第 4 部分主要介绍岗位技能评定量化的案例，包括收款岗位、快餐岗位、油炸岗位和面食岗位技能评定的量化。

第 6 章　用数据提升人才保留效能

本章分成两部分：第 1 部分主要介绍上市公司离职率分析的案例，包括招聘来源分析、离职原因分析、在职时间分析、行业属性分析、岗位类别分析、职务类别分析、离职身份分析、年龄属性分析、学历属性分析和人才流向分析；第 2 部分主要介绍上市公司员工满意度调查的案例，包括满意度的调查问卷、汇总分析和分析应用。

第 7 章　用数据提升薪酬管理效能

本章分成 3 部分：第 1 部分主要介绍上市公司考勤情况分析的案例，包括员工出勤率分析、人员系数分析、排班对业绩的影响分析和异常考勤处理；第 2 部分主要介绍上市公司薪酬情况分析的案例，包括薪酬发放情况分析、五险一金情况分析、人均工资情况分析、人工费用情况分析和费用比率情况分析；第 3 部分主要介绍上市公司劳效改进分析，包括劳效分析、劳效改进流程和劳效分类对策。

第 8 章　用数据提升绩效管理效能

本章分成 3 部分：第 1 部分主要介绍华为公司绩效管理的案例，包括华为公司绩效管理的由来、绩效管理程序、个人绩效承诺、绩效评价标准和绩效承诺发展；第 2 部分主要介绍阿里巴巴公司绩效管理的案例，包括阿里巴巴公司绩效管理的特点、原则、价值观评分、要求和绩效结果分类；第 3 部分主要介绍 40 类常见岗位的量化绩效指标。

第 9 章　用数据提升员工关系管理效能

本章分成 3 部分：第 1 部分主要介绍上市公司员工敬业度调查分析的案例，包括员工敬业度调查问卷、调研步骤、员工敬业度和贡献度分类模型和提高员工敬业度的方法；第 2 部分主要介绍上市公司工伤情况分析的案例，包括工伤情况统计、汇总分析和减少工伤的方法；第 3 部分主要介绍风险量化的方法，包括风险量化的 3 个维度、5 个等级和评估样表。

本书读者对象

人力资源管理从业人员；

分管人力资源管理各模块的专员、主管、经理、总监、副总经理等；

企业管理者；

想考取人力资源管理师及其他人力资源管理专业相关证书的学员；

高校人力资源管理专业的师生；

其他对人力资源管理工作感兴趣的人员。

目录

第 3 章
岗位工作量化分析　// 61

第 4 章
用数据提升招聘选拔效能　// 88

第 5 章
用数据提升人才培养效能　// 110

第 6 章
用数据提升人才保留效能 // 134

第 7 章
用数据提升薪酬管理效能 // 155

第 8 章
用数据提升绩效管理效能 // 175

第9章
用数据提升员工关系管理效能 // 226

第1章

人力资源管理数据应用概述

人力资源管理工作应该接触和使用哪些数据与人力资源管理人员所在的层级有关，与待解决的问题有关，也与想要达成的目标有关。被正确运用到人力资源管理实战，数据必然会为公司创造价值。

1.1 人力资源管理者应关注哪些数据

经常有朋友问笔者：人力资源管理者应当关注哪些数据？笔者认为，这个问题不能一概而论，人力资源管理者负责的模块不同、层级不同，关注的落脚点、分析的视角以及侧重关注的数据应该都是不同的。

1.1.1 不同层级的落脚点

人力资源管理工作的落脚点应当放在结果上，但不同层级的岗位强调的结果类型是有区别的，如图 1-1 所示。

如果是人力资源管理的基层人员，工作的落脚点应该放在行为结果上；如果是人力资源管理的中层人员，工作的落脚点应该放在任务结果上；如果是人力资源管理的高层人员，工作的落脚点应该放在价值结果上。

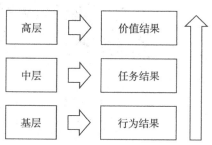

图 1-1　不同层级的岗位强调的结果类型

行为结果指的是具体的行为或事件的结果，任务结果指的是某项任务或某个项目的结果，价值结果指的是人力资源管理工作的开展在为公司创造价值方面的结果。这 3 类结果是从微观到宏观、互为因果的关系。

举例

某公司人力资源管理部设有分管培训管理工作的培训分部，其中设有培训专员、培训经理和培训总监 3 类岗位。

培训专员是培训管理工作的基层人员，平时负责的工作主要是组织和运营培训活动，这类岗位应当重点关注行为结果。对于基层培训管理人员来说，行为结果就是组织培训的次数，或者组织培训的参训学员人数。

培训经理是培训管理工作的中层人员，管理着培训专员，这类岗位关注的重点应该是任务结果。对于中层培训管理人员来说，任务结果就是某一项任务或某一个项目最后得到了什么样的结果，具体可以是培训计划完成率、培训课程完成率等体现培训项目整体完成情况的指标。

培训总监是培训管理工作的高层人员，管理着培训经理和培训专员，这类岗位关注的重点应该是价值结果。对于高层培训管理人员来说，价值结果可以是人才能力的达标率和人才梯队的完备率。

人才能力达标，代表员工具备了完成工作需要的能力，等于工作效率的提升。人才梯队完备率，代表人才梯队的完整情况。如重要岗位的人才离职后，有后备能力达标的人才及时补充，这样能够降低人才离职带来的损失。

需要注意的是，高层人员应当重点关注价值结果，但不代表高层人员不需要关注行为结果和任务结果。同样，基层人员应当重点关注行为结果，但不代表基层人员不需要关注任务结果和价值结果。重点关注的含义是有所侧重，是第一步的落脚点。不论处在哪个层级，在关注本层级结果的基础上，也应当看到其他层级的结果，并给予适当的关注，让自己具备全局视野，这样才有助于更好地完成工作。

如果各个层级没有把落脚点放在本层级应当重点关注的结果上，就有"越位"的嫌疑。比如，一个基层员工过分关注公司战略的完成情况，或过分关注公司营业收入的情况，就是明显放错了落脚点。

可如果每个层级都只关注手头的工作，只关注自己层级应当重点关注的结果，完全不去想自己的结果如何为上一层级提供帮助，或是下一层级的工作结果如何为自己提供支持，则不利于上下级之间工作的衔接。

1.1.2 不同层级的分析视角

行为结果、任务结果和价值结果的分析视角是不同的。行为结果聚焦于具体事件，一般指的是事物的数量多少或质量如何；任务结果聚焦于目标，一般指的是目标的结果如何或完成情况如何；价值结果聚焦于价值，一般指的是部门层面或公司层面创造的价值。不同层级的分析视角如图 1-2 所示。

图 1-2　不同层级的分析视角

如果某人力资源管理岗位属于基层岗位，事务性工作比较多，那么这类岗位分析的视角应当先聚焦于平时做得比较多的行为，然后由这个行为去推导它上一层的任务，再由这个任务，去推导它更上层的价值。

某招聘管理专员，每天最主要的工作内容就是筛选简历，并打电话邀约面试。在这个过程中，为了促成面试，招聘管理专员需要与人力资源部的领导和各个部门的领导沟通。人才招聘成功之后，招聘管理专员还要带领新员工办理入职手续。

这一系列的事务性工作，实际上都可以用数据来体现。比如这个招聘管理专员平均一个月打了多少个电话？筛选了多少份简历？组织了多少场面试？办理了多少个新员工入职？在这个数据量化的过程中，重点是体现出这个招聘管理专员做的具体事件是什么、数量有多少、质量怎么样。

往上推演，把这些工作聚焦于具体的目标，变成任务结果，要说明这个结果完成得怎么样。这里的目标可以是公司层面的目标，也可以是部门层面的目标。

再向上推演，目标能形成某项价值。这项价值可能是对公司的价值，也可能是对某个部门的价值。这项价值可能通过量化来体现，也可能没有办法通过量化来体现。但是一般来说，应当尽量通过量化来体现工作价值。

除了招聘管理岗位之外，在与人力资源管理相关的岗位当中，基层的员工关系管理专员的一般事务性工作也比较多，下面以员工关系管理专员的离职面谈工作举例。

举例

某员工关系管理专员有一项重要的工作是离职面谈。员工离职面谈是一项事务性工作。这位员工关系管理专员一年一共做了多少场员工离职面谈、用了多少时间、结果怎么样，这些都可以在行为结果层面体现出来。

那么，员工离职面谈的目的或者说目标是什么？一般来说，员工离职面谈的最大目标是降低员工的离职率，但是离职面谈不一定可以直接降低离职率，可能是员工关系管理专员通过离职面谈，了解大部分员工离职的原因，然后有针对性地去改进这个问题，从而降低员工的离职率。

在任务结果层面，关注的是这位员工关系管理专员通过多少次的离职面谈，在离职面谈当中加入了什么样的内容，了解员工离职的原因主要集中在哪些方面。这位员工关系管理专员做了哪些工作或反馈，改进了哪些方面，从而让员工的离职率降低，或者让公司的离职率保持在一定的水平。

再向上推演到价值结果层面，员工离职率降低，会给公司创造什么价值？可以肯定的是，员工离职率降低将会减少公司的用人成本，减少公司因为人才流失造成的损失。从另一个角度来说，员工离职率降低，在一定程度上也能够提高公司的效益和效率。这就是员工关系管理专员能够为公司创造的价值结果。

如果某人力资源管理岗位属于中高层岗位，管理性工作比较多，那么，这类岗位分析的视角应当从价值结果转到行为结果。也就是先要聚焦于价值结果层面，或者说首先要明确行为背后能够给公司提供什么价值，通过这项价值，区分结果具体的任务目标。这个任务目标要匹配部门目标，也要匹配公司目标。再从任务目标往下推，推出应当要做哪些具体工作，也就是行为结果的层面。

 举例

某人才发展总监负责整个公司的培训管理和人才培养工作。然而这位总监在总结分析自己工作的时候，是这么说的：我今年一共组织了100场培训，明年准备组织120场培训。这位人才发展总监沾沾自喜地认为自己明年规划的工作量比今年多了是件好事，说明自己工作努力。

上例中的这位人才发展总监，没有分析透彻为什么他明年要准备组织120场培训，没有说明这120场培训要达到什么样的目标，也没有说明要为公司创造什么价值。

培训绝对不是做得越多越好，因为培训需要耗费参训人员和组织人员大量的时间和精力，组织一次线下培训，成本是非常高的。如果这位总监真的在为公司创造价值，则关于组织培训这项工作的逻辑应该是以下这样的。

我今年一共组织了100场培训，经过我们部门的培训评估，发现其中有20场培训的效果比较差，原因是……我们发现有50场培训非常成功，原因是……明年我们准备通过培训，让公司某类岗位的业绩提高到×××，某类岗位的效率提高到×××，某方面的成本控制在×××，降低×××的风险。

为了达成这个价值结果，我们准备组织的培训内容是……培训的场次有……每个场次准备达到……的目标。最后，为了保证这些培训的顺利进行，我们准备做……工作。

到最后可能会发现，今年组织了100场培训，明年实际上组织50场培训就够了。而且为什么要组织这50场培训，这位总监也应分析得有理有据，做到在正式开展工作之前，就能够让人信服，而且让人觉得他真的能够让公司节省成本，提高效率。

总之，不同层级的岗位，开展工作的内容可能不同，但运用数据进行分析的视角都可以落在行为、任务和价值这3个层面。人力资源管理者要培养自己的全局视野，要在重点关注自身工作内容所在层面的同时，关注其他的层面。

1.1.3　不同层级关注的数据类型

不同层级的人力资源管理岗位在不同的管理模块中，应当关注的具体数据类型是不同的。数据类型的差异同样来源于不同层级关注的结果类型的不同落脚点。不同层级的人力资源管理岗位在不同模块中关注的数据类型如表 1-1 所示。

表 1-1 不同层级的人力资源管理岗位在不同模块中关注的数据类型

模块	基层	中层	高层
人才规划	月 / 季 / 年人数 人员进出情况	人员编制控制率 人才缺口率	人才规划完备率 人才梯队完备率
人员结构	年龄结构 学历结构 司龄结构	态度结构 能力结构 绩效结构	岗位胜任情况达标率 后备人才能力达标率
招聘管理	简历获取率 简历合格率 面试赴约率	面试通过率 招聘满足率 招聘渠道贡献度 内 / 外部招聘比率	人才到岗率 招聘成本 空缺岗位补充时间
培训管理	实施培训次数 参训人次 / 人数	培训计划完成率 培训课时完成率 培训满意度	人才能力达标率 培训费用 / 培训投资回报率 人才培养体系完备率
人才保留	离职人数 离职面谈数 同批雇员留存率 / 损失率	离职人员结构 离职人员流向 离职原因情况	人才离职率 离职人才业务合作率
薪酬管理	考勤的检查次数 薪酬发放及时性 薪酬发放准确性	加班强度比率 薪酬福利发放总额 薪酬福利调整情况 工资增长率	员工出勤率 / 缺勤率 人工费用额 / 率 人均劳效 / 利润 工资收入 / 利润
绩效管理	绩效工作完成率 绩效数据收集率 绩效检查执行率	绩效工资比率 绩效考核覆盖率 绩效数据完备率	绩效改善结果 高绩效人才比率
员工关系管理	员工访谈次数 发放 / 回收问卷件数 接待员工投诉事件次数 社保和公积金参与率	劳动合同签订比率 员工投诉发生比例 劳动争议发生比例 解决员工投诉事件次数	员工敬业度 员工满意度 工伤损失比率 劳动争议损失比率

表 1-1 是不同层级的人力资源管理岗位在不同模块中应关注的数据类型，并非该层级人力资源管理岗位的考核数据，也并非该层级人力资源管理岗位应当关注的唯一数据，而是该层级人力资源管理岗位应当有所侧重、重点关注的数据。

不同层级的人力资源管理岗位除了重点关注不同模块中自身对应的数据之外，还应当注意其他数据，让自身具备全局视角。尤其是在同一个岗位负责多个人力资源管理模块，或不同的人力资源管理岗位负责的管理模块有交叉的情况下更应如此。

1.2 如何围绕价值做数据分析

用数据提升人力资源管理效能的最终目的是创造价值，而不是为了用数据而用数据，也不是为了分析而分析。如何用数据为人力资源管理工作创造价值？如何用数据表达自身的工作价值？这是每一个人力资源管理者运用数据时必须要思考的问题。

1.2.1 如何通过数据表达价值

人力资源管理者如何通过数据表达工作价值呢？

很多人觉得价值是一个很虚的概念，是一个看不见、摸不着，但又不能否认它存在的东西。实际上，价值有虚的一面，也有实的一面。价值，其实是能够被量化表达出来的。价值可以体现在 4 个方面，分别是效益、效率、成本和风险。这里用价值表达的靶心图表示，如图 1-3 所示。

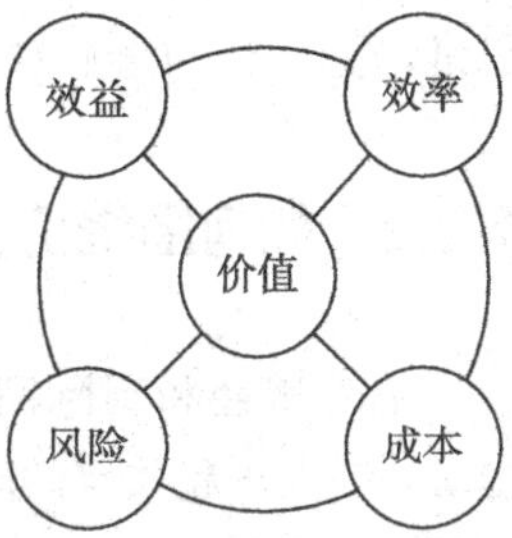

图 1-3　价值表达的靶心图

那么，当人力资源管理者想要说明自己为公司创造的价值的时候，要怎么表达呢？

要么，是人力资源管理者提高了某方面的效益，比如从财务报表上看，某方面的销售额提高了；要么，是人力资源管理者提高了某方面的效率，比如从单位时间获得的收益来看，工作量提高了；要么，是人力资源管理者降低了某方面的成本，比如完成某个任务公司需要付出的成本降低了；要么，是人力资源管理者降低了某方面的风险，比如某个领域的风险系数下降了。

到这里，其实还没有结束。在效益、效率、成本和风险这 4 个维度上，不是单纯提升了其中的某一个维度，就代表给公司创造价值了。真正的创造价值，是在其他维度不变差的情况下，优化了其中的某一个维度或者某几个维度，这才说明人力资源管理者为公司创造了价值。

如果人力资源管理者将某个维度改善了，但另外某个或几个维度却变差了，那么人力资源管理者其实没有真正为公司创造价值，反而有可能创造了负价值。

某员工关系管理专员平时事务性和重复性的工作比较多，为了减少公司员工发生工伤以后可能产生的一系列风险，这位专员给公司买了一份商业保险。这位专员认为给公司购买商业保险这个行为为公司降低了风险，因而自己为公司创造了价值。

然而，真的是这样吗？这位员工关系管理专员为公司购买商业保险，确实减少了公司的风险。但同时，他也增加了公司的成本。他是通过增加公司的财务成本，减少了公司的风险。这样的工作，谁不会做呢？难道这位专员购买的商业保险和别人购买的商业保险有什么不同？这位专员通过自身工作发挥的价值体现在哪里呢？

这位员工关系管理专员如果通过一系列流程改进工作、一系列工艺升级工作以及一系列宣传培训工作，降低了公司员工发生工伤的概率，这才是这位专员真正发挥价值之处，才是真的为公司创造了价值。

价值表达的靶心图不仅可以帮助人力资源管理者表达价值，更重要的是，能指导人力资源管理者平时的工作，让人力资源管理者在平时工作的时候养成价值思维，把工作的重心放在那些有价值的事情上。

1.2.2　如何围绕价值制定目标

笔者曾经和国际商业机器公司（International Business Machines Corporation，IBM）的人一起共事的时候，有一个级别很高的管理者告诉笔者，在 IBM，他们每一天要达到什么目标都是提前有计划的，而且这些计划是一级一级推导下来的。

IBM 是怎么推导目标的呢？

他说 IBM 总公司的战略部门，会预测 3 年之后 IBM 的股价将会是多少。根据 3 年后的股价，他们会推导 IBM 在 3 年后要开展哪一些业务，经营业绩要达到什么水平，市场影响力要达到什么状态，这些目标都要明确。

再往下分解，是根据 IBM 3 年后的情况，推导未来 1 年的情况，而且要把未来 1 年的情况推导给全球不同的分公司。根据全球不同的分公司的情况，再向下分解，分解到不同的事业部、不同的部门、不同的岗位。

随着目标的分解，能够看出哪些业务虽然盈利能力很强，但是未来可能已经不那么重要了；哪些业务虽然刚兴起，盈利能力不强，但可能在未来比较重要。所以，有时候一些新闻报道 IBM 又裁员，或者某个业务又被收购了，实际上可能并不是 IBM 出了问题，而是一种战略部署。

比如，当年 IBM 的个人计算机业务被联想公司收购，实际上是 IBM 卖掉低附加值的业务，做高附加值产品战略的体现。对 IBM 来说，这个决策是正确的。当然，当时的联想公司也不是"冤大头"。联想公司当时处于整合全球的硬件生产、打造全球品牌的发展阶段，收购 IBM 的个人计算机业务对联想公司来说也是正确的，所以这是个双赢的战略收购。

IBM 通过分解每个岗位的战略目标，将其分解为月目标、周目标、日目标等。

人力资源管理人员在制定目标的时候，同样可以参考这种逻辑。要注意越远期的目标，越应当关注宏观的、长远的、愿景的层面；越近期的目标，越应当关注具体的、短期的、可操作的层面，如图1-4所示。

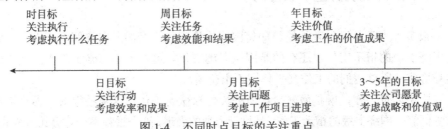

图1-4 不同时点目标的关注重点

当制定岗位3～5年的目标时，要关注公司的愿景、战略和价值观。

制定岗位的年目标时，要在和公司3～5年的目标匹配的基础上，关注岗位工作的价值成果，以及考虑如何与公司的长远战略相匹配。

制定岗位月目标时，要在年目标的基础上，关注一些相对具体的问题和一些工作项目的开展情况。

制定岗位周目标时，要在月目标的基础上，进一步进行分解，要关注一些更具体的任务、更具体的效能和结果。

制定岗位每天的目标时，要关注具体的行动，关注行动效率和每天的成果。

如果还可以再进一步制定岗位每个时间段的目标，那么要关注执行的具体任务。

举例

集团公司的人力资源总监，在制定自身岗位3～5年的目标时，首先看公司的愿景、战略和价值观是什么，要让公司3年以后，人力资源的数量和质量能满足公司的需要。这时候的人力资源规划相对来说比较宏观。

当制定年目标时，要根据3年以后的人力资源规划，制订当年的人力资源规划，这时候的人力资源规划相对比较具体，要考虑人力资源部当年要给公司创造什么价值，做出哪些成果。比如，当年要保证人才到位率、人才离职率、人工费用率、人均劳效等一系列体现价值的指标达到什么水平。

当制定月目标时，要关心一些具体的问题。这里的问题指的是在确定了当年要达成的目标之后，发现的一些阻碍目标达成的问题，或是制定出了具体的目标方向之后，一些工作项目的进度。比如，一些人才引进、人才培养的项目进展，这些项目的进展情况决定了当年的目标能否达成。

到了制定周目标的时候，应把所有这些待解决的问题、待完成的项目，分解为每周的具体任务，然后每周关注这些任务的进展情况。

到了制定每一天的目标时，应聚集于一些具体的行为。比如，某天要召开什么会议，某天要参加什么活动。

到了制定每小时的目标时，就要制定具体几点到几点，要完成具体什么样的事情。

1.2.3 如何围绕价值采取行动

很多人力资源管理者不懂得如何围绕价值工作,有的是围绕职责工作,有的是围绕上级的指示工作,还有的是围绕兴趣工作。这些人都忽略了工作的重心应当是价值,所以他们的工作几乎体现不出价值。

围绕职责工作,就是做好自己所处岗位该做的工作,这个过程本身不一定会产生价值;围绕上级的指示工作,是执行力高的表现,这个过程不一定会让人成长,也不一定会产生价值;围绕兴趣工作,是任性的表现,兴趣与工作价值之间的关联性更小。如果人力资源管理者不懂得围绕价值来工作,那么很可能不能真正创造价值。

人力资源管理者如何围绕价值开展工作呢?

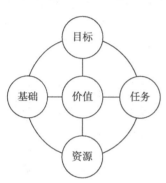

图1-5 价值行动的靶心图

围绕价值开展工作,靠的不仅是价值思维,还包括价值行为。所谓价值行为,是指围绕价值采取的一系列行动,包括围绕价值设定工作目标、安排工作任务等。在这个过程中,人力资源管理者要考虑资源情况和基础情况。这里可以用价值行动的靶心图来表示,如图1-5所示。

人力资源管理者在做方案的时候,经常会有一些想得不周全的地方,可能导致做出来的方案不切实际,也可能导致做出来的方案不能真正创造价值。参照价值行动的靶心图,就能有效地避免这类问题。

根据价值行动的靶心图,人力资源管理者可以围绕以下4个关键点制定方案。

1. 目标

目标是要实现的某项价值,即人力资源管理者需要实现的具体目标。设定目标应当遵循SMART原则(S=specific,M=measurable,A=attainable,R=relevant,T=time-bound),也就是设定的目标要是具体的、可衡量的、可达到的、与其他目标具有一定的相关性并且有明确的截止期限的。

2. 任务

一般来说,越是长远的目标,越应该关注宏观的问题;越是短期的目标,越应该关注当下的行动和具体的执行。所以基于价值和目标,还要设定具体的任务。任务就是为了达成目标而进行的一系列行动的总和。

3. 资源

除了可以通过主观努力改善的条件,还有主观努力不能改善的条件,那就是资源。资源包括财务资源、权力资源、人际关系资源等。资源通常不是人力资源管理者想有就能有的,还需要其他人的配合,需要其他人与人力资源管理者一起完成目标。

4.基础

基础是人力资源管理者为了完成目标，需要具备的知识基础、技能基础、素质基础，以及其他要素的基础。基础是人力资源管理者自身能够控制的，是通过人力资源管理者的主观努力能够提高的部分。如果缺乏基础，人力资源管理者应当主动补足。

价值行动的靶心图中的目标、任务、资源、基础是相互联系、相互影响的，它们是一个统一的整体，而不是分散的个体。例如，如果人力资源管理者的基础强到一定程度，可能需要的资源就会少一些；如果人力资源管理者恰好有比较多可以动用的资源，需要的基础可以相对弱一些。

人力资源管理者在围绕价值制订工作计划的时候，可以按照价值行动的靶心图的思路对目标、任务、资源、基础分段盘点。这个工具不仅可以用来做计划，也能指导人力资源管理者平时的工作行为和决策。应用这个工具，能提升人力资源管理者的工作能力、决策能力和管理能力，同时能帮助人力资源管理者实现自身的价值。

1.3 如何运用数据做总结分析

总结分析的流程可以分成 4 步：第 1 步是总结事实，这部分要用量化的数据，说明当前的事实是什么；第 2 步是聚焦问题，即准确提出真正待解决的问题；第 3 步是进行分析，即通过这些数据，分析当前的问题；第 4 步是得出结论，即根据整个分析的过程，得出有用的结论。

1.3.1 如何用数据总结事实

什么是事实？这个问题其实很多人是不清楚的。

比较容易和事实搞混的概念是观点。

什么是观点？观点是对某件事的个人看法，而事实不一定是这样的。

比如，今天天气很冷，这就是一个观点；今天的气温是 18 摄氏度，这是事实。

把事实和观点搞混很常见，比如，在工作中经常会听到以下表述。

这项工作很难。

这件事很容易。

这个项目很长。

这个工作量很大。

这个内容很多。

这个时间很久。

这个人很好……

这类日常听到的总结其实都是在讲观点，而不是事实。这类话在商业世界，是无效的语言。

不知道你有没有这样一种体验：去同一家中餐厅，点同一道菜，但每次点，这道菜的味道都不同——有时候偏咸，有时候偏淡；有时候好吃，有时候不好吃。我们会觉得这道菜可能是不同的厨师做出来的，所以味道不同。

但实际上即使是同一个厨师，在不同的时间段、不同的心情下，做出来的菜的味道都不一样。因为中餐的菜谱上对于配料的说明大多是盐适量、味精少许、酱油多放、糖视情况而定之类的含糊表达。因为这些模糊的表达，所以每个厨师在制作的过程中全凭自己的理解、感觉、经验、偏好操作，菜的味道当然会不一样。

一个朋友曾说起他第一次去美国的经历：他到酒店住下之后，肚子饿了，就出去找东西吃。他发现酒店旁边有两家餐厅，一家是麦当劳，另一家是一间没有听过名字的牛排餐厅。他想了想，去了麦当劳。我问他为什么，难道在国内还没吃够麦当劳吗？

他告诉我，因为去麦当劳吃饭，他有确定性，但是去那家牛排餐厅吃饭，他没有确定性。在全世界任何一家麦当劳餐厅买相同口味的汉堡，得到的都是类似的口味，不论这个口味是不是我们最喜欢的，至少我们可以确定自己会尝到这个口味。

但如果到一家并不熟悉的餐厅，将会尝到什么样的口味，这并不确定。实际上，在很多国家，大部分餐厅的烹饪过程都没有明确的量化标准，无法保证产品的标准化。大部分餐厅的菜品口味，都与厨师的能力直接相关。

而麦当劳是怎么做的呢？

麦当劳对原材料的要求是：奶浆在送货时温度如果超过4摄氏度必须退货；汉堡的面包不是圆形、切口不平的不能要；每块牛肉饼从加工开始要经过40多道质量检查关，有一项不符合规定标准，就不能出售给顾客；餐厅的一切原材料，都有严格的保质期和保存期，比如生菜从冷藏库送到配料台，只有2小时的保鲜期限，超过这个时间就必须处理掉。

麦当劳对产品的保存也有明确的要求，各种食品的保存期是不相同的，例如三明治类的保存期为10分钟、炸薯条的为7分钟、炸苹果派的为10分钟、咖啡的为30分钟、香酥派的为90分钟等。

就连麦当劳餐厅和产品的设计，都既体现了服务的细节，又体现了服务的标准。比如，麦当劳所有连锁店的柜台高度都是92厘米，因为据科学测定，大多数人在92厘米高的柜台前点餐感觉最方便；麦当劳的可乐都为4摄氏度，因为这个温度下的可乐口味最佳；面包全都厚17毫米，因为这样的面包在口中咀嚼时味道最好、口感最佳。

有了这样的运营标准，才保证了顾客无论在世界上哪一家麦当劳餐厅用餐，都会吃到类似口味的汉堡。这些运营标准，来自对事实的准确总结和描述，而不是主观臆断。反观很多厨师在教徒弟的时候经常说的话：这个菜炒得太咸了，这个菜酱油放得太少了，这个菜量太多了。这都只是在表达观点。

1.3.2 如何准确地聚焦问题

除了事实和观点之外，还有一个人们经常会搞混的概念，那就是烦恼和问题。

人们在做总结的时候，一定会涉及找问题的环节。运用数据分析做总结的其中一个很重要的目的就是发现问题、分析问题和解决问题。

可到底什么是问题，什么其实不是问题而只是烦恼？很多人是不清楚的。

比如，笔者曾经听一个朋友抱怨，他在一家公司做客服，每天要接待大量的顾客投诉。在这些顾客当中，免不了会有态度不友善、个人素质不高的人。笔者的这位朋友在接待顾客投诉的时候，经常会感到非常郁闷。

笔者经常听他抱怨：难道顾客的素质就不能高一点吗？难道大家就不能冷静下来理性解决问题吗？难道公司的产品就不能不出问题吗？

客服岗位，工作中有抱怨、有不顺心、有情绪，是正常状况。但如果他把这些当成工作中的问题来解决，就有可能会出差错，有可能会钻牛角尖，陷入死胡同。

为什么呢？因为这些都是烦恼，而不是工作中真正的问题。

烦恼是工作给人带来的，是人的主观感受，而问题是客观的。

烦恼有一个最大的特征：对某些人来说是烦恼的事，对另一些人来说，或对整个公司来说，很可能不是烦恼。如果总是想着去解决烦恼，对个人来说获得的价值可能比较大，但对公司来说，不一定会产生价值。另外，烦恼通常是很难解决的，或解决的成本非常高。

比如笔者这位做客服的朋友，他的烦恼是顾客对他的态度不好，素质很差，而且公司的产品总有质量问题。这些其实主要是他工作中的烦恼，让他产生了负面情绪，所以他会认为这是他当下面临的最大问题。

假如这些烦恼解决了，对谁的价值更大呢？比如，来投诉的顾客，态度一下子全变好了，素质一下子全变高了。其实这件事对笔者这位朋友的价值更大，对公司来说，价值并没有那么大。

另外，这个烦恼能解决？很明显，实际上是很难真正解决的。我们能提高顾客的素质吗？世界上哪有一家公司敢说自己的产品100%没问题，不会有一个顾客投诉的？反过来，如果没有顾客投诉，还要处理顾客投诉的客服岗位做什么？解决顾客投诉，不就是客服岗位存在的价值吗？

但是，也不是说在烦恼当中，完全没有真正的问题。比如，笔者的这位客服朋友说顾客投诉的态度不好或顾客素质低，导致他的心情很差。当把目光从个人情绪上移开，把聚焦点放到投诉的顾客身上时，可以这样思考：当顾客态度不好时，客服应该采取什么样的话术，让顾客态度变好？用什么方法，能把原本火药味很浓的对话，一下子变得非常平和？用什么方式，在解决完问题之后，能让顾客非常满意？

客服统计完顾客投诉的数量和主要投诉点之后，就能够统计出哪一段时间顾客的投诉数量特别多；在哪几种产品上，顾客的投诉数量特别多；在产品的哪方面性能上，顾客的投诉数量特别多。

在统计出这些真正的问题之后，客服将其交给产品部门，让产品部门改进。产品质量改进之后，顾客的投诉就会减少。这就是把解决烦恼的逻辑转变成解决问题的逻辑。解决烦恼的逻辑只是解决情绪的逻辑，解决问题的逻辑才是为公司创造价值的逻辑。

1.3.3 如何用数据分析问题

总结出事实，聚焦到问题之后，接下来要对事实和问题进行分析和评价。在运用数据分析事实的时候，除了分析"数量"之外，还要注意分析"质量"。分析工作质量，可以从 4 个维度入手，分别是"多、快、好、省"，如图 1-6 所示。

数量，可以是这件事原本应该完成的数量，现在完成的数量有多少。

速度，可以是这件事原本应该在多长时间内完成，现在完成的速度如何。

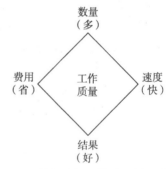

图 1-6　用数据分析工作质量的 4 个维度

结果，可以是这件事原本应该得到什么样的结果，现在结果如何。

费用，可以是这件事原本应该花费多少费用，现在的花费情况如何。

运用这种分析方法，可以分析出工作的完成质量。要注意，在判断实际的质量时，要务实。人们从主观上期望所有工作都能做到"多、快、好、省"，但实际上这 4 个维度是相互矛盾的。

通常情况下，要数量多，就不一定快，结果不一定好，费用也不一定低；要省钱，数量就不一定多，不一定快，结果不一定好。

"多、快、好、省"这 4 点，能做到其中某一点或某两点就可以了，4 点面面俱到是不现实的。但有时候很多领导对员工会有不切实际的要求，这时候员工要尝试与领导沟通，把领导拉回客观的工作中。

比如，很多产品经理或项目经理经常被领导盯得很紧。领导要求他们的工作进度要快，方案要省钱，产品要好，而且要在很短的时间内完成足够多的工作。这时，作为产品经理或项目经理，要怎么办呢？如果他们有能力和上级沟通的话，务必要客观地沟通这件事。同时，可以强调在这 4 个方面做得比较好的方面。

在很多情况下，要做到面面俱到并不现实，应当根据工作的需要，把这 4 个维度中的某一项或某几项做好。这时候，做好的某一项或某几项就是应当重点评估质量的部分。

1.3.4　如何用数据得出结论

经过了查找事实和问题，并对事实和问题进行分析之后，接下来就要设法得出关于事实或问题的结论。

总结事实并且做了分析之后，发现工作达到预期，这时候可以采取的行动逻辑如图 1-7 所示。

图 1-7　工作达到预期后的行动逻辑

达到预期，意思是达成了当初计划的目标。总结和计划其实是一个管理闭环，所以有没有达到预期的前提，是有没有提前确定目标和计划，这也能反映确定目标和计划的重要性。

当工作达到预期之后，不代表工作就结束了，下一步要研究的，是工作为什么能达标，是因为根据目标制定的方案和行动都落地了，还是纯粹靠运气。搞清楚"为什么"，是工作上的复盘。有的人虽然业绩达标了，但如果不知道为什么，将来很可能会出问题。

比如，某人给自己制定的目标是今年的销售业绩达到 1 000 万元。到年底发现，计划完成了，然后他就美滋滋地认为，自己的目标完成了，说明自己很优秀。但实际上，他完成这 1 000 万元销售业绩有很大部分原因是运气或巧合，和他个人的行动与努力没有关系。今年的这种运气和巧合能不能延续到明年，或者有多少能够延续到明年，很难讲。

当了解了为什么、发现了问题以后，接下来就要判定有没有改进的空间，而且要进一步判定有没有改进的必要。改进是要付出成本的，在判断有没有改进必要的时候，需要判断管理成本的投入和产出比。

在不考虑其他因素的情况下，如果投入产出比高，这件事就值得做；如果投入产出比低，这件事可能就不值得做。

如果做了分析之后，发现事实上工作做得不好，也就是没有达到预期，这时候可以采取的行动逻辑如图 1-8 所示。

图1-8　工作没有达到预期后的行动逻辑

当工作没有达到预期的时候，需要做以下工作：一是要判断为什么没有达到预期；二是要判断在同类岗位中，谁达到预期了而且做得比较好，也就是找到最佳实践方案；三是要研究这个最佳实践方案为什么好。找到最佳实践方案做得好的原因之后，接下来就可以制订计划，采取行动，进行改进了。

疑难问题
如何通过数据诊断人力资源工作模块质量

不论是企业内部的人力资源管理人员在对自身人力资源管理工作评判和规划时，还是外部的管理咨询顾问对企业人力资源管理工作诊断时，都免不了要回答类似问题：企业目前的人力资源管理工作哪里做得好，哪里做得不好？接下来的工作重心应放在哪里？

这类问题表面看起来很容易回答，似乎只要找到企业的人力资源管理工作哪里做得相对比较差，然后把比较差的那部分工作模块纳入接下来的人力资源规划，作为工作重心就可以了，但实则不然。

因为任何管理工作的改善都需要付出人力和时间，都需要付出成本和代价。假如有多项人力资源管理工作待改善，把这些工作全部做好需要付出的成本通常是巨大的，而且因为资源有限，重要性不同，改善这些工作通常是要有优先级顺序的。

因此在实务工作中，企业不仅要诊断出人力资源管理工作的质量，找出有哪些工作待改善，而且要评判这些待改善工作的重要性，排出优先级顺序，根据当前的资源情况，制订人力资源管理工作改善的规划。

具体怎么做呢？

1.划分模块

人力资源管理工作可以分成很多模块。划分模块时，最好不要简单地按照传统理论定义的六大模块来划分，而应当按照人力资源管理的实务需求和实际情况来划分。

例如可以将人力资源管理模块分成岗位管理、能力管理、人力规划、组织机构、人才招募、人才吸引、人才测评、人才选拔、人才入职、人才盘点、人才离职、人才培养、职业规划、考勤管理、薪酬管理、福利管理、人才激励、绩效管理、员工关系、法务管理、企业文化、流程制度、数据分析和成本管控24个模块。

这样按照实务需求划分比按照传统理论六大模块来划分的好处是在诊断出薄弱环节后，让工作导向更加明确，工作范围相对较小，针对性更强，目标更加聚焦。

2. 赋值评判

对于单一的工作模块来说，既要有工作质量的评判，又要有重要程度的评判，而且两种评判不能只看其一，要将两者放在一起赋值量化，才有助于做出判断。

评判每个人力资源管理工作模块的工作质量，可以用"有效性"指标。所谓有效性，就是该人力资源管理工作模块当前有没有为企业充分发挥其应有的作用？在多大程度上发挥了作用？还有什么样该发挥的作用没有发挥出来？

评判每个人力资源管理工作模块的重要程度，可以用"重要性"指标。所谓重要性，就是该项人力资源管理工作模块对企业的价值有多大？在企业中的地位如何？缺少该模块后对企业的负面影响程度有多大？

要度量有效性和重要性，需要对其赋值，例如可以按照 1～5 分对其赋值。5 分代表程度最高，1 分代表程度最低。对不同的人力资源管理工作模块打分。

谁来打分呢？为避免主观性，可以成立人力资源管理工作质量诊断小组，组员由企业的高层管理者、人力资源部门高层管理者和部分业务部门的人员担任。小组成员可以设置 5～7 人，取小组所有成员的平均得分作为最终得分。

为了拉开不同工作模块之间数值的差距，避免出现很多模块的赋值数字相似的情况，可以采取强制降序打分的方法，让每个模块在每个维度上的分值都尽可能不同。

例如在重要性维度，张三认为岗位管理模块第一重要，能力管理模块第二重要，则应当给岗位管理模块打 5 分，给能力管理模块打 4.9 分。假如张三认为岗位管理和能力管理两个模块对企业来说同等重要，不能都打 5 分，要强制排出哪个第一重要，哪个第二重要。

成立人力资源管理工作质量诊断小组后，每个人采取强制降序打分的方法操作，最后得出每个模块的平均值，也可以按照平均值强制排序后，平滑数值，让分数形成梯队差异。

例如，在有效性维度，小组得分平均后岗位管理模块的平均值最高，得分为4.51，能力管理模块得出的平均值第二高，得分为 4.46。这时可以把岗位管理最终的有效性分数设置为 4.5，把能力管理模块的有效性分数设置为 4.4。

当某两个模块在某个维度的得分十分接近时，可以将这两个模块的最终分数设置为相同。但为了保持不同模块间的数值差异，应尽量避免出现这种情况。

3. 比较参数

经过划分模块和赋值评判这两个步骤后，将会得到不同人力资源管理工作模块有效性和重要性的量化数值。但只有这两个数值还无法直接判断出不同模块的优先级顺序，需要将有效性和重要性的数值通过某种方式合并在一起。

此时可以引入比较参数，计算公式如下。

比较参数 =1-（有效性 ÷ 重要性）

例如，某企业对人力资源管理工作模块比较参数的计算如表 1-2 所示。

表 1-2　某企业人力资源管理工作模块比较参数计算表

人力资源管理 工作模块	有效性	重要性	比较参数 （约数）
岗位管理	3.2	4.8	33%
能力管理	2.6	4.7	45%
人力规划	2.8	5	44%
组织机构	3.5	4.9	29%
人才招募	4	4.1	2%
人才吸引	3.5	3.3	-6%
人才测评	3.8	3.2	-19%
人才选拔	4.1	3.1	-32%
人才入职	4.5	2.7	-67%
人才盘点	3.7	3	-23%
人才离职	3.8	2.8	-36%
人才培养	4.1	4	-2%
职业规划	3.9	3.5	-11%
考勤管理	4.7	2.9	-62%
薪酬管理	3.8	4.4	14%
福利管理	3.7	4.3	14%
人才激励	3.5	4.6	24%
绩效管理	3.8	4.5	16%
员工关系	4.4	3.8	-16%
法务管理	4.6	3.4	-35%
企业文化	4.1	4.2	2%
流程制度	4.2	3.6	-17%
数据分析	3.1	3.9	21%
成本管控	3.5	3.7	5%

将表 1-2 中不同的人力资源管理工作模块和比较参数的值转化为图形后，如图 1-9 所示。

比较参数的数值（非绝对值）越大，代表该工作模块的优先级越高，越应当优先规划，越应该把主要资源和工作重心放在这里；比较参数的数值越小，代表该工作模块的优先级越低，越不必重点关注。

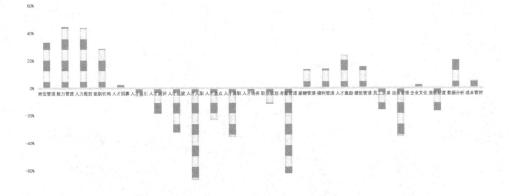

图 1-9　某企业人力资源管理工作模块比较参数图

从上例比较参数的数值结果可以看出,该企业最应当优先规划和改善的三大人力资源管理工作模块分别是能力管理、人力规划和岗位管理。该企业在制订人力资源管理的工作规划时,可以将这 3 个模块作为下一步的工作重心,围绕这 3 个模块开展工作。

第 2 章

用数据提升人才规划效能

　　足够的人才是企业发展的必要条件。在公司制订人才规划的过程中，数据能够起到关键的作用。通过数据分析，人力资源管理者不仅能够表示出人才的数量需求、人才结构的情况，而且能够表示出人才的质量情况。

2.1 人力资源供需预测分析

常见人力资源供需预测分析的方法有9种，分别是马尔可夫矩阵分析法、人才优化替换分析法、人才成长指数分析法、人才引进指数分析法、财务成本预算规划法、效率趋势分析预测法、能力与需求预测法、角色与需求预测法、德尔菲趋势预测法。

2.1.1 马尔可夫矩阵分析法

马尔可夫矩阵分析法又叫马尔可夫分析法（Markov analysis），最早是由俄国数学家安德雷·安德耶维齐·马尔可夫（Андрей Андреевич Марков）提出的。简单说，马尔可夫分析就是根据数据当前的变化情况，来预测数据未来的变化情况。

在人力资源管理中，马尔可夫分析主要用于人力资源数量变化的预测分析。马尔可夫矩阵分析主要是通过对人力资源的晋升、降职、离职等数据的现状总结或未来预测，推测分析人力资源数量的变化趋势。

某实体零售上市公司人力资源的主要组成是线下实体店员工。按照员工职级划分，可以分为店长、处长、主管、组长和员工5个类别。该公司运用马尔可夫矩阵分析法分析实体店中各职级员工人数的变化趋势如表2-1所示。

表2-1 某公司预测实体店各职级员工数量变化的马尔可夫矩阵分析

职级年初人数	店长	处长	主管	组长	员工	离职预测（含淘汰）
店长600人	留存率82%留存492人	降职率4%降职24人	降职率3%降职18人	降职率1%降职6人	—	离职淘汰率10%60人
处长1 200人	晋升率10%晋升120人	留存率82%留存984人	降职率3%降职36人	降职率2%降职24人	降职率1%降职12人	离职淘汰率12%144人
主管3 600人	晋升率1%晋升36人	晋升率9%晋升324人	留存率70%留存2 520人	降职率4%降职144人	降职率1%降职36人	离职淘汰率15%540人

职级 年初人数	店长	处长	主管	组长	员工	离职预测 （含淘汰）
组长 7 200人	—	晋升率1% 晋升72人	晋升率9% 晋升648人	留存率70% 留存5 040人	降职率5% 降职360人	离职淘汰率 15% 1 080人
员工 14 400人	—	—	1%晋升率 晋升144人	9%晋升率 晋升1 296人	留存率65% 留存9 360人	离职淘汰率 25% 离职3 600人
年末情况预测	648人	1 404人	3 366人	6 510人	9 768人	

该公司对实体店员工分析的马尔可夫矩阵分成4个部分。

最左端纵向部分是年初实体店中各职级员工的人数。

最右端纵向部分是对当年员工离职率和离职人数的预测。这里的离职率包括员工主动离职率和被动离职率（公司淘汰）。

中间部分是各类员工晋升率、降职率，对应的是对晋升人数和降职人数变化情况的预测，以及考虑离职率之后，对留存率和留存人数的预测。

最下端横向部分是对年末各职级员工数量的预测，其中的每个数字都是纵向某职级晋升人数、留存人数或降职人数之和。

其中，留存率=100%-晋升率-降职率-离职淘汰率。

某职级的晋升人数=该职级年初人数×晋升率。

某职级的降职人数=该职级年初人数×降职率。

某职级的离职淘汰人数=该职级年初人数×离职淘汰率。

某职级的留存人数=该职级年初人数×留存率。

该公司晋升与降职都存在"跨级"的情况。其中店长职级实际上也存在晋升到更高职级的情况，本案例为简化说明，没有体现。读者实际运用马尔可夫矩阵分析时，可以将公司所有职级列在一个马尔可夫矩阵中。

根据马尔可夫矩阵分析中关于不同职级晋升率、降职率、离职淘汰率的经验数据，该公司能够预测出年末各职级员工的人数。根据公司的发展战略，可以进一步判断在此基础上不同职级的人力资源数量应如何调整。

马尔可夫矩阵分析在做人力资源数量预测分析时，常见的时间周期一般为一年，对人力资源数量变化的预测可以延伸得更远，除了1年后的人力资源数量变化情况外，还可以根据需要预测3年后、5年后的人力资源数量情况。但预测的时间跨度越长，准确度越低。

2.1.2　人才优化替换分析法

很多企业实行优胜劣汰的用人政策，对于优秀的员工，会采取晋升激励，较差的员工则可能会被降职或淘汰。当然，这里企业的降职或淘汰流程须合法合规。判断员工优秀或较差的标准通常要考虑员工的绩效、态度和能力情况。

根据企业当前不同优劣情况的员工呈现出的晋升、留存、降职、淘汰和离职情况，能够预测未来员工的变化趋势，从而判断企业某段时期后对不同类型人才的需求情况。

某公司员工职级分成店长、处长、主管、组长和员工5类。该公司每年按照ABCD对员工进行绩效评价。其中绩效评定结果为A类代表最优，绩效评定结果为D类代表最差。根据不同职级人数中年度绩效评定结果的情况，以及该公司往年不同绩效评定结果人才的变化比率情况，对人才优化替换预测分析如表2-2所示。

表2-2　某公司人才优化替换预测分析表

当前职级	类型	年初人数（人）	A类（人）	B类（人）	C类（人）	D类（人）	年末人数（人）	年末人数与年初人数差异（人）
店长	总数	600	60	120	360	60	458	142
	晋升人数（人）	32	20	12	0	0		
	留存人数（人）	394	34	96	272	10		
	降职人数（人）	50	0	0	28	10		
	淘汰人数（人）	60	0	0	24	30		
	离职人数（人）	64	6	12	36	10		
处长	总数	1 200	120	240	720	120	960	240
	晋升人数（人）	64	40	24	0	0		
	留存人数（人）	730	68	192	456	32		
	降职人数（人）	120	0	0	84	30		
	淘汰人数（人）	126	0	0	80	34		
	离职人数（人）	160	12	24	100	24		
主管	总数	3 600	360	720	2 160	360	2 960	640
	晋升人数（人）	180	108	72	0	0		
	留存人数（人）	2 480	216	576	1 600	88		
	降职人数（人）	220	0	0	100	120		
	淘汰人数（人）	240	0	0	160	80		
	离职人数（人）	480	36	72	300	72		

当前职级	类型	年初人数（人）	A类（人）	B类（人）	C类（人）	D类（人）	年末人数（人）	年末人数与年初人数差异（人）
组长	总数	7 200	720	1 440	4 320	720	6 260	940
	晋升人数（人）	360	216	144	0	0		
	留存人数（人）	4 840	432	1 152	3 120	136		
	降职人数（人）	560	0	0	300	260		
	淘汰人数（人）	580	0	0	400	180		
	离职人数（人）	860	72	144	500	144		
员工	总数	14 400	1 440	2 880	8 640	1 440	10 410	3 990
	晋升人数（人）	1 200	800	400	0	0		
	留存人数（人）	9 850	440	2 130	6 940	340		
	降职人数（人）	0	0	0	0	0		
	淘汰人数（人）	1 300	0	0	500	800		
	离职人数（人）	2 050	200	350	1 200	300		

在人才的优化替换方面，该公司对不同职级的员工有 5 种不同的应对方式，分别是晋升、留存、降职、淘汰和离职。对于绩效较优的员工，该公司会根据员工的能力和态度情况实施晋升或留存。对于绩效较差的员工，该公司也会根据员工的能力和态度情况实施降职或淘汰。

表 2-2 中某个职级的年末人数 = 该职级留存人数 + 下一职级晋升人数 + 上一职级降职人数。

为简化计算，本案例未考虑跳级晋升的情况，也未考虑跳级降职的情况。应用时可以根据公司实际情况操作，例如可以将表 2-2 中的"晋升人数"改为"晋升一级人数""晋升二级人数""晋升三级人数"等；可以将表 2-2 中的"降职人数"改为"降职一级人数""降职二级人数""降职三级人数"等。

通过表 2-2 中的数据能够看出，在综合考虑晋升、留存、降职、淘汰和离职的情况后，该公司能够根据年初不同职级的人数情况，预测年末人数的情况，得到年末人数与年初人数的差异，从而得到人才需求预测。

2.1.3　人才成长指数分析法

人才的成长情况影响着人力资源的供给情况。当企业值得培养的后备人才数量较多，人才培养的成功率较高时，人才培养成功的概率更大。人才的成长情况可以用人才成长指数表示。人才成长指数代表着企业培养人才的能力。

某职级的人才成长指数 = 平均每年某职级培养成功的人数 ÷ 该职级年初的人数。

某职级人才成长指数大小，可以简单理解为企业每年为该职级培养人才的能力大小。人才成长指数越大，代表企业每年为该职级培养人才的能力越强；人才成长指数越小，代表企业每年为该职级培养人才的能力越弱。当然，用人才成长指数预测培养人数多少时，还要看该职级原有人数的数量。

 举例

某零售公司人力资源的主要组成是线下实体店员工。按职级划分，岗位主要的管理职级包含店长、处长、主管、组长4类。该公司每年都会针对不同层级的员工设置一部分待晋升到该层级的人才。

不同管理职级的人才成长指数计算如表2-3所示。

表2-3 某公司不同职级人才成长指数计算过程示意表

职级	年初人数（人）	在培养待晋升到该职级的人数（人）	下一级晋升该职级的培养期（年）	培养成功率	培养成功人数（人）	人才成长指数
店长	600	360	2	20%	72	0.12
处长	1 200	520	2	25%	130	0.11
主管	3 600	1 200	1	30%	360	0.10
组长	7 200	2 600	1	30%	780	0.11

（注：本表数据与上节案例表中数据无联系，所有数据只为演示算法。）

表2-3中"在培养待晋升到该职级的人数（人）"并非表格中对应职级中包含的人数，而是从比对应职级更低的职级中选拔出的值得培养到该职级的人数。这类人才在公司中一般被称为后备人才、储备人才、储训人才，也可以称为接班人。

表2-3中"下一级晋升该职级的培养期（年）"为人才培养规划需求的数据，并非计算人才成长指数需要的数据。虽然店长和处长的培养期为2年，但由于人才培养是滚动运行的，每年都有人才培养成功，每年都有下一批待培养的人才，所以计算人才成长指数时，不需考虑培养周期。但在做人才培养计划和人力资源规划时，需要考虑人才培养周期。

表2-3中的"培养成功率"是与"在培养待晋升到该职级的人数（人）"对应的。"培养成功人数（人）"为"培养成功率"与"在培养待晋升到该职级的人数（人）"相乘。

表2-3中的人才成长指数 = 培养成功人数（人）÷ 该职级年初人数（人）。

得到人才成长指数后，就可以据此预测计算该公司未来某职级人才的补充能力。在预测某职级第2年、第3年的人才数量时，还要考虑该职级人才的晋升率、离职率、淘汰率。人才成长指数可以与马尔可夫矩阵分析联系在一起应用。

2.1.4 人才引进指数分析法

人才成长的主要功能是从内部为企业提供人才需求，人才引进的主要功能则能够从外部为企业提供人才需求。内部人力资源供给渠道虽然非常重要，但对于很多企业来说，外部人力资源的供给同样非常重要。

人才引进指数正是进行人力资源供给情况分析的重要指标。人才引进指数代表着企业引进某类人才的能力，通过对人才引进指数的计算，能够预测企业未来一段时间人才引进的数量情况。

人才引进指数 = 实际引进的人才数量 ÷ 期望引进的人才数量

与人才成长指数的计算方式不同的是，人才成长指数与当前人才数量相关，而人才引进指数与当前人才数量无关，与期望引进的人才数量相关。

某零售公司人力资源的主要组成是线下实体店员工。该公司主要招聘的岗位有店长、处长、主管、组长、员工 5 类。该公司对人才引进指数的计算以及明年招聘需求预测和明年招聘人数的预测如表 2-4 所示。

表 2-4　某公司对人才引进指数的计算及明年招聘人数的预测

职务	年初人数（人）	当年招聘需求人数（人）	当年招聘人数（人）	人才引进指数	明年招聘需求人数预测（人）	明年招聘人数预测（人）
店长	600	108	70	0.65	150	97
处长	1 200	250	180	0.72	400	288
主管	3 600	700	500	0.71	900	643
组长	7 200	1 200	800	0.67	1 500	1 000
员工	14 400	3 000	2 100	0.70	4 000	2 800

表 2-4 中，人才引进指数 = 当年招聘人数 ÷ 当年招聘需求人数

明年招聘人数预测 = 明年招聘需求人数预测 × 人才引进指数

其中，明年招聘需求人数预测是该公司根据明年的战略规划预测的人数。

在应用人才引进指数时须注意，影响外部人才引进效率的因素比影响内部人才成长效率的因素更多，人才的外部引进效率不仅与企业的人力资源管理能力有关，还与企业岗位对外部人才的吸引力、外部市场的人才供给情况、企业从事人才引进人员的数量与质量等有关。

人才引进指数分析和人才成长指数分析的计算方法中都暗含着一种假设，就是企业引进人才、培养人才的能力和效率是固定的。在内外部情况变化比较小的企业，用这种计算方式来做人才供给的预估是成立的。但是在内外部情况

变化比较大的企业，需要综合考虑企业内外部情况变化后再详细分析。

2.1.5　财务成本预算规划法

对于财务管控型企业，可以根据财务预算中的人工费用预算，以及人均人工费用，计算可以达到的人力资源最大数量。这种计算方式既可以按公司为单位整体计算，也可以按部门为单位分部门计算。

最高人数 = 年度预算人工费用 ÷ 年化人均人工费用

 举例

某生产制造业集团公司有 10 家子公司，该集团公司对子公司实施财务管控。集团公司财务中心在 11 月份前根据公司整体的战略方向和业务导向，制定下一年的财务预算管理目标，其中包含对各部门人工费用的预算。

该集团公司对 A 子公司的人工费用预算与人力资源需求测算如表 2-5 所示。

表 2-5　某集团公司对 A 子公司人工费用预算与人力资源需求测算

部门	预算下一年人工费用（元）	该部门年化人均人工费用（元）	下一年预计最高人数（人）	当前人数（人）	下一年需求人数（人）
生产管理部	14 344 600	70 000	205	180	25
技术工艺部	3 618 400	150 000	24	18	6
设备管理部	865 600	80 000	11	8	3
采购管理部	382 700	90 000	4	4	0
销售管理部	1 631 800	120 000	14	12	2
财务管理部	247 500	80 000	3	3	0
行政人事部	247 500	80 000	3	3	0

表 2-5 中，下一年预计最高人数 = 预算下一年人工费用 ÷ 该部门年化人均人工费用

通过不同部门下一年人工费用预算额与该部门年化人均人工费用，就能够计算出该公司下一年预计可以招聘的最大人数。根据当前人数的情况，可以计算下一年的需求人数。

须注意，按照财务成本预算计算出的下一年需求人数并非实际需要招聘的人数，而是按照预算计算出的可以招聘的最大人数。如果子公司运用当前人数能够满足战略需求，可以选择不实施招聘。所以在运用财务成本预算计算人力资源需求时，还需要根据实际情况判断人力资源需求，不能只采信财务数据的计算结果。

通过财务成本预算规划计算人力资源需求的逻辑本质上是财务管理的逻辑，这种计算方法有助于从财务管理的角度管控人工成本，不容易出现人力资源过量

使用问题。上市企业比非上市企业的业绩压力更大，对财务结果的敏感度更高，所以财务成本预算规划常见于很多上市公司。

按照财务成本预算计算需求人数的方法具有如下优点。

（1）计算原理较简单，数据获取相对较容易。

（2）既可以整体测算，又可以分部门测算。

按照财务成本预算计算需求人数的方法也存在一些缺点，具体如下。

（1）对财务预算管理水平较低的企业来说，并不适用。

（2）计算结果仅供参考，不能直接用于人力资源需求判断。

2.1.6　效率趋势分析预测法

劳动效率同样可以用来计算人力资源需求情况。

$$劳动效率 = 销售额 \div 人数$$

效率趋势分析预测人力资源需求数量就是根据当前劳动效率的情况以及劳动效率的变化趋势或目标设定，通过设定销售预算或目标，计算出人力资源数量的人数需求，或人数需求的范围。

某集团公司拥有 5 家子公司，该集团公司通过劳动效率计算 5 家子公司的人力资源数量情况。根据当前 5 家子公司的劳动效率情况和目标劳动效率情况，得到 5 家子公司的人数范围如表 2-6 所示。

表 2-6　某集团公司用劳动效率计算 5 家子公司的人数范围

子公司	预算销售额（万元 / 月）	当前劳动效率（万元 / 人 / 月）	按当前劳动效率计算人数（人）	目标劳动效率（万元 / 人 / 月）	按目标劳动效率计算人数（人）	人数范围（人）
A	480	8.5	56	9.2	52	52 ～ 56
B	600	7.4	81	8.6	70	70 ～ 81
C	800	9.6	83	10.4	77	77 ～ 83
D	900	7.9	114	8.8	102	102 ～ 114
E	1 000	6.8	147	7.4	135	135 ～ 147

在表 2-6 中，当前劳动效率是子公司根据去年的销售额和人数计算的劳动效率。目标劳动效率是子公司制定的劳动效率目标，是劳动效率提升的方向。子公司的人数范围是根据预算销售额，按照当前劳动效率和目标劳动效率计算出的人数范围。子公司的人力资源总数可以落在这个人数范围内。

在应用效率趋势分析预测人力资源需求时，要用到劳动效率。此时需要注意口语上说的营业额和销售额有时是指一个意思，但其实它们的含义不尽相同。严格说，营业额的概念大于销售额。例如某企业主营业务汽车销售，那么销售额就是这家企业卖汽车得到的销售收入。但这家企业还拥有商业房产，外租出租，此时产生的租金收入就属于营业额，但不属于销售额。

在计算劳动效率的时候，一般应用销售额比营业额更多。因为销售额代表着主营业务中的一群人一起经营一件事，最后得到的成绩。而营业额可以包括很多非主营业务、非经常性损益，也可以包括很多资产或资本带来的收益，这些收益不完全由劳动创造，或者说和企业中大多数员工从事的经营活动关系不大。

通过效率趋势分析预测人力资源需求比较适合应用于对用人数量比较敏感、对人数控制比较苛刻、追求效率不断提升的企业。

2.1.7　能力与需求预测法

运用岗位胜任力模型，可以为人力资源规划提供依据，帮助企业发现人力资源需求。企业雇佣人才实际上是雇佣人才的能力。人才的经历、职位、头衔等本质上是为能力服务的，当人才具备企业需要的能力时，才是企业需要的人才。如果人才不具备企业需要的能力，不论人才曾经有多么辉煌的职业经历，对企业来说都是没有价值的。

要确定企业对某类岗位人才的数量需求，企业首先可以盘点对该岗位的能力需求，尤其是从事该岗位不可或缺的关键能力需求。针对当前人才与关键能力的匹配情况实施盘点分析，然后根据企业人才能力培养效率的相关数据，预估人才能力培养的成功率，从而判断企业对某类关键能力的需求。

如果企业对某类关键能力的需求数量较高，内部供给量不足，代表企业需要通过外部招聘引进这种能力。关键能力需求预测不仅能够帮助企业确定人才的需求数量，而且可以聚焦到人才需求的具体类型。

某公司近期出现发展放缓、业绩下滑的情况，经营管理问题频发，严重影响了公司实现战略目标。经过综合评估后，判断与当前中层管理团队的能力不足有很大关系。为此，该公司针对战略需求设计了中层管理团队的能力需求类型和能力等级要求，如表 2-7 所示。

表 2-7　某公司中层管理团队的能力需求类型和能力等级要求

需求能力类型	能力定义	能力等级要求
组织领导力	在公司发展战略指导下，设定科学合理的工作目标，通过合理组织调度人、财、物资源，带领团队及时、高质量完成业绩目标	4
团队建设与凝聚	促进冲突的有效解决，营造高效、合作、和谐的工作氛围，培养员工的合作精神与团队精神	3

需求能力类型	能力定义	能力等级要求
培养与发展他人	发现员工工作中的不足，并及时给予培训与指导，帮助员工学习与进步	3
沟通协调能力	积极主动与顾客、员工、集团进行沟通，发现问题并追溯源头予以解决	4
营销能力	做好周边市场以及竞争对手的分析，挖掘顾客需求，采取差异化策略，进行有效产品促销与销售	3
岗位专业能力	熟悉业务、掌握与职责有关的知识与技能	4
数据分析能力	精通数据统计与分析，挖掘有价值信息，发现潜在问题，并将分析结论运用到实际工作过程之中，提升门店经营业绩	4

该公司的中层管理干部共 600 人。为提升中层管理干部的整体能力水平，该公司对当前 600 名中层管理干部实施了岗位能力评估，得到结果如表 2-8 所示。

表 2-8　某公司对 600 名中层管理干部能力等级评估表

能力需求类型	能力等级要求	4 级人数（人）	3 级人数（人）	2 级人数（人）	1 级人数（人）	待培养人数（人）
组织领导力	4	300	150	100	50	300
团队建设与凝聚	3	100	400	100	0	100
培养与发展他人	3	100	300	100	100	200
沟通协调能力	4	300	200	100	0	300
营销能力	3	50	300	200	50	250
岗位专业能力	4	420	120	60	0	180
数据分析能力	4	240	180	140	40	360

从表 2-8 能够看出，当前 600 名干部的能力水平处在不同的等级。在有的能力需求类型中，符合能力等级要求的人数较多，不符合能力等级要求的人数较少；在有的能力需求类型中则刚好相反。

该公司中层管理者能力需求类型的重要性是不同的，经过该公司高层团队的讨论，认为组织领导力、营销能力和数据分析能力是最关键的三大核心能力。这三大核心能力直接影响着公司能否达成战略目标。如果中层管理者其他能力有所缺失，公司可以接受，但如果缺失这三大核心能力，公司将不能接受。

该公司根据往年对不同能力培养的成功率，对中层管理者三大核心能力培养补充情况分析如表 2-9 所示。

表 2-9　某公司中层管理者 3 大核心能力培养补充情况分析

关键能力类型	能力合格人数（人）	待培养人数（人）	能力培养成功率	能力培养成功人数（人）	能力培养后合格人数（人）	与当前在岗人数（600 人）的差距（人）
组织领导力	300	300	70%	210	510	90
营销能力	350	250	80%	200	550	50
数据分析能力	240	360	80%	288	528	72

表 2-9 中"与当前在岗人数（600 人）的差距（人）"中的最大值（90 人）就是该公司需要考虑从外部补充的人才数量。外部招聘人才时，应当重点考察人才的组织领导力、营销能力和数据分析能力，或者具备这 3 种能力潜质，能够在较短时间内培养成功的人才。

通过关键能力需求预测，企业不仅在人才补充的数量上有了依据，而且在人才补充的质量和评判标准上也有了具体要求；不仅在人才招聘入职后，对人才培养的方向有了侧重点，而且在外部人才转正时，对人才的评价有了标准。

2.1.8 角色与需求预测法

企业除了可以通过能力进行人力资源需求预测外，还可以通过角色进行人力资源需求预测。对于当前还没成立的企业或当前还未开展的新业务，在配置人力资源数量时，因为存在大量的未知性，很难准确设计具体的岗位或职责。在这种情况下运用岗位胜任力实现人岗匹配或通过人才画像实现人人匹配都是比较难成立的。此时可以运用岗位管理中角色的概念，实现角色匹配。

角色匹配是运用角色的功能性，对需求进行定位，根据定位，选拔出适合从事该角色的人员。角色匹配中的角色可以是一个比较模糊的概念，它不需要像岗位胜任力一样具备非常明确的等级或具体的要求，就能实现对人力资源功能的需求预测。

某移动互联网公司已经成功开发了多款 App，在某细分市场比较成功。近期，该公司准备开发一款新的功能型 App。根据该公司的经验，新 App 项目团队参照以往 App 项目团队的人员配置，将团队需要的角色、定位和人员需求预测如表 2-10 所示。

表 2-10 新 App 团队需要的角色、定位和人员需求

序号	角色	角色定位	项目需求人数	公司内部提供人数	对外需求人数
1	项目总负责人	对整个团队负责，对整个项目负责，是整个项目团队的最高负责人和最终责任人，在项目团队中拥有最高权限	1	1	0
2	产品项目经理	负责项目中特定产品的规划、定位，带领与产品相关的编程开发人员开展工作，引领产品开发工作	3	1	2
3	编程开发人员	负责产品的编程开发工作，根据产品项目经理对产品的规划，实现产品的功能预期	24	14	10

序号	角色	角色定位	项目需求人数	公司内部提供人数	对外需求人数
4	视觉呈现设计	负责产品的功能结构排布和视觉呈现，保证产品功能呈现完整、界面友好、操作简单	2	1	1
5	功能测试人员	负责产品功能测试，寻找产品开发和使用环节中呈现出的问题或潜在问题，促进产品功能完善	1	1	0
6	产品运维人员	产品正式上线后，负责产品的稳定运行，定期维护产品，根据客户服务人员反馈的问题，及时调整	6	6	0
7	推广运营人员	负责产品上线后的推广工作，增加用户数量。定期组织各类活动，保证现有用户的活跃度	8	0	8
8	用户服务人员	负责用户服务工作，解答用户疑问，接待用户的投诉，并定期整理和分析负面评价，反馈给产品运维人员	2	0	2
9	人力资源人员	负责整个项目团队的人才招聘、选拔、培养、调配、考核、激励、评价、维稳等工作	1	1	0

由于对人才需求的时间点不同，新App开发团队中的人才能够实现相互流动。产品运维人员可以在编程开发工作结束后，由编程开发人员担任。另外，新App开发团队的部分人员可以由公司现有人员担任或兼职担任。所以该项目实际对外需求人数并不是项目需求人数。

2.1.9　德尔菲趋势预测法

德尔菲趋势预测法也叫德尔菲法（Delphi Method）或专家调查法，这种方法最早是在1946年由美国兰德公司（RAND）采用的。德尔菲趋势预测法的本质是根据多轮的专家访谈、归纳、总结、反馈达成一致意见，从而预测趋势。这种方法不仅可以用在人力资源管理方面，在军事、教育、医疗等领域运用也比较广泛。

早期在不同领域运用德尔菲法的专家是匿名的，专家在达成统一意见之前彼此间不得相互交流，其他专家的意见会被反馈至各个专家，然后各专家参考其他专家的意见、理由和数据，再次思考和提出自己的意见。这样做的好处是能够消除专家权威性带来的意见影响。后来的德尔菲法逐渐转变为让专家们实现面对面讨论和信息互通。

在人力资源需求预测方面，德尔菲趋势预测法的通用流程如图2-1所示。

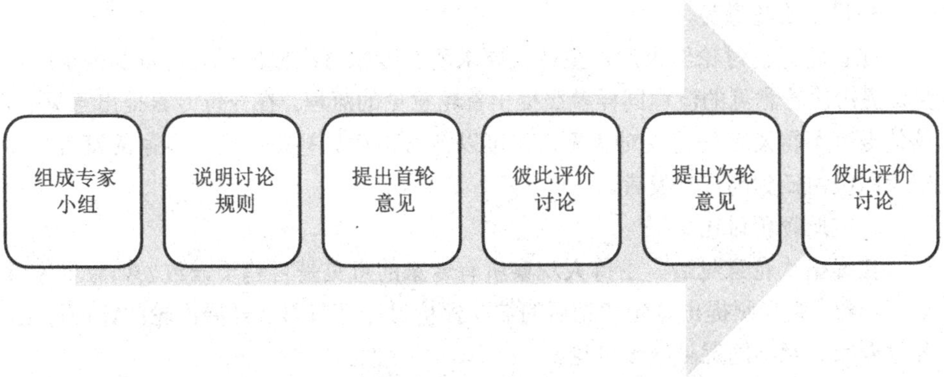

| 组成专家小组 | 说明讨论规则 | 提出首轮意见 | 彼此评价讨论 | 提出次轮意见 | 彼此评价讨论 |

图 2-1　德尔菲趋势预测法的通用流程

1. 组成专家小组

根据对某类人力资源需求的预测，找到相关专家，组成专家小组。专家小组的组员至少应包括具有决策权的管理者（例如公司一把手）、人力资源专家（例如人力资源部负责人）、业务专家（例如业务部门负责人）、财务专家（例如财务部门负责人）、技术专家（例如技术部门负责人）。必要时，也可以选择外部专家。专家组的基本配置代表着不同角度对人力资源需求的意见。

2. 说明讨论规则

召开专家会议，主持人提前说明发言和讨论规则。所有专家应根据自己掌握的信息对人力资源需求提出意见。在一位专家提出意见后，其他专家不得发表任何反对意见，但可以针对该意见补充提问，以获得更多信息。专家的发言顺序应是职级由低到高依次发言，具有决策权的管理者应最后发言。

3. 提出首轮意见

每位专家根据讨论规则，分别提出自己对人力资源需求的具体意见。专家提出意见时，不能仅说明个人意见，要说明个人意见背后的原因，所有意见要有数据或事实支撑。意见要明确，要包含具体的数字，以及对现况的分析，不能模棱两可，不能随大流。

4. 彼此评价讨论

在所有专家提出意见后，进入讨论环节，所有专家依次发言，讨论彼此的不同意见，找到不同意见产生的原因，澄清各自意见的内涵，并提供相应的数据支持，争取能在讨论的最后基本达成一致意见。

在评价讨论的环节须注意，主持人要引导专家发言，控制讨论局面，不能让职级较低的专家迫于压力转变意见。所有转变意见的专家都要提出自己转变意见的理由。如果主持人无法有效控制场面，让少数职级较高或权威度较高的专家引领整个讨论过程的意见，则很可能代表这个环节是失败的。

5. 提出次轮意见

在首轮评价讨论结束后，主持人要求所有专家再次提出对人力资源需求的意见。提出次轮意见的流程同样参照提出首轮意见的流程。在一位专家提出意见后，其他专家不得发表任何反对意见，但可以针对该意见补充提问。专家的发言顺序应是职级由低到高依次发言。

6. 彼此评价讨论

在提出次轮意见后，主持人观察所有专家的意见是否趋于一致。如果专家意见不一致，则参照提出首轮意见后的彼此评价讨论环节再次开展次轮的评价讨论，各位专家针对不同意见继续讨论。

在次轮彼此评价讨论的环节，如果最终仍然没有达成一致意见，则可以继续开展第3轮、第4轮，乃至更多轮的提出意见和彼此评价讨论。如果最终达成一致意见，则可以宣布结束。

2.2 案例：上市公司人力资源规划

J公司是一家大型的上市公司，它是以超市连锁为主业，以区域一体化物流为支撑，以发展现代农业生产基地和食品加工产业链为保障，以经营生鲜为特色的全供应链、多业态的综合性零售渠道商。J公司目前拥有直营连锁门店750家，员工2万余人，是所在区域快速消费品领域连锁零售的龙头企业。

J公司从1995年开始发展，截至2018年年底，年营业收入已经达到127亿元，会员人数达到660万人。超市零售行业人才匮乏、利润较低，尤其是在近些年，线上电商行业的发展，让线下实体零售业的经营如履薄冰。线下实体零售业的规模越大，管理成本就越高，稍不留神就可能亏损。这就要求J公司的经营管理必须充分运用数据，注意细节。随着人力资源成本逐年升高，J公司在发展过程中一直非常重视人才的规划、配置和管控。

人力资源管理者向一家公司学习，不是学习这家公司成功做大做强之后的做法，而是学习它在发展过程中是如何做的。J公司在经营发展过程中运用数据的方法、规划人力资源的方法、管控人力资源数量的方法，值得人力资源管理者学习。

2.2.1 人才数量规划

J公司的人才数量规划如表2-11所示。

J公司的人才数量规划是顺应公司的战略规划而制订的。J公司每年都会制订未来3年的规划。在J公司的3年规划中，已经说明了要在哪些城市和地区开一定数量的店。从人力资源管理的角度来说，开店就需要店长、主管和员工。

表2-11 J公司的人才数量规划

需求与储备情况比较	20×1年（120家）					20×2年（132家）					20×3年（151家）				
	A城市	B城市	C城市	D城市	总计	A城市	B城市	C城市	D城市	总计	A城市	B城市	C城市	D城市	总计
计划开店的数量	12	48	36	24	120	26	40	46	20	132	23	45	53	30	151
需求店长数量	12	48	36	24	120	26	40	46	20	132	23	45	53	30	151
已储备店长数量	14	55	32	21	122	20	33	16	15	84	3	12	11	9	35
已储备与需求店长数量的差异	2	7	-4	-3	2	-6	-7	-30	-5	-48	-20	-33	-42	-21	-116
需求主管数量	84	336	252	168	840	185	277	323	139	924	158	315	368	210	1051
已储备主管数量	88	395	379	185	1047	151	223	276	128	778	78	123	158	69	428
已储备与需求主管数量的差异	4	59	127	17	207	-34	-54	-47	-11	-146	-80	-192	-210	-141	-623
需求员工数量	348	1392	1044	696	3480	766	1148	1340	574	3828	653	1305	1523	870	4351
已储备员工数量	267	658	698	379	2002	145	368	389	197	1099	78	136	194	76	484
已储备与需求员工数量的差异	-81	-734	-346	-317	-1478	-621	-780	-951	-377	-2729	-575	-1169	-1329	-794	-3867

不同层级的人才，对应着不同的能力要求。为了应对开店的人才需求，J公司对不同层级的人才已经有一定数量的储备。用需求的人数减储备的人数，能够得到储备人数与需求人数之间的差异。这个差异，正是J公司需要招聘、培养补充的人数。

层级越高的岗位，培养的周期越长，需要提前准备的时间越多；层级越低的岗位，培养的周期越短，需要提前准备的时间越少。人才有一定的地域性限制，不同城市的人才需求数量不同，因此J公司总部除了规划出全公司的人才需求之外，还要规划出不同城市的人才需求。

表2-11是J公司人才数量规划的简化演示，在此基础上，J公司还可以做进一步的人才数量规划。

除了对开店需要的人力资源数量做规划之外，从J公司整个集团的角度，还需要对J公司总部各部门做人力资源数量的规划。公司门店的扩张必然带来管理成本的增加，所以总部需求的人力资源数量也会相应增加。但总部人员的增加数量与门店的增长数量并不一定成比例，应当根据不同岗位的工作量分析和定编依据来测算。

比如，J公司总部的某品类采购岗位，当前有2人。当全公司门店数量为100家时，他们负责500种单品的采购，年采购额为5 000万元。当全公司门店数量达到200家时，这个岗位需要采购800种单品，年采购额为1亿元。这时候，这个岗位不一定需要4个人（2×2），而是依然只需要2个人。当全公司门店数量达到400家，这个岗位需要采购的单品数量达到1 500种，年采购额为5亿元的时候，这个岗位可能并不需要8个人（2×4），而是需要3个人。

对总部岗位的定编，尤其是那些工作内容难以量化的岗位，需要用到岗位工作量分析。通过分析岗位工作量，明确岗位的工作内容，以及与获取岗位工作量相关的数据，就可以相对科学地计算岗位编制。岗位工作量化分析的方法，将会在本书第3章详细介绍。

除了按照层级做人力资源规划之外，还可以按照岗位做人力资源规划。不过因为不同类型的店需求的岗位种类和数量不一样，这要求公司战略规划中的开店种类和数量要相对比较明确。所以按照岗位做人力资源规划的方法一般用在较短期的人力资源规划中，比如明年或者下半年的人力资源规划。

J公司除了对人才数量实施规划和补充之外，还会对人才的质量实施规划和培养，这部分内容将在本书的第5章介绍。

2.2.2 人员配置测算

笔者在《人力资源量化管理与数据分析》这本书中，介绍过6种测算人员岗位编制的方法，分别是劳动效率定编法、业务数据定编法、行业对标定编法、预算控制定编法、业务流程定编法和专家访谈定编法。这些人员定编方法其实互相并不冲突，具体选择哪种定编方法做人员岗位定编，与公司的经营管理风格、企业文化以及公司所处的环境等因素都有关系。

J公司的企业文化特别强调结果，强调绩效导向，还强调公司全员都要有业绩目标的意识。所以J公司对门店的人员配置，主要选择劳动效率定编法进行测算，也就是根据门店的业态、面积以及销售预算所处的范围，找出公司其他同类门店中各柜组（部门）的劳动效率（以下简称"劳效"）数据，计算出同类门店各柜组劳效的参考值。

比如，J公司对即将开业的A门店的属性划分如表2-12所示。

表2-12　A门店的属性划分

门店名称	A
业态	标准大卖场
销售面积（平方米）	4 506
平效平均值（元/平方米）	1 277
财务提供销售预算（万元/年）	7 614.63
月预算销售（万元）	634.55
销售所在区间（万元）	7 000～8 000
标准人力配置	94
开业人力配置	109
主管配置人数	16

表2-12中，标准人力配置是运用各柜组参考劳效计算出来的人员数量总和。开业人力配置是在标准人力配置的基础上，增长15%（约数）后，计算出来的人员数量。原因是开业期间的工作量比较大、销售额比较高以及考虑到员工离职率，经过以往的数据统计，开业期间的人力配置比按照劳效测算出的人力配置高15%时，人员数量能够满足开业期间的要求。

用各柜组劳效的参考值来计算A门店中不同柜组需求的人力配置，如表2-13所示。

根据表2-13中的人员配置，人力资源管理者可以做人才补充情况的统计。考虑到开业期间的特殊性，实际补充的人员数量一般应多于测算出的人员需求。

表2-13 A门店人员配置测算与补充情况

部门	柜组预算销售额（万元）	店长（开业配置）	处长	主管	员工	合计	店长满足率	主管满足率	员工满足率	合计满足率	老店调配占比	新店招聘占比
（合计/占比）							100%	69%	111%	104%	21%	79%
店办 · 店长		1					1					
店办 · 副店												
店办 · 店助												
店办 · 店办小计						1				1	1	
食品组 · 烟	154.65											
食品组 · 酒	218.48			1	4				4			孙云/宋二文/吕江艳/唐道临
食品组 · 饮料	147.63								1		李亚南	
食品组 · 冲调	245.70								1			何兴梅
食品组 · 常温奶	261.83											
食品组 · 糕点	521.01			1	3				8		赵金额/云竹	杨蒙/庄廷春/曹佑伟/符丽/刘娟艳/张松梅
食品组 · 糖果	141.88											
食品组 · 调味	240.09											
食品组 · 农产	484.71			1	3				6		马文会/张怀香	庄超/张玉玲/史锈荣/秦夫珍
食品组 · 常温肉制品	48.93							2			李春燕/孙兆国	
食品组 · 食品小计	2 464.91			3	10	13		2	20	22	7	15
非食品组 · 化洗	791.10			1	1			2	2		李冉/牛艳	王振侠/王仕涛
非食品组 · 家电	0.00											
非食品组 · 日用	258.54			1	7				3			李常坤/王苓/王文彩
非食品组 · 文化	158.79											
非食品组 · 文化包装	10.74											

部门		柜组预算销售额（万元）	开业配置人数					人力到位				老店调配占比	新店人员来源
			店长	处长	主管	员工	合计	店长满足率	主管满足率	员工满足率	合计满足率	老店调配占比	新店招聘占比
非食品组	针纺	335.49						100%	69%	111%	104%	21%	79%
													张成芳/邢军芹/庄彦珍/
	鞋	140.72											徐玲玲/陈一红/穆淑军
	服装	316.88			1	7				5			
	非食品小计	2 012.26			3	15	18		3	10	13	2	11
生鲜柜组	干海产	152.04		1	1	5				5			秦临恒/朱婓兵/郑灿迎/柏广磊/刘学振
	鲜海产	192.68											
	生肉禽	695.88			1	6				8		王富九/徐克/韦翠荣	类延荣/范南南/刘洪映/乔豪/刘云鹏/杨青娟/许士凤/刘临倩
	鲜蛋	132.89											
	蔬菜	391.01			1	15			2	7		赵海玲/谢桂芝/魏迎春	秦艳芹/邱国聪/吴军峰/王玲玲/杨娟/张兆梅/王友英/柏连连/李彦敏/杨自芬
	水果	473.39								7			
	生鲜小计	2 037.89	1		3	26	30		2	27	29	6	23
自制冷冻柜组	自制面食	152.25			1	10				10		孙杰	颜娟娟/倪盼盼/高耆英/杨化玲/韩希玲/马文芳/葛秀梅/刘莎莎/刘娇娘
	自制配菜	324.93											
	外送配菜	7.20			1	9				8			唐汉语/王利红/李素敏/黄宜龙/马成芳/朱孟强/朱后伟/孙延云
	自制豆制品	37.84											

(续表)

部门		柜组预算销售额(万元)	开业配置人数					人力到位				新店人员来源	
			店长	处长	主管	员工	合计	店长满足率	主管满足率	员工满足率	合计满足率	老店调配占比	新店招聘占比
								100%	69%	111%	104%	21%	79%
自制冷冻柜组	面包	73.90											
	低温奶	136.22			1	1				1		邵淑彩	
	低温肉制品	264.53											代文龙
	冷冻	102.69											
	自制冷冻小计	1099.56			3	20	23			19	20	2	18
综合柜组	核算员				1				1			杨举侠	
	收货				1					1		王晓洁	
	防损员											王富周／吴亮亮	滕法友
	设备管理				1					2			
	微机管理员			1		1			2	2		谢荣侠	朱孟玉／张行娟
	收款	7614.62				17				18		苏玉立	王豪蒙／纪晓清／包汉梅／李梦瑶／李娜／王丽华／高吉莲／张丽／曹艳峰／曹德菊／王雪／张小菅／赵尧尧／王静／王浩／郝秀娟／王荣
	存包												
	客服					2				2			吴颜兰／郑婴斌
	综合柜组小计			1	4	20	24	1	3	25	28	6	22
合计		7614.62	1	1	16	91	109	1	11	101	113	24	89

（注：因保密原因，表中未体现各柜组劳效。销售数据和人数计算各柜组在真实情况基础上已做出微小调整。本表仅用作功能演示，表中出现的数据、人名请勿对号入座。）

2.2.3 人员配置管控

在 J 公司，门店稳定运营一年后，将会进入"可比店"的行列，意思是这类店有去年同期的经营数据，可以开始做同比比较。当门店进入可比店行列之后，相同类型的可比店之间要对劳效、平效和人工费用率实施分析比较。

J 公司每月对劳效、平效和人工费用率的比较分析如表 2-14 所示。

$$劳效（人均劳效）= 销售额 \div 人数$$

如上述公式所示，劳效代表了平均每人在某段时间产生的销售额，是员工创造价值效率的体现。根据时间周期不同，劳效可以分为月劳效、季度劳效和年劳效，一般常用的是月劳效。

$$平效 = 销售额 \div 面积$$

如上述公式所示，平效代表了平均每平方米卖场面积在某段时间产生的销售额，是卖场空间运用效率的体现。根据时间周期不同，平效也可以分成月平效、季度平效和年平效，一般常用的是月平效。

$$人工费用率 = 人工费用额 \div 销售额 \times 100\%$$

如上述公式所示，人工费用率代表了产生相同销售额的情况下，需要花费的人工费用的占比，是人工成本使用效率比较直接的体现。同样可以根据时间周期划分人工费用率。

人工费用率是比率指标，按照时间周期划分时，数值之间的差异往往不大。比如月度人工费用率和年度人工费用率，在经营状况不发生较大变化的情况下，往往差异很小。劳效和平效是数额指标，按照时间周期划分时，具有时间段越长、数值越大，时间段越短、数值越小的特点。比如月度劳效和年度劳效相比，在经营状况不发生较大变化的情况下，年度劳效一般是月度劳效的 12 倍左右。

J 公司对劳效、平效和人工费用率设置了标杆值、平均值和淘汰值 3 类数值，这 3 类数值的关系如图 2-2 所示。

标杆值对应着同类数据中的 75 分位值，是数据中的较优值，比 75% 的数据更好。当门店的数据优于标杆值时，代表这类门店在该数据上表现"优秀"。

平均值对应着同类数据中的 50 分位值，是数据中的中位值，比 50% 的数据更好。当门店的数据比标杆值差，但比平均值优秀时，代表这类门店在该数据上表现"良好"。

淘汰值对应着同类数据中的 25 分位值，是数据中的较差值，比 25% 的数据更好。换句话说，有 75% 的数据都比这个数据更好。当门店的数据比平均值更差，比淘汰值优秀时，代表这类门店在该数据上的表现是"注意"；当门店的数据比淘汰值更差时，代表这类门店在该数据上的表现是"较差"。

表 2-14　J公司每月劳效、平效和人工费用率比较分析

业态分组（数字是指面积，单位平方米）	标杆月劳效[万元/（人·月）]	平均月劳效[万元/（人·月）]	淘汰月劳效[万元/（人·月）]	标杆月平效[元/（月·平方米）]	平均月平效[元/（月·平方米）]	淘汰月平效[元/（月·平方米）]	标杆人工费用率	平均人工费用率	淘汰人工费用率
购物广场7 000 以上	8.76	5.74	3.82	1 615	968	610	3.92%	5.65%	8.17%
标准大卖场4 500～7 000	8.3	6.08	4.52	2 097	1 288	802	3.71%	5.08%	6.18%
浓缩大卖场3 500～4 500	5.75	5.1	4.01	1 248	1 062	635	5.68%	6.09%	7.10%
迷你大卖场2 500～3 500	5.62	4.81	3.98	1 401	1 063	775	5.79%	6.53%	7.67%
综超一A1 200～2 500	5.06	4.37	3.17	1 822	1 243	806	6.48%	7.35%	9.25%
综超一B600～1 200	4.39	3.68	2.99	1 612	1 176	832	7.48%	8.66%	10.41%
综超一C600 以下	4.56	4.04	3.39	2 425	1 680	1 149	7.36%	8.15%	9.43%
综超二A1 000～1 500	6.02	5	4.3	1 531	1 281	1 047	5.27%	6.12%	6.91%
综超二B500～1 000	5.29	4.48	3.75	1 747	1 366	1 020	5.97%	6.88%	7.82%
综超二C500 以下	5.15	4.34	3.67	2 056	1 463	1 033	6.39%	7.45%	8.73%

（注：由于保留 2 位小数四舍五入，数据存在一定误差。）

注意，数据的优秀或较差并不仅仅指数值的大小。劳效数据和平效数据的数值越大越好，人工费用率数据的数值是越小越好。J公司除了比较劳效、平效和人工费用率之外，有时候还会比较人均看摊面积。人均看摊面积是指平均每人需要照看的卖场面积。人均看摊面积数据的数值越大越好。

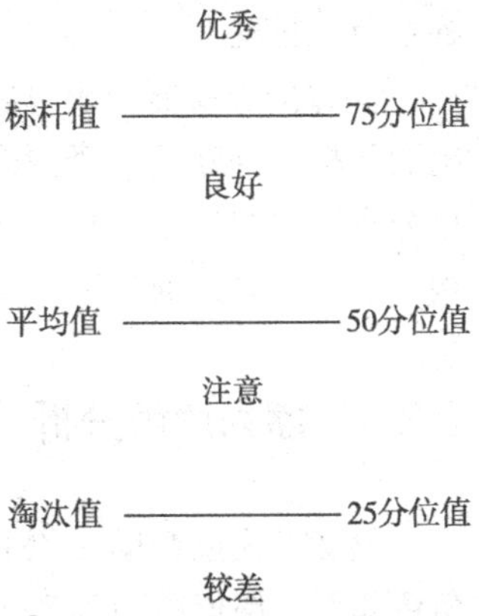

J公司设定了劳效、平效和人工费用率等人力资源管理相关指标在不同类型门店中的标杆值、平均值和淘汰值之后，就可以根据门店当前不同数据指标的属性，划分门店当前处在"优秀""良好""注意""较差"中的某一类。通过每月所有店长都要参加的月度业绩回顾会，要求店长进行自我分析，分析数据较差的原因。

```
                           优秀

标杆值 ——————————75分位值

                           良好


平均值 ——————————50分位值

                           注意


淘汰值 ——————————25分位值

                           较差
```

图2-2　标杆值、平均值、淘汰值之间的关系

同时也可以借此方法为店长树立目标。比如，某店的人工费用率处在平均值以下、淘汰值以上。这时候，该店未来3个月人工费用率的目标，就是达到人工费用率的平均值。某店的劳效处在标杆值以下、平均值以上，那么该店未来3个月劳效的目标，就是达到劳效的标杆值。

有了目标之后，店长要有相应的行动方案。店长的目标和行动方案同时会作为对店长未来一段时间的考核项目。在下一次月度业绩回顾会上，各类数据比较落后的店长，要继续分析数据存在差距的原因以及该店行动方案的落实情况。

这种人员配置的比较分析进步模式不仅能让目标更具体明确，做到人人有目标，而且能让目标值不断变化，做到后进追先进；同时能够帮助同类门店之间做出比较，分析差距，还能营造一种"比学赶超"的氛围，让各门店不断优化劳效、平效和人工费用率等数据，真正实现通过数据分析，提升人力资源管理效能的目标。

2.3　案例：上市公司人力资源数据分析

G公司是一家财务管控型的集团公司，共有6 000余人，下设20余家子公司，各子公司分别从事不同的关联产业。在这些子公司中，有大约三分之一属于高新技术生产制造业，大约三分之二属于劳动密集型生产制造业。

G公司原本的人力资源管理基础薄弱，人力资源管理相关的决策基本靠经验进行。后来G公司邀请笔者帮助其建立人力资源管理体系，规范人力资源管理方法。笔者的团队在帮助G公司建设人力资源管理体系的过程中，梳理出了一套适合人力资源管理基础比较薄弱的公司实施数据分析的方法。这些方法将会在本书

各章节中呈现。

人力资源情况分析可以分成很多种，其中最常见的是通过对人力资源数量现况的分析，判断人力资源的数量结构情况。常见的人力资源数量分析包括序列角色分析、定岗定编分析、入职离职分析、身份结构分析、职务结构分析、年龄结构分析、司龄结构分析、学历结构分析等。

2.3.1 序列角色分析

笔者的团队帮助 G 公司建设人力资源管理体系的第一步，是建立岗位的序列角色体系。岗位序列角色体系的全称是岗位的族群、序列和角色体系。

岗位族群指的是由一系列工作内容相近或相似，由一些岗位所需要的知识、技能和领域相同或相近的岗位组成的岗位集合。

岗位序列指的是在岗位族群之下、岗位角色之上，对岗位族群做的进一步细分和对岗位角色做的进一步总结。

岗位角色指的是根据岗位职责的特点，进行概括性的描述，形成的特有的岗位类别。

运用岗位的族群、序列和角色来区分岗位类别，有利于对不同的岗位做岗位价值分析，有利于设计岗位的薪酬体系，并根据岗位特性进行薪酬调整，也有利于公司的职等职级建设和其他人力资源管理工具的应用。

根据不同的情况，公司可以有区别地应用族群、序列和角色的概念。人数规模越大、岗位种类越多、人员分布越分散的公司，越要综合地应用族群、序列和角色的概念；人数规模比较小，岗位种类比较少、人员分布比较集中的公司，可以只应用角色的概念。

G 公司属于中等规模的公司，而且岗位类别并不复杂，人员相对比较集中，所以笔者建议 G 公司运用岗位的序列和角色来区分岗位类别。序列和角色的划分逻辑来源于迈克尔·波特（Michael E.Porter）教授的公司价值链模型。

G 公司每月针对岗位的序列和角色，做人员分布情况分析，如表 2-15 所示。

通过比较不同子公司的人数，能够看出不同子公司在不同序列和角色类别上人员数量占比的差异。通过这种差异，可以找到不同子公司人员可能缺少或冗余的部分。

比如，对于技术序列的技术工艺角色，C 子公司的人数占比是 11%，是 3 家子公司中人数占比最多的；B 子公司的人数占比是 2%，是 3 家子公司中人数占比最少的。对于质量序列的质量性能检测角色，B 子公司的人数占比是 10%，是 3 家子公司中人数占比最多的，A 子公司的人数占比是 4%，是 3 家子公司中人数占比最少的。

表2-15　G公司岗位序列角色人数分布情况分析

公司名称	管理序列	技术序列	市场序列	生产序列						质量序列			采购序列	财务、审计序列	人力资源序列	行政序列			项目管理	信息序列	其他序列							总计
	高层管理	技术工艺管理	市场开发维护	安全管理	仓库管理	设备维修管理	生产实施	生产统计	合计	体系认证	质量性能检测	合计	物资供应	财务审计	人力资源职能管理	档案管理	行政内勤文秘	合计	项目申报	信息管理	保卫	司机	厨师	宿管	勤杂	病休	合计	
总部	6		29	1	1				2	3		3	2	16	4	1	16	17		2	9	18			20	1	48	129
总部占比	5%		22%	1%	1%				2%	2%		2%	2%	12%	3%	1%	12%	13%		2%	7%	14%			16%	1%	37%	100%
A子公司	2	29		3	6	11	264	5	289		14	14	2												12	1	13	349
A子公司占比	1%	8%		1%	2%	3%	76%	1%	83%		4%	4%	1%												3%		4%	100%
B子公司	1	12		3	6	9	432	5	455		58	58	2		1	2	11	13	3				3	7	10	1	21	566
B子公司占比		2%		1%	1%	2%	76%	1%	80%		10%	10%					2%	2%	1%				1%	1%	2%		4%	100%
C子公司	1	18		6	6	16	96	1	119		10	10	4			1	1	2							1	2	3	157
C子公司占比	1%	11%		4%	4%	10%	61%	1%	76%		6%	6%	3%			1%		1%							1%	1%	2%	100%

（注：由于保留整数四舍五入，数据存在一定误差。）

这种序列角色人数占比之间存在差异也许是因为背景不同，也许是刻意安排、有意为之，但也很有可能是因为子公司的人员结构出现了问题，需要调整。定期进行这类分析，能够及时发现问题，也可以在分析问题并制定解决方案之后持续跟踪问题的改善情况。

2.3.2　定岗定编分析

各部门测定定岗定编人数后，应当每月对定编人数和当前人数实施监控。由于存在业务调整、员工休假、人员汰换等各类情况，当前人数比定编人数多不代表一定存在问题。可如果当前人数高于定编人数的数量比较多，应及时分析原因，调整编制或缩减当前人数。

G 公司某子公司各部门定岗定编情况如表 2-16 所示。

表 2-16　G 公司某子公司各部门定岗定编情况

部门	定编人数	当前人数	差异
办公室	5	8	3
人力资源部	4	4	0
审计部	3	3	0
销售中心	34	35	1
安环部	4	4	0
工程部	3	3	0
采购部	4	4	0
车队	17	17	0
保卫	9	9	0
仓储部	16	20	4
质量管理部	14	17	3
技术部	27	29	2
生产计划科	6	6	0
A 车间	77	74	−3
B 车间	32	33	1
C 车间	57	65	8
D 车间	50	47	−3
E 车间	55	55	0
设备科	15	14	−1
合计	432	447	15

定岗定编是将人工费用率和员工劳效控制在一定水平的必备工作。然而，定岗定编的数据也不是固定不变的。每月对定岗定编数据进行监控，不仅是为

了把人数控制在一定的范围内，而且是为了通过监控，确认定岗定编数据的合理性，从而及时做出调整。

2.3.3　入职离职分析

G 公司对每月入职和离职情况的分析是按照产业 / 非产业来划分的。产业指的是业务部门的人员，包括生产、技术、销售等部门；非产业指的是非业务部门的人员，包括采购、行政、人力、财务等部门。

G 公司某月员工入职离职情况如表 2-17 所示。

表 2-17　G 公司某月员工入职离职情况

公司	入职人数		离职人数		增减	
	产业	非产业	产业	非产业	产业	非产业
总部	—	11	—	14	0	-3
A 子公司	87	8	84	11	3	-3
B 子公司	99	10	97	8	2	2
C 子公司	7	—	5	1	2	-1

G 公司定义的产业，实际上指的是能够比较直接地对业绩产生影响的岗位，G 公司对这类岗位的招聘和补充要求相对比较宽松。G 公司对其定义的非产业人员，如果不是业务需要，原则上抱有持续缩减的态度。

除了按照产业和非产业划分入职人数和离职人数情况之外，还可根据公司需要，选择其他的划分方式。当公司强调对不同职务的人数进行控制时，可以按照职务类别划分，也就是划分为基层员工、基层管理者、中层管理者和高层管理者；当公司强调对不同性别的人数进行控制时，可以按照性别划分，也就是划分为男性和女性；当公司强调对不同身份结构的人数进行控制时，可以按照员工的身份结构划分，也就是划分为正式员工、试用期员工、小时工、实习生等。

2.3.4　身份结构分析

G 公司对员工身份结构的分析是把员工分成正式员工、试用期员工、小时工和实习生。不同的员工身份对应不同的稳定性、不同的人力成本和不同的劳效。实习生和小时工虽然人力成本比较低，但是劳效比较高，稳定性比较差。正式员工虽然人力成本比较高，但稳定性相对比较高。

为了兼顾人力成本和员工队伍的稳定，公司中应当保持一定比例不同身份的员工。员工的身份比例没有统一的标准，不同的行业，或者相同行业中的不同公司都是不同的。公司可以根据需要，在持续的数据分析中不断调整员工的身份结构。

G 公司员工身份结构分析如表 2-18 所示。

表 2-18 G 公司员工身份结构分析演示

子公司	正式员工		试用期员工		小时工		实习生		员工总数
	人数	占比	人数	占比	人数	占比	人数	占比	
A 公司	205	72.44%	24	8.48%	47	16.61%	7	2.47%	283
B 公司	144	77.84%	8	4.32%	26	14.05%	7	3.78%	185
C 公司	172	86.43%	9	4.52%	5	2.51%	13	6.53%	199

（注：由于保留 2 位小数四舍五入，数据存在一定误差。）

根据员工身份的结构分析，当发现某子公司的人力成本较低，但离职率较高时，可以查看离职人员的身份。如果离职人员中，非正式员工的占比比较高，可以考虑减少非正式员工。如果发现某子公司的人力成本比较高，但离职率相对比较适中时，可以考虑增加非正式员工，以降低人力成本。

2.3.5 职务结构分析

G 公司对员工职务结构的分析把员工分为基层员工、基层管理者、中层管理者和高层管理者。在传统纵向结构的生产制造业组织当中，不同层级之间的人数比例一般会呈现出一定的规律。一般来说，基层员工的人数比例为 60% ～ 80%，基层管理者的人数比例为 10% ～ 20%，中层管理者的人数比例为 5% ～ 10%，高层管理者的人数比例在 5% 以内。

G 公司员工职务结构分析如表 2-19 所示。

表 2-19 G 公司员工职务结构分析

子公司	基层员工人数	基层管理者人数	中层管理者人数	高层管理者人数	总人数
A 公司	211	47	22	3	283
A 公司各职务占比	75%	17%	8%	1%	100%
B 公司	130	39	14	2	185
B 公司各职务占比	70%	21%	8%	1%	100%
C 公司	149	31	16	3	199
C 公司各职务占比	75%	16%	8%	2%	100%

（注：由于保留整数四舍五入，数据存在一定误差。）

在产业相似、管理模式相似的不同公司，员工的职务等级数量分布呈现出一定的近似性，不同公司通过在不同职务上员工数量的相互比较，能够快速查找员工职务结构可能存在的问题，帮助公司及时调整职务结构。

比如在表 2-19 中，B 公司基层员工的人员占比比 A 公司低 4%，比 C 公司低 5%；基层管理者人数占比比 A 公司高 4%，比 C 公司高 5%；3 家公司的中层管理者人数占比和高层管理者人数占比相同。这时候可以分析 B 公司是否存在基层管理者人数过多的问题。可能 B 公司生产一线的岗位设置决定了这种职务结构是正常的，也有可能这种职务数量结构是异常的。

如果公司的岗位管理、编制管理和职务规划做得比较到位，对员工职务结构的数量分析应当是具备一定参考价值的，这时候就可以比较当前不同岗位上的员工数量与岗位设置的数量之间的差异，然后根据差异查找问题。

比如，G 公司 A 子公司员工职务结构与设置比较分析如表 2-20 所示。

表 2-20　G 公司 A 子公司员工职务结构与设置比较分析

子公司	基层员工人数	基层管理者人数	中层管理者人数	高层管理者人数	总人数
A 公司当前人数	211	47	22	3	283
A 公司职务设置人数	200	50	20	3	273
A 公司当前人数与职务设置差异	11	-3	2	0	10

从表 2-20 中的数据能够看出，A 子公司当前基层员工的人数比职务设置人数（编制人数）多 11 人；基层管理者人数比职务设置人数少 3 人；中层管理者人数比职务设置人数多 2 人。这些都属于异常状况。如果当前员工数量有问题，可以调整当前人数；如果职务设置人数有问题，可以调整职务设置人数，也就是调整岗位编制。

根据需要，对职务结构进行分析也可以选择不同的职务逻辑，比如可以以公司划分的职级、职等为职务逻辑进行分析。

2.3.6　年龄结构分析

代沟是真实存在的。时代在每个人身上都会留下深刻的烙印，不同的年龄代表着成长所处的不同时代，代表着不同群体的价值观和行为模式。

通过年龄结构分析，能够看出公司当前不同年龄段人员的人数占比。分析员工在不同年龄段的人数结构不仅能够看出员工之间的代沟，也能看出公司人才队伍的稳定性和补充后备人才的可能性。

一般来说，在 20 ～ 50 岁之间，以每 5 年为一个年龄段，如果某个年龄段人数特别多或特别少，则说明公司的年龄结构可能存在问题。这种异常的年龄结构在某些情况下可能影响公司的发展，察觉后应当有所警觉或及时做出相应调整。

G 公司员工年龄结构分析如表 2-21 所示。

表 2-21　G 公司员工年龄结构分析

子公司	20 岁以下	20 ～ 25 岁	26 ～ 30 岁	31 ～ 35 岁	36 ～ 40 岁	41 ～ 45 岁	45 岁以上	总人数
A 公司	8	38	39	45	48	58	47	283
A 公司各年龄段占比	3%	13%	14%	16%	17%	20%	17%	100%

子公司	20岁以下	20～25岁	26～30岁	31～35岁	36～40岁	41～45岁	45岁以上	总人数
B公司	1	33	36	52	27	20	16	185
B公司各年龄段占比	1%	18%	19%	28%	15%	11%	9%	100%
C公司	0	8	23	17	32	45	74	199
C公司各年龄段占比	0%	4%	12%	9%	16%	23%	37%	100%

（注：由于保留整数四舍五入，数据存在一定误差。）

从表 2-21 的数据中能够看出：A 子公司各个年龄段的人数比较平均，不存在某个年龄段人数偏多、某个年龄段人数偏少的情况；B 子公司在 31～35 岁年龄段的人数最多，在 40 岁以上的人数偏少，说明 B 子公司的员工比较偏年轻化；C 子公司在 45 岁以上年龄段的人数最多，在 36 岁以下的人数偏少，说明 C 子公司的员工比较偏老龄化。

判断年龄结构的好坏不能只通过数字，要根据具体的场景做具体的判断。很多人一看到员工年龄结构老龄化的信息，第一时间想到的是这件事不好，或者看到员工年龄结构年轻化的信息时，认为这是件好事。但实际上需要根据具体情况分析，不能一概而论。

B 子公司员工的年轻化不一定是一件好事，C 子公司员工的老龄化也不一定是一件坏事。如果 B 和 C 子公司的产业都需要员工具备非常丰富的经验，那么员工年龄结构的老龄化可能是一件好事，年轻化反而不是件好事；如果 B 和 C 子公司的产业是新兴产业，变化较快，不需要过多经验，但需要大胆创新的人才，那么员工年龄结构的年轻化可能就是一件好事。

公司的员工年龄结构与公司管理者的用人习惯存在很大的关联性。大多数情况下，如果公司管理者的年龄偏大，公司整体的年龄结构会偏老龄化；如果公司管理者的年龄偏小，公司整体的年龄结构会偏年轻化。

除此之外，公司的年龄结构还与人力资源部的招聘工作存在很大的关联性。如果招聘人员在进行招聘之前，不考虑公司当前人员的年龄结构，不考虑公司期望拥有的年龄结构，可能会在招聘工作中忽略对人员年龄的筛选，造成某个年龄段的员工人数偏多。

2.3.7 司龄结构分析

员工的司龄结构从一定程度上代表着公司员工队伍的稳定度。在员工的司龄结构中，工作年限较长的员工越多，代表员工队伍越稳定；工作年限较短的员越多，代表员工队伍越不稳定。

在员工的司龄结构分析中，对员工司龄段的划分可以参考公司当前的离职情况。公司当前的离职率越高，离职人员的司龄越短，员工司龄结构的时间段划分也应当越短；公司当前的离职率越低，离职人员的司龄越长，员工司龄结构的时间段划分也应当越长。

比如，在员工离职的司龄段中，3个月以内的员工占25%，3～6个月的员工占20%，7～12个月的员工占15%。这时员工司龄结构的时间段划分也应当参照3个月以内、3～6个月、7～12个月这样的时间段划分。

G公司员工司龄结构分析如表2-22所示。

表2-22　G公司员工司龄结构分析

子公司	3个月以内	3～6个月	7～11个月	1～2年	2～3年	3年以上	总人数
A公司	8	18	35	39	45	138	283
A公司各司龄段占比	3%	6%	12%	14%	16%	49%	100%
B公司	12	24	36	34	37	42	185
B公司各司龄段占比	6%	13%	19%	18%	20%	23%	100%
C公司	1	16	19	33	49	81	199
C公司各司龄段占比	1%	8%	10%	17%	25%	41%	100%

（注：由于保留整数四舍五入，数据存在一定误差。）

除了司龄之外，公司还可以根据需要加入员工的工龄分析。工龄与司龄的概念是不同的，司龄指的是员工在本公司工作的时间，工龄指的是员工参加工作的时间。有的员工司龄短，但工龄长，如果只看司龄，可能会得出该员工工作经验不足的结论，但实际上该员工可能工作经验丰富。

有的公司规定，岗位晋升的条件是司龄达到一定年限，但对于能力较强，绩效较好，工作经验较丰富的员工，可以适当减少对员工司龄的要求，这时工龄信息能够帮助公司做判断。

2.3.8　学历结构分析

虽然高学历不能代表高能力，也不能代表高绩效，但公司员工的学历结构能够代表员工的基础素质结构。尤其是对于技术密集型、资本密集型等这类高学历人才比较多的公司，分析员工的学历结构有助于优化公司的员工结构。在这类公司中，如果员工的学历普遍偏低，公司要注意补充高学历人才。

然而，员工的学历也不是越高越好，对于某些劳动密集型行业，如果一线基础岗位上高学历人才的比例比较高，可能会降低人才的稳定性。当这类公司发现一线基础岗位中存在比较多高学历人才时，可以通过人才盘点识别出这些人才，然后通过选拔和培养，让他们能够在更重要的岗位上发挥价值。

G 公司员工学历结构分析如表 2-23 所示。

表 2-23　G 公司员工学历结构分析

子公司	大专以下	大专	本科	硕士及以上	总人数
A 公司	26	111	104	42	283
A 公司学历结构占比	9%	39%	37%	15%	100%
B 公司	4	41	83	57	185
B 公司学历结构占比	2%	22%	45%	31%	100%
C 公司	3	24	153	19	199
C 公司学历结构占比	2%	12%	77%	10%	100%

（注：由于保留整数四舍五入，数据存在一定误差。）

对于岗位管理运行比较到位的公司，最佳的员工学历结构是能够被计算出来的。计算的方法是先从微观上定义出每一个岗位的最佳学历，在统计所有岗位的最佳学历之后，得出最佳学历结构的总和。公司通过把当前的学历状况和最佳的学历状况进行比较，可以得出在学历结构人数上的差异。

2.4　案例：阿里巴巴公司人才盘点

阿里巴巴公司（以下简称"阿里巴巴"）起初主要经营网上批发贸易市场，让国内的小型出口商及创业者能够接触全球买家。从 B2B 到 B2C，再到支付宝，到菜鸟网络，到蚂蚁金服，到阿里云，如今的阿里巴巴，已经成为全球知名的科技公司之一，并已稳定跻身于全球十大市值最高的公司之列，市值超过 5 000 亿美元。

阿里巴巴已经逐渐形成基于自身业务的商业生态系统，包括消费者、商家、品牌、第三方服务供应商和战略合作伙伴。这个商业生态系统的核心，是阿里巴巴的技术平台、市场规则以及连通这个生态系统的参与者，让生态系统上的各方能够发现对方、进行互动和交易，并能随时随地管理业务。

在阿里巴巴的人员组成中，青年人是绝对的主力军。截至 2018 年年底，阿里巴巴在职员工总数已经超过 10 万人，员工的平均年龄为 31 岁。阿里巴巴的"80后""90后"员工人数占比达到 93%，其中"90后"员工人数已经超过 3 万人。阿里巴巴的核心管理层中，"80后"员工的占比已经达到 14%；骨干员工中，"80后"员工的占比超过 80%。

一个企业要能够成功，除了战略的成功、经营的成功之外，还需要管理的成功。阿里巴巴在人力资源管理方面运用的工具和方法论对人力资源管理者具有比较高的指导意义。

　　阿里巴巴认为人才是可以在企业内部培养出来的，内部培养起来的人才比由于临时需要从外部招聘的人才更了解企业，更熟悉业务，更有可能顺应企业的战略发展，而且对企业有更高的忠诚度。所以阿里巴巴非常重视人才梯队建设，重视内部人才的成长与发展。要实现人才梯队建设，人才盘点必不可少。阿里巴巴的第一次人才盘点是在马云的提议下进行的。

2.4.1　人才盘点的价值

　　人才盘点会议被阿里巴巴列为年度最为重要的 3 个会议之一。在人才盘点的会议上，高管会认真梳理手中的"王牌"。

　　人才盘点能够对企业的人才情况进行系统的梳理；能够基于人才标准对关键岗位的人才进行评估；能够为企业制定晋升、淘汰、发展、激励机制提供决策依据；能够确保企业的人才供给，实现企业的战略目标。

　　阿里巴巴为什么要做人才盘点？一是从人才的角度来看，企业通过人才盘点，看人才本身是否得到增值；二是从组织的角度来看，人才盘点后的岗位调整，可以促进企业发展。

　　除此之外，阿里巴巴的人才盘点至少包括以下价值。

　　1. 人才盘点是衔接战略和结果的纽带

　　互联网行业发展变化很大，从企业战略的制定到企业希望实现的结果之间需要组织和人才的保障。阿里巴巴的人才盘点不只是对人才进行盘点，而是把战略实现和人才盘点结合在一起。

　　在进行人才盘点之前，先谈企业的战略。阿里巴巴每年的人才盘点都是在战略制定、预算计算和对去年一年的总结全部结束，明确了今年的战略和工作方向之后再开始做的。在阿里巴巴没上市之前，大约是从每年 4 月开始人才盘点。阿里巴巴上市之后有了"财年"的管理要求，人才盘点基本在每年 6 月开始。

　　阿里巴巴对人才的盘点聚焦在战略层面，所以阿里巴巴的人才盘点工作不仅是针对企业人才的过去进行盘点，也不仅是针对企业人才的现状进行盘点，还是针对企业人才的未来进行盘点。人才盘点不仅要了解企业当前的人才状况，还要了解企业未来的人才需要。盘点当前状况与未来需求的差异，并制订出调整与改善的计划。

　　2. 人才盘点能锻炼业务部门管理者的管理能力

　　与其他企业的人才盘点不同的是，阿里巴巴的人才盘点不是由人力资源管理人员为主进行，而是以各业务部门的管理者为主进行。因为阿里巴巴认为，人力资源管理的职能应当更多放在部门管理者身上，好的管理者就是好的人力资源管理人员，他们要对人才有足够的了解。

阿里巴巴始终认为"企业成功 = 战略 × 组织能力",战略环节由企业高层把握,组织能力是由团队负责的。企业想要成功,良好的组织能力是至关重要的一环。这种能力需要各级管理者在工作中不断提高对人才的管理能力(包括计划、组织、激励与发展等能力)。这个部分很容易被很多传统企业忽略。

3. 人才盘点为组织和岗位调整提供了重要依据

2012 年,阿里巴巴 20 多位副总裁级别管理层的岗位大调整就是人才盘点的产物。组织和岗位的调整需要决策依据,怎么获得这种决策依据?人才盘点是其中非常重要的信息工具。

那次人才盘点之后,阿里巴巴的高层花了一天的时间集体讨论对人才盘点之后出现的"明星"(优秀人才)应该如何做岗位调整。这时候的岗位调整,要考虑让企业增值的同时,让个人也能够通过这种调整获得增值。

阿里巴巴刚开始进行人才盘点时,遇到过很多困难,遭到过很多人的质疑。比如有的人说:到底权威是什么?评审官会不会不公平?会不会突然出现一堆人集体晋升?会不会有很多不该晋升的人晋升了?但最终从数据结果看,人才盘点的效果还是比较好的。

阿里巴巴在第一次人才盘点之后并没有出现扎堆晋升的情况,实际上当年的晋升比例比往年还低。随着每年进行人才盘点,人才的数据被沉淀下来,很多优秀的人才或者优秀的人才苗子在这个过程中显现出来,从而被高层欣赏。

通过阿里巴巴的人才盘点,可以得出如下做法,供其他企业在人才盘点进行过程中遇到困难或遭到质疑时作为借鉴。

(1)各部门管理者充分参与,群策群力,提升全员的参与感。

(2)在开放式的平台随时发布信息,主动提供相关信息,减少信息不对称。

(3)用事实"说话",用数据"说话",用结果"说话",而不要用观点或想法"说话"。

2.4.2 人才盘点的方法

阿里巴巴的人才盘点关注以下 3 个层面。

1. 企业层面

在企业层面,阿里巴巴关注以下内容。

(1)业务布局,即企业年度的战略和目标。

(2)人才整体结构中各维度的数据,包括员工层级分布、职能分布、工龄情况、年龄情况、性别情况、学历情况、地域情况、入职情况、离职情况等。

(3)关键人才分布情况,包括关键人才现状、重点人才的发展情况等。

2. 团队层面

在团队层面,阿里巴巴关注以下内容。

（1）对人才梯队建设的盘点，通常从各级管理者往下至少盘点两层，看人才梯队建设是否完整。

（2）对人才价值观和绩效的盘点，是根据价值观和绩效的九宫格，盘点人才的属性。

（3）对团队管理行为的盘点，包括盘点团队雇佣了什么人、解雇了什么人、调来了哪些人、调走了哪些人、表扬了哪些人、批评了哪些人等。

3. 个人层面

在个人层面，阿里巴巴关注以下内容。

（1）个人的价值观情况。

（2）个人的绩效情况。

（3）个人的能力情况。

（4）个人的特质情况。

（5）个人的潜质情况。

阿里巴巴的人才盘点方法与很多传统企业相比有以下独特之处。

1. 把人当人，而不是当物

很多管理者在做人才盘点时，对人才的描述往往停留于"这个人今年35岁，博士学历，有国外工作经验，工作比较认真负责"。这虽然是在描述人，但听起来更像是在描述一个物品。

阿里巴巴的人才盘点是有感情的人才盘点，是把人当人的人才盘点。人都有七情六欲、喜怒哀乐。阿里巴巴对每一个员工的描述都是带着情感的，它希望员工是一个完整、丰满、鲜活的人。从企业对员工的描述中，能够感受到温暖，能够感受到企业对员工发自肺腑的欣赏。

阿里巴巴的人才盘点不仅能得到人才的数据，通过管理者进行人才盘点的过程，也能够检视管理者的人才观，得出对管理者本人的评价。通过团队管理者对团队成员或下级人才的描述，能够检视这些管理者对人才的态度。通过管理者描述人才的语言、神态，能够看出他们是把人才当"人"，还是把人才当"物"，从侧面揭示他们对培养人才、发展人才的态度。

2. 以业务为导向实施人才盘点

人才盘点不是一项孤立的工作，也不是一项仅仅针对人才的工作。人才盘点应当为业务服务，而不是仅仅为人才盘点结果的数据服务。阿里巴巴对这一点的认识就比较深刻。阿里巴巴的人才盘点是关联、围绕业务展开的。

比如阿里巴巴经过人才盘点之后，会发现有一些业务已经走向成熟期了，或者已经不是企业的重点业务了，只需要维持稳定的运营就可以，但是却发现有很多优秀的人才还在运营这些非重点业务。如果不及时发现，将会造成人才资源的浪费。

另外，阿里巴巴会考虑有时候人才盘点的结果中对某个人才的评价比较低，可能并不是人才本身能力不强，而是人才所处的业务板块不适合该人才的发展，或者该业务板块的条件决定了处在该业务板块的人才很难做出成绩。这时候就要谨慎分析人才盘点的结果。

3. 尊重人才自己的想法

阿里巴巴的人才盘点不仅是自上而下的主观判断，还有自下而上的交流沟通。每个人在人才盘点的过程中或者人才盘点后、岗位调整前都可以发表自己的观点，可以向企业说明自己对未来发展的想法。这些都是人才盘点评价结果和人才盘点之后工作调整的重要依据。

4. 发现人才的优点

管理者要善于发现人才身上的闪光点，然后根据这个人才的闪光点，给他平台、给他土壤，把他安排到最合适的位置上，让他发挥自己最大的价值。很多人才基于对阿里巴巴高层们的信任，都认为岗位调整的决定是为自己好，能够让自己增值，从而落实了"拥抱变化"。

2.4.3　人才盘点的种类

阿里巴巴的人才盘点聚焦于战略和组织，人才盘点的过程重点聚焦于以下内容。

（1）管理者是否贯彻了企业的战略、组织和文化。

（2）人才盘点的结果不仅是数据结果，还包括人才应该如何发展。

（3）组织是否和战略匹配，是否给予人才足够的发展空间。

通过人才盘点，阿里巴巴会根据员工的价值观和业绩的不同，把员工分成 5 个类别，分别是明星、野狗、牛、兔子、狗，如图 2-3 所示。

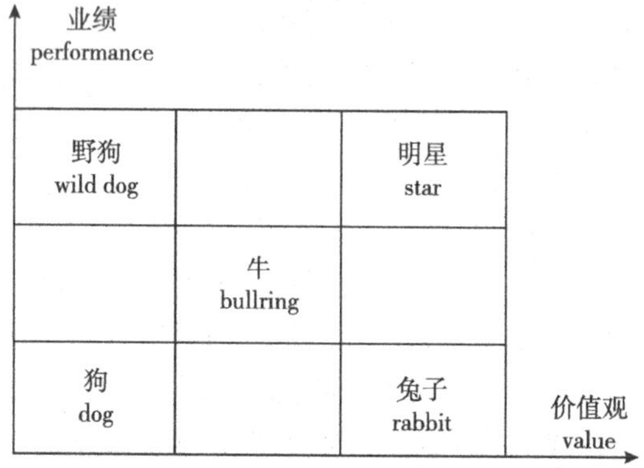

图 2-3　阿里巴巴人才盘点对人才划分的 5 个类别

（1）明星（star），指的是价值观和阿里巴巴的价值观非常相符，业绩也非常优秀的人。

（2）野狗（wild dog），指的是业绩非常优秀，但是价值观和阿里巴巴不符的人。

（3）牛（bullring），指的是价值观和阿里巴巴基本相符，业绩也比较优秀的人。

（4）兔子（rabbit），指的是业绩不达标但价值观和阿里巴巴非常相符的人。

（5）狗（dog），指的是业绩不达标并且价值观和阿里巴巴不符的人。

在这 5 类员工中，一般情况下明星的比例为 20%～30%；牛、兔子和野狗的比例为 60%～70%，狗的比例在 10% 左右。阿里巴巴鼓励管理者给自己的下属打分，并且根据这个比例原则对员工进行强制排序。

这也是阿里巴巴强调各部门管理者参与和实施人才盘点的一种表现，通过强调管理者的责任，让管理者关注下属。据说通过这种方式，管理者对下属的关注度将会较大幅度提高。针对人才盘点的结果，阿里巴巴采取的策略是：消灭"狗"和"野狗"，请走"老白兔"（指人才盘点结果长期被评为"兔子"的人）。

"狗"因为业绩和价值观都不达标，所以要坚决清除；"野狗"虽然业绩达标，但是价值观与企业不符，如果不能使其迅速提高对企业价值观的认同度，成为"明星"，可能会对企业呈现出强大的反作用力。这种反作用力在业绩数据的掩盖下，可能会给团队带来强大的负面影响，长期下去整个团队对企业的价值认同都会被削弱，甚至走向对立面。阿里巴巴对"狗"和"野狗"采取的是零容忍的态度，采取的是从严、从重、从快、公开处理的方针。

阿里巴巴的人才盘点会重点关注"老白兔"。小公司的成败在于你聘请什么样的人，大公司的成败在于你开除什么样的人。大公司里有很多"老白兔"，不干活，并且慢慢会传染更多的人。这里的"老白兔"是指那些在企业中工作多年，没有能力、没有业绩，也没有潜力，很多年都不被晋升的人。

阿里巴巴认为，当企业规模比较小，各项机制还不健全时，对企业伤害比较大的是"狗"和"野狗"。当企业发展到一定程度，各项机制完善之后，对企业伤害最大的往往是"老白兔"。

"老白兔"看似兢兢业业，但实际上没有产出、没有作品、没有业绩，偶尔还会说一些不利于企业发展和团队士气的风凉话。当企业快速发展时，这类人会越来越多，会影响很多新人对企业的信任。这类人所在的岗位本来可以创造更多的价值，但因为他们占据了岗位不离开，使企业可能会错过很多机会。

阿里巴巴在每次人才盘点之后都会特别标注出"狗""野狗"和"老白兔"型的员工。阿里巴巴的人力资源管理人员会重点跟踪和落实这些员工的情况，关注他们的岗位、绩效、态度和工作状态的变化。阿里巴巴的管理层会充分讨论这些员工的岗位调整和去留问题，确保组织的正常运转。

2.4.4　人才盘点的应用

阿里巴巴的人才盘点包括盘点组织、盘点文化、盘点人才、盘点战略和落地之间的连接。在应用人才盘点结果时，阿里巴巴既做到了有理有据，又做到了有情有义；在不违背原则的前提下，充分考虑员工感受，人性化处理问题员工。

有的外资企业在处理问题员工时，只要发现问题，做出决定，执行的过程可能会比较"冷血"，最终的结果可能不尽如人意。即便员工最后拿着高额的补偿离开，也可能会对企业产生比较大的怨念。最后双方并没有"好聚好散"，而是"鱼死网破"。

阿里巴巴在处理问题员工时，把员工当成有血有肉的人，而不是当成工具或者物品那样"呼之则来，挥之则去"。尤其是对于那些曾经有过辉煌成绩的人，或者是为阿里巴巴做出过贡献的人，如今即便已经没有功劳，也有情义在。

在人才盘点之后，对于已经不适应企业发展的"老白兔"，阿里巴巴会充分考虑对他们进行轮岗和培训，并与他们充分交流，让他们充分认识到自身的问题，给予他们足够的成长时间和机会。如果他们依然没有改变，阿里巴巴会坚决采取行动。因为如果不采取行动，过分讲情义，这对企业和个人都是不利的。久而久之，员工的层级会越来越低，职责范围会越来越小，薪酬会越来越少，在与周围同事的高绩效、高薪酬的对比下，这类员工将无法获得满足感和成就感。同样，企业要持续培养这类员工，在付出人力成本的同时，还要付出这个岗位的机会成本、管理成本，以及这个岗位可能会导致其他岗位绩效变差的成本。

所以，如果企业真的为了自身和员工着想，必要时，需要采取行动。当阿里巴巴最终确定员工不适合留在企业的时候，通常首先会与这个员工沟通，然后和他的直属上级谈话，明确他当前的差距，确定改进的目标和完成目标的时间。

在这个过程中，阿里巴巴会与员工确定需要企业提供的支持是什么，以及他个人的想法是什么。如果员工希望企业提供培训或者岗位调整等，在不影响整体组织和业务的情况下，阿里巴巴会尽量满足员工的要求。

在员工个人做出承诺，做出改变的过程中，员工的直属上级、人力资源部会持续关注员工的发展变化。如果发现员工的问题并没有改善的迹象，会进一步与员工进行交流，查找原因，并调整方向。

到了截止日期，员工的直属上级、人力资源部会评估员工目标的完成情况，并和高层管理者一起与员工做进一步的面谈。如果员工没有达成目标，会一起与员工评估问题所在，并确定下一步的方向、目标和截止日期，并重新进入监控和评估过程。

阿里巴巴会视情况确定这种改进的时间跨度、沟通的重复次数和对员工的关注程度。如果是表现特别差的员工，阿里巴巴可能会立即行动，一刻都不挽留；

如果是曾经比较优秀的员工，或者曾经做出过成绩的员工，阿里巴巴会投入比较多的耐心和时间帮助员工成长。

☑ 典型误区
函数回归法与趋势外推法

在实战中计算人力资源数量变化趋势和人力资源供需情况时，有个比较典型的误区，就是通过函数回归法或趋势外推法计算人力资源变化情况。

如果只研究"纸面人力资源管理"，函数回归法或趋势外推法也许具备一定的可取之处，但现实中经济环境复杂多变，函数回归法或趋势外推法在实战人力资源管理中往往并不适用。

函数回归法与趋势外推法都是试图通过公司在不同年份的人数情况，判断公司在未来某年份的人数情况，初始的数据如表 2-24 所示。

表 2-24　函数回归法与趋势外推法的初始数据示意表

年份	20×1	20×2	20×3	20×4	20×5	20×6	20×7	20×8	20×9
x（第 N 年）	1	2	3	4	5	6	7	8	9
y（人数）	8 500	8 700	9 000	10 000	11 000	12 000	13 500	14 000	15 000

"纸面人力资源管理"采用函数回归法与趋势外推法的原理都是基于以往年份的人力资源数量变化情况，通过函数拟合模拟测算，试图寻找人力资源数量与年份之间存在的某种函数关系，从而判断未来人力资源的数量变化趋势或人力资源的需求情况。

常见函数回归法与趋势外推法用到的函数关系类型，如表 2-25 所示。

表 2-25　常见函数回归法与趋势外推法用到的函数类型

序号	函数类型	函数模型
1	一次函数	$y=ax+b$
2	二次函数	$y=ax^2+bx+c$
3	三次函数	$y=ax^3+bx^2+cx+d$
4	幂指数函数	$y=ax^b+c$
5	复合函数	$y=ab^x+c$
6	对数函数	$y=a\ln(x)+b$
7	双曲线函数	$y=a/x+b$
8	S 曲线函数	$y=e^{(a/x+b)}+c$
9	生长模型函数	$y=e^{(ax+b)}+c$
10	指数函数	$y=ae^{bx}+c$

（注：上表中 y 为总人数，x 为时间（通常用第 N 年表示），a、b、c 分别为拟合函数的变量值。）

实践证明，像函数回归法或趋势外推法这类尝试通过某种函数公式测算人力资源数量变化趋势的方法是不管用的。这种方法在公司外部经济环境稳定、内部发展状况稳定的情况下也许是成立的，但现实中几乎不存在这种状况，真实情况是外部经济环境变化莫测，公司发展的不确定性越来越大。

　　函数回归法或趋势外推法的问题主要出在这两种方法的底层逻辑上。这两种方法的底层逻辑是寻找人力资源数量与年份之间的变化关系。而不论数字呈现出的结果如何，这两者之间显然并不存在逻辑上的相关关系，更不存在因果关系。

第 **3** 章

岗位工作量化分析

　　将岗位工作量化是一项很多公司都期望实现的管理工作。当各岗位的工作能够被量化时，公司的经营业绩规划、岗位定编、员工考勤安排等一系列管理工作都会更有依据、更加科学合理。然而岗位工作量化并不容易进行，因为不同岗位的工作内容不同，涉及的数据也不同，所以岗位工作量化需要借鉴专业的方法和实践。

3.1 岗位工作量分析方法

常见的岗位工作量分析方法包括观察分析法、岗位访谈法、工作实践法和问卷调查法4种。其中，准确度比较高、最常用的分析方法是观察分析法和岗位访谈法。工作实践法可以作为这两种方法的补充验证。对岗位工作量进行分析，不仅可以重新审视岗位的价值，也可以整理出岗位的标准作业程序。

3.1.1 观察分析法

观察分析法是通过观察分析进行岗位工作量分析的方法。通过对特定对象进行观察，把工作各部分的内容、原因、方法、程序、目的等信息记录下来，最后把取得的岗位信息归纳整理为合适的文字资料。

观察分析法取得的信息比较广泛、客观、准确，但要求观察者有足够的经验，而且在必要时要懂得提问和纠偏。这种方法比较适合用于岗位工作内容标准化程度比较高、变化性和创新性比较小的岗位，不适合用于创新性比较大、可变性比较大、循环周期长和主要以脑力劳动为主的岗位。

运用观察分析法，除了要记录现状之外，岗位工作量分析人员还可以通过观察，发现并分析员工作业的每一个动作，哪些是产生价值的，哪些是无价值甚至可能产生副作用的，然后对员工的作业动作持续进行修正，让员工在未来的工作中保持正确的动作，减少错误的动作，规范作业流程，从而显著提高生产效率，降低成本。

要实施观察分析法，需要设置观察人员来观察、记录、分析员工的每一个作业动作。实施观察分析法的流程如下。

1. 对象选择

在选择观察分析对象时，应当选择相对比较优秀的员工，员工的优秀程度（能力、效率或绩效）一般应在中位值以上。得分75分左右的员工是最佳的观察对象。观察分析要客观，能够运用数据表示的工作量应当运用数据表示。

2. 进行观察

在实施观察分析时，观察人员要对被观察对象的动作进行分解和分类，找到正确的作业动作和错误的作业动作。为保证观察记录结果的准确性，观察人员要改变员工错误的作业行为，让员工按照正确的行为实施作业。

3. 形成结果

在观察分析结束后，企业应记录观察到的作业行为和作业效率，把作业动作固化、标准化，形成标准作业程序。企业还应观察员工实施标准作业程序（按正确的作业方式实施作业）之后的工作效率，记录表达岗位工作量的关键数据。

3.1.2 岗位访谈法

岗位访谈法是通过岗位工作量分析人员与任职人员面对面的谈话来收集信息资料的方法。岗位访谈包括单独面谈和团体面谈。这种方法比较适用于岗位工作内容标准化程度比较低，变化性和创新性比较大的岗位，比如人力资源管理、行政管理、专业技术等难以从外部直接观察工作量的岗位。实施岗位访谈法，需要岗位工作量分析人员掌握比较好的面谈技巧。

实施岗位访谈法的流程如下。

1. 面谈准备

岗位工作量分析人员在做面谈准备时，要注意明确规定面谈的目标，要事先做好时间约定，事先准备好面谈需要的相关问题和资料，提前通知被访谈者让其做好准备，面谈的地点最好选择在不受干扰之处。

2. 面谈开场

在面谈开始之前，岗位工作量分析人员要解释面谈的目的，以营造一个比较宽松的环境和友好的氛围，并告知对方整个面谈过程中可能需要做必要的笔记记录。访谈时分析人员要去除偏见，不要带着主观的个人观点问问题，要通过全面的问题，获得被访谈者对岗位工作的总体认知。分析人员在面谈过程中应保持与被访谈者的目光接触。

3. 面谈过程

岗位工作量分析的面谈是一种事实挖掘类的面谈，其目的是获得事实而非观点或偏见，所以岗位工作量分析人员要注意引导整个面谈过程，把被访谈者带入整个面谈的主题，让对方针对问题进行客观回答，同时给对方留出足够的时间思考。

在岗位工作量分析面谈的过程中，为了防止被访谈者只顾表达个人观点或情绪，岗位工作量分析人员要不断澄清事实，使用沟通中的提问和倾听技巧，同时应及时向被访谈者解释没有表达清楚的内容。

4. 面谈结束

在面谈结束时，岗位工作量分析人员要核查自己是否已经获得了面谈需要的所有信息，并总结关键信息，询问被访谈者是否还有话说。此时若还有内容不够清楚，分析人员可以继续追加询问。在面谈结束之后，分析人员应感谢对方为此付出的时间和精力。

岗位工作量分析人员可以在与被访谈者面谈之后，与该岗位员工的直属上级沟通，向其反馈与该岗位员工的访谈内容。对一些因为上下级信息不对称造成的认知差异，分析人员可以与该岗位员工的直属上级进行讨论和修改。

3.1.3　工作实践法

除了观察分析法和岗位访谈法之外，工作实践法也是一种比较常见的岗位工作量分析方法。工作实践法，又叫工作参与法，指的是岗位工作量分析人员实际从事待分析岗位的工作，在工作过程中掌握有关工作的第一手资料。这种方法可以让岗位工作量分析人员切身体会岗位的实际任务以及对该岗位工作人员在体力、环境方面的要求，从而让岗位工作量分析人员能够细致、深入、全面地分析岗位的工作量。

工作实践法适用于短期内可以掌握的工作，那些技术难度比较高、需要接受大量训练才能掌握或者危险系数比较高的工作，不适合采取这种方法进行岗位工作量分析。

工作实践法的优点是可以实现与岗位的零距离接触，获得的岗位信息比其他所有岗位分析方法都更真实，岗位工作量分析人员的感触更深，能获得一些其他岗位分析方法无法获取到的信息与感受。

工作实践法的缺点是由于岗位工作量分析人员自身知识和能力的限制，这种方法的应用范围比较窄，很多门槛比较高的岗位很难采用工作实践法。而且与其他的岗位工作量分析方法相比，这种方法的时间成本比较高。

岗位工作量分析人员在使用工作实践法的时候要注意以下 3 点。

（1）工作实践法获得的信息并不是绝对正确的。浅尝辄止式的工作实践虽然可以体验岗位的实际工作，却只能了解岗位实际工作的皮毛，短时间的工作实践获得的信息很可能并不是这个岗位的全貌。

（2）工作实践法使用成本比较高，而且适合的岗位有限，所以一般不应单独使用，而应与观察分析法和岗位访谈法配合使用，作为这两种岗位工作量分析方法的信息验证和补充方法。

（3）自身工作经验比较丰富的岗位工作量分析人员比工作经验比较少的岗位工作量分析人员更适合采用工作实践法。

3.1.4　问卷调查法

问卷调查法是岗位工作量分析人员根据岗位工作量分析的目的、内容，编写结构化调查问卷，通过发放结构化调查问卷给岗位任职者，岗位任职者填写调查问卷之后，收集并整理信息，从而提炼出岗位工作量的方法。

比较适合运用问卷调查法的情况有以下几种。

（1）公司已经拥有比较好的人力资源管理基础，并且已经具备岗位分析的基础数据信息条件。

（2）岗位工作量分析人员对岗位已经有一定的了解，需要补充收集信息。

（3）待分析的岗位种类和数量较多，没有时间使用其他岗位工作量分析方法。

岗位工作量分析的调查问卷应当根据岗位的实际情况设计，通用模板如表3-1所示。

表 3-1　岗位工作量分析调查表

填表日期：				
工作部门			职务名称	
一、岗位概述 1. 该岗位存在的目的是什么？ 2. 该岗位需要负责的具体内容和被考核的具体指标是什么？				
二、职责内容 1. 什么是该岗位应有的职责？ 2. 什么是该岗位最关键、最核心的职责？ 3. 该岗位还有哪些突发的临时的工作？				
工作项目		处理方式及程序		所占每日工作时数
三、职责程序 1. 工作复杂性 2. 所受监督 3. 对工作结果的负责程度（对自己、部门或整个公司负责） 4. 与人接触程度（公司内部、外部）				
四、环境是否特殊（是否有噪声、辐射、污染、异味等）？				
五、需要什么能力、知识、经验？				
填表人签字		所属部门		直接上级签字

使用问卷调查法的注意事项如下。

（1）由于问卷调查获取的信息质量不可控，这种方法一般是用得最少的岗位工作量分析方法。能够使用观察分析法、岗位访谈法或工作实践法时，应当优先从这3种方法中选择岗位工作量分析方法，或者把问卷调查法作为这3种分析方法的信息补充方法。

（2）为了保证问卷调查获取的信息的质量，在开展问卷调查之前，企业应当进行一定的宣导教育，必要时可以请公司的高层管理者出面宣传，让被调研者重视对调查问卷的填写。岗位工作量分析人员也应当谨慎选择被调查人员。

（3）为了验证问卷调查法获取的信息的质量，在开展问卷调查并收集到相关信息之后，岗位工作量分析人员应当进行信息核对，核对当前掌握的岗位信息与问卷调查结果之间的差异。

3.1.5　标准作业程序的编制方法

标准化是生产管理过程中保证产品生产的高效率和高质量的有效方式。岗位工作量分析不仅能够测算出岗位的标准工作量，在这个过程中，企业还能够重新审视岗位存在的价值，同时整理出岗位的标准作业程序。

标准作业程序（standard operating procedure，SOP）就是把某项工作分解成具体的操作步骤，再把这些操作步骤标准化、规范化，用来指导日常工作的方法。标准作业程序是一系列操作层面的动作，是具体的、可操作的，而不是简单的理念。有效实施标准作业程序，可以节约资源，提高产品质量，也能在一定程度上降低成本和风险。

标准作业程序并不是一成不变的，而是应当在实践过程中不断进行总结、优化和完善。对每个岗位的标准作业程序进行优化，团队整体的工作效率都将得到提高。标准作业程序的实施流程如下。

1. 设计流程

首先设定具体的工作目标，根据工作目标设计工作流程。注意工作流程的优化，保留必要流程，去掉冗余流程。

2. 明确步骤

把流程分解成具体的操作步骤。操作步骤要细化到每一个行为动作，同时要注意体现安全性。确定标准和步骤之后，就形成了基本的标准作业程序。

3. 开始执行

用当前的标准作业程序给员工培训。为了时刻提醒员工，可以设计操作看板，或者形成操作清单，要求员工在完成每一步操作之后打钩。

4. 不断修正

刚制定出来的标准作业程序，执行时难免可能遇到意想不到的问题，这时候需要评估和整改。要不断完善标准作业程序，提高标准作业程序的价值。

一套完整的标准作业程序，通常包含以下 6 个要素。

（1）物料：使用什么样的物料？物料的用量是多少？如何检验物料是否合格？

（2）工具：使用什么样的工具？工具的规格是什么？工具的使用规范是什么？

（3）设备：使用什么样的设备？如何做设备的保养？使用设备时有哪些注意事项？

（4）步骤：有哪些具体的动作？每个步骤的先后顺序是什么？

（5）人员：需要多少人共同操作？操作时需要谁配合？

（6）安全：操作时有哪些安全注意事项？可能发生哪些紧急状况？发生紧急状况时如何处理？

3.2　案例：观察分析法工作量分析

笔者的团队在对 J 公司进行岗位工作量分析时，主要运用的是观察分析法。为了验证观察分析法获取数据信息的准确性，笔者的团队成员在对岗位进行观察分析得出相关数据信息后，总结出标准化的工作步骤，并对一些岗位采用工作实践法作为补充，亲自上手操作，进一步保证数据的实用性。

3.2.1　理货岗位工作量分析

J 公司中最多的岗位类别是超市卖场的理货岗位。理货岗位不是一种单一的岗位，而是对一系列岗位的统称。超市卖场内除了生鲜区域之外，在食品、非食品等区域需要管理货架商品的岗位都属于理货岗位。

理货岗位的工作内容并不复杂，工作频率呈现一定的规律性，除了日常的卫生清扫、防损、销售以及执行一些卖场规范工作流程外，80% 的工作量和劳动来自上货（补货）、理货（整理商品）和卖场陈列等工作。

超市卖场分成不同的柜组，就相当于不同的部门。不同柜组负责的商品种类不同，这种不同造成了不同柜组的理货员在相同的工作流程下需要消耗的时间和工作效率可能是不同的。所以笔者的团队在进行理货岗位工作量分析时，是按照柜组分别观察分析的。

比如，笔者的团队对糕点糖果柜组理货岗位工作效率的分析如表 3-2 所示。

表 3-2　J 公司糕点糖果柜组理货岗位工作效率分析

柜组	中类	货架位置	箱 / 包数	理货件数 (SKU)	理货时间 （秒）	理货工作效率 [个 / (人·分钟)]
糕点糖果	休闲食品 （挂、袋）	底层	30	10	60	10
			32	16	80	12
			24	24	120	12
		中层	30	10	81	7
			30	10	70	9
			50	10	60	10
		上层	10	20	115	10
			10	20	115	10
	饼干	底层	24	19	150	8
			24	24	210	7
			24	48	200	14
		中层	24	24	170	8
			24	24	160	9
			30	80	330	15
	膨化食品 （袋装）	底层 （中层）	20	10	95	6
			48	12	109	7
			32	12	133	5
			32	22	120	11
			20	12	65	11
		上层	16	8	105	5
			16	8	105	5
	膨化食品 （桶装）	底层 （中层）	24	24	117	12
			24	19	110	10
			48	20	90	13
			24	16	96	10
		上层	24	21	100	13
			24	10	90	7
			24	12	120	6
	理货工作效率的平均值					9

（注：由于保留整数四舍五入，数据存在一定误差。）

笔者的团队对调味农产品柜组理货岗位工作效率的分析如表 3-3 所示。

表 3-3　J 公司调味农产柜组理货岗位工作效率分析

柜组	中类	货架位置	箱/包数	理货件数（SKU）	理货时间（秒）	理货工作效率[个/（人·分钟）]
调味农产品	盐、榨菜、醋（袋装）	底层	60	60	120	30
			30	60	165	22
			100	28	100	17
			30	30	75	24
			60	60	120	30
		中层	50	20	110	11
			100	16	60	16
	罐头	底层	12	24	110	13
			12	24	110	13
		中层	12	8	55	9
			12	6	45	8
		上层	12	12	81	9
			24	9	75	7
	醋、酱油（塑料瓶）	底层	12	12	90	8
			12	12	60	12
			6	6	60	6
		中层	6	6	100	4
			12	12	140	5
		上层	12	12	70	10
			12	12	90	8
			12	12	90	8
	醋、酱油、橄榄油（玻璃瓶）	底层	12	12	110	7
			12	6	35	10
		中层	6	6	100	4
			18	18	110	10
			12	6	45	8
		上层	12	12	90	8
			12	12	120	6
			12	12	90	8
	食用油（桶装）	底层	4	4	25	10
			4	4	45	5

柜组	中类	货架位置	箱/包数	理货件数（SKU）	理货时间（秒）	理货工作效率[个/（人·分钟）]
调味农产品	食用油（桶装）	中层	4	4	36	7
			4	3	41	4
		上层	16	16	150	6
			6	6	65	6
	面条（袋装）	底层	15	15	120	8
			15	8	68	7
			15	7	61	7
			15	8	102	5
		中层	15	9	79	7
			18	11	60	11
		上层	20	20	90	13
			20	10	65	9
	方便面（桶装）	底层（中层）	12	12	70	10
			12	12	70	10
			12	12	45	16
		上层	12	12	65	11
			12	12	65	11
			12	12	65	11
			6	6	60	6
	方便面（袋装）	底层	6	6	52	7
			6	6	60	6
		中层	6	6	80	5
			6	6	80	5
			6	6	42	9
		上层	12	12	65	11
			6	6	105	3
			6	6	70	5
	酱类（塑料瓶）	底层	20	10	80	8
			12	12	110	7
		中层	20	8	55	9
			24	24	120	12

柜组	中类	货架位置	箱/包数	理货件数 (SKU)	理货时间 （秒）	理货工作效率 [个/（人·分钟）]
调味农产品	酱类 （玻璃瓶）	中层	60	30	90	20
			12	12	60	12
		上层	24	24	120	12
			15	9	80	7
理货工作效率的平均值						10

（注：由于保留整数四舍五入，数据存在一定误差。）

　　J 公司的所有商品采用品类管理，分成小类、中类和大类。其中，中类商品的属性相似度比较高，而且种类数量适中，适合作为调研分析对象。所以，笔者的团队对所有理货岗位的工作量分析都细化到了商品的中类。这一点，可以从糕点糖果柜组和调味农产品柜组理货岗位的工作效率分析表中看出。

　　除了区分不同的商品中类之外，超市卖场的货架还分成不同高度。对于相同的商品，货架的高度不同，理货的工作效率有可能是不同的，所以笔者的团队按照高度在货架的底层、中层和高层分别记录工作效率数据。

　　对单位时间理货商品数量的统计，笔者的团队选择的是"箱/包数"而不是具体的商品件数。因为理货岗位要求理货过程中的动作尽量要快，如果以具体的商品件数来计数，难以统计时间。用"箱/包数"一方面便于现场观察的数据统计，另一方面方便做岗位编制测算时从后台系统中抓取商品数据库的数据。

　　通过门店后台系统中导出的卖场每天销售货物箱/包数的数据，能够计算出不同柜组需求的理货岗位人员数量。根据卖场不同时间段销售的货物箱/包数的数据，能够计算出理货岗位最佳的排班安排以及最佳的补货时间点安排。

3.2.2　生鲜岗位工作量分析

　　J 公司中人员数量排第二的岗位是超市卖场的生鲜岗位。生鲜商品是 J 公司的特色。许多民生商品是 J 公司超市主打的拳头商品，销量在市场竞业中遥遥领先，其中就包括大量的生鲜商品。在 J 公司的个别门店中，生鲜商品的销售占比能够占到整个门店销售额的 40% 以上。

　　生鲜岗位指的也不是单一的岗位，它是按照岗位需要负责的商品种类划分的岗位类别。生鲜岗位包括肉禽岗位、海产岗位、蔬果岗位等。每一种岗位都有不同的工作流程和特点。其中肉禽和海产岗位需要一定的专业性，对操作技能有一定的要求；蔬果岗位对操作技能的要求不高，比较容易上手，但需要了解不同种类蔬果的保鲜和售卖知识。

以生鲜岗位中的蔬果岗位为例，笔者的团队在调研的时候，发现蔬果岗位除了在保鲜和售卖知识方面与非生鲜理货岗位不同之外，上货（补货）的流程与非生鲜理货岗位类似，上货频率比非生鲜理货岗位更高。

这种工作频率更高的岗位可以在通过岗位工作量分析找到工作量的关联数据之后，从后台系统导出库存或销售数据，测算岗位工作量的需求，从而测算出岗位人数需求。其岗位工作量的分析方法与非生鲜理货岗位是相同的。

不同蔬果品类的特点不同，对蔬果岗位进行工作量分析时，笔者的团队选择了几种典型的蔬果品类，观察蔬果岗位员工围绕这些品类开展日常工作时的工作效率。对蔬果岗位的工作量分析如表 3-4 所示。

表 3-4　蔬果岗位工作量分析

蔬菜组（圆葱）		
工作类型	所耗时间（分钟）	重量（千克）
取推车、去仓库、回到货架	3	20
摆货	5	
A1=20/8=2.5 千克 / 分钟		
蔬菜组（茄子）		
工作类型	所耗时间（分钟）	重量（千克）
取推车、去仓库、回到货架	0.28	10.56
摆货	4.5	
A2=10.56/4.78=2.21 千克 / 分钟		
蔬菜组（小圆柿子）		
工作类型	所耗时间（分钟）	重量（千克）
取推车、去仓库、回到货架	1.63	10
摆货	1.78	
A3=10/3.41=2.93 千克 / 分钟		
蔬菜组（菠菜）		
工作类型	所耗时间（分钟）	重量（千克）
挑出烂菜叶、规整	34	8.5
出仓库、摆货	3.5	
A4=8.5/37.5=0.23 千克 / 分钟		
蔬菜组（芹菜），适用于其他不需要修剪的捆绑类蔬菜		
工作类型	所耗时间（分钟）	重量（千克）
捆绑、摘菜叶	0.9	7.5(15 捆)
出仓库、摆货	1	
A5=7.5/1.9=3.95 千克 / 分钟		
蔬菜组（角瓜、苦瓜、头菜）		
工作类型	所耗时间（分钟）	重量（千克）
去筐、拿货到达货架	0.92	1
摆货	0.2	
A6=1/1.12=0.89 千克 / 分钟		

（注：由于保留 2 位小数四舍五入，数据存在一定误差。）

笔者的团队根据对蔬果岗位工作量的调研，发现当蔬果根据特点被划分成不同品种（A1、A2、A3、A4、A5、A6……）时，可以避免因蔬果品种不一而出现的工作效率差异问题，这样划分能够更准确地测算整个岗位的工作量。

笔者的团队测算完蔬果岗位的工作量之后，只需要在后台系统中导出蔬果不同品种（A1、A2、A3、A4、A5、A6……）的库存数据（千克）和销量数据（千克），就能够计算出整个蔬果柜组需要的工作总量（分钟）。根据这个工作总量，可以计算出蔬果柜组需要的岗位人数。

3.2.3 收款岗位工作量分析

超市卖场中的收款岗位是 J 公司人员数量排第三的岗位。收款岗位与理货岗位、生鲜岗位不同，它并不是一类岗位的统称，而是一个比较具体的岗位。每家门店除了有一人担任收款主管岗位，其工作内容与收款岗位有所不同之外，其他所有的收款岗位的工作内容和工作流程都是类似的。

收款岗位的作业流程比较单一，工作内容属于简单重复劳动。这使得收款岗位的工作量分析是超市所有岗位中相对最简单也最明确的岗位。笔者的团队经过调研，发现在理货岗位和生鲜岗位中，个别具体岗位都有 20% ～ 40% 的工作内容难以量化。但收款岗位的工作量分析中用到的数据，涵盖了其 95% 以上的工作内容。

对收款岗位的工作量分析如表 3-5 所示。

表 3-5 收款岗位工作量分析

收款员	收款件数	所耗时间（秒）	平均每件时间（秒）
A	360	2 900	8
B	520	5 710	11
C	250	4 320	17
D	330	4 370	13
合计	1 460	17 300	12

（注：由于保留整数四舍五入，数据存在一定误差。）

根据收款岗位平均结算每件货物所用的时间以及门店后台系统中不同时间段销售货物件数的历史数据，能够计算出门店在不同时间段需求的收款岗位人员数量，便于门店做好收款岗位的人员安排。

收款岗位的工作量分析可以用在门店的排班和用工安排上，这种应用能够有效减少门店的人力资源成本，更好地服务顾客。关于收款岗位排班和用工安排的案例，在笔者的《人力资源量化管理与数据分析》一书中有详细介绍。

3.2.4　装卸岗位工作量分析

J 公司还有一类比较特殊的岗位——装卸岗位，该岗位人员主要负责从物流中心仓库出发的货物装车（装货）工作和货物到达门店之后的卸车（卸货）工作。

装货工作发生在物流中心，一般以大批量货物或整件货物为主，有叉车和推车等工具辅助，在计算这个过程的工作量的时候，直接测算的是装满一车货物所用的时间。

卸货工作发生在货物车辆到达门店时，J 公司的门店在同一城市中分布得比较密集，一辆装载货物的车要分别途经多家门店卸货。装卸岗位负责将货物放置在门店的收货口处，门店人员负责检查和清点，并做收货处理。

为了防止货物车辆在某门店卸货时间较长，整个卸货过程需要装卸岗位和门店收货人员的配合，因此装卸岗位和门店收货人员的数量要匹配，同时工作效率要达到最大化。对装卸岗位卸货过程的工作量进行分析，不仅决定着装卸岗位跟车人员的数量配置，还决定着门店收货人员的数量配置。

对装卸岗位卸货效率的工作量分析如表 3-6 所示。

表 3-6　装卸岗位卸货效率工作量分析

日期	有无卸货平台	尾板升降总时间（秒）	卸货时间（秒）	卸货人数	来货件数	效率（分钟 / 件）
20××-6-22	有	245	672	3	262	17.1
20××-6-23	有	230	965	3	364	18.3
20××-6-24	有	259	520	3	228	17.6
合计		734	2 157	3	854	17.7

（注：由于保留 1 位小数四舍五入，数据存在一定误差。）

根据装卸岗位卸货的工作效率以及门店次日的订货量，能够计算出次日卸货需要安排的卸货人员数量和收货人员数量。

3.2.5　库管岗位工作量分析

笔者的团队发现在 J 公司的不同仓库，仓库管理员的数量是不同的。有的仓库面积大，当前在岗人数却比较少；有的仓库面积小，当前在岗人数却比较多。仓库管理员的人员数量与仓库面积的关联不大，而与仓库的工作量有关。

那么，仓库管理员的人员配置数量与哪些数据有关呢？笔者的团队调研后发现，J 公司所有仓库根据需要分别存放着不同种类的物资，不同仓库存放的物资种类不同，每天物资出入库的频次不同。每次物资出入库时，仓库管理员都应当执行标准化的流程。

笔者的团队经过对仓库管理员工作流程的观察调研，发现仓库管理员的工作量主要与物资出入库的频次以及每次出入库物资的品类数量有关。与工作量最相关的两个数据，分别是平均每人每天的出入库单数和平均每人每天的出入库品类数。

对当前 J 公司所有仓库管理员岗位做的岗位工作量分析如表 3-7 所示。

表 3-7　仓库管理员岗位工作量分析

仓库	现有库管人数	月度出入库单数总和	平均每人每天出入库单数（按每月22天算）	平均每人每小时出入库单数（每天8小时）	出入库品类数	平均每人每天出入库品类数	平均每人每小时出入库品类数	现存量（分管品类数）
A	2	674	15	1.9	1 035	24	2.9	63
B	2	1 513	34	4.3	2 883	66	8.2	340
C	2	507	12	1.4	1 095	25	3.1	590
D	2	562	13	1.6	2 423	55	6.9	502
E	2	32	1	0.1	114	3	0.3	88
F	1	194	9	1.1	2 262	103	12.9	—
G	3	698	11	1.3	1 791	27	3.4	2 435
H	1	303	14	1.7	863	39	4.9	174
I	1	278	13	1.6	650	30	3.7	216
J	2	365	8	1.0	5 007	114	14.2	565
K	2	788	18	2.2	1 591	36	4.5	2 058
L	1	46	2	0.3	157	7	0.9	17
M	1	26	1	0.1	50	2	0.3	24

（注：由于保留 1 位小数四舍五入，数据存在一定误差。）

经过观察测算，J 公司仓库管理员岗位平均每人每天出入库单数的平均值是 12（单）；平均每人每天出入库品类数的平均值是 41（种）。平均每人每小时出入库单数和平均每人每小时出入库品类数作为工作量的参考值。

虽然不能据此直接给出 J 公司仓库管理员的岗位编制测算依据，但是可以判断出哪些仓库管理员的工作量是明显比较少的。当平均每人每天出入库单数和平均每人每天出入库品类数两个数据的值同时低于平均值时，说明这个仓库的工作量比较少。这两个值越低，说明工作量越少。

根据表 3-7 中的数据，可以看出 E 仓库、L 仓库、M 仓库的平均每人每天出入库单数和平均每人每天出入库品类数明显偏低，说明这些仓库管理员的工作量偏少。

F 仓库和 J 仓库虽然平均每人每天出入库单数比较低，但平均每人每天出入库品类数比较高，所以不能直接判断 F 仓库和 J 仓库管理员的工作量少。

平均每人每天出入库单数和平均每人每天出入库品类数之间是否存在一定的相关性呢？

这个问题可以用 Excel 软件分析，分析步骤如下。

（1）打开 Excel 软件，将平均每人每天出入库单数和平均每人每天出入库品类数两组数据粘贴到 A、B 两列中，如图 3-1 所示。

（2）在一个空白单元格（比如 C2）输入公式：=CORREL(A2:A14,B2:B14)，函数括号里的内容指的就是这两列数据，如图 3-2 所示。

A 平均每人每天出入库单数（按每月 22 天算）	B 平均每人每天出入库品类数
15	24
34	66
12	25
13	55
1	3
9	103
11	27
14	39
13	30
8	114
18	36
2	7
1	2

图 3-1 用 Excel 软件分析（1）

C2 fx =CORREL(A2:A14,B2:B14)

	A 平均每人每天出入库单数（按每月 22 天算）	B 平均每人每天出入库品类数	C	D	E
1					
2	15	24	0.326716		
3	34	66			
4	12	25			
5	13	55			
6	1	3			
7	9	103			
8	11	27			
9	14	39			
10	13	30			
11	8	114			
12	18	36			
13	2	7			
14	1	2			

图 3-2 用 Excel 软件分析（2）

（3）CORREL 函数是比较数据相关性的函数。函数得到的数值越接近 1，代表数据之间的相关性越大；越接近 0，代表相关性越小，或者不相关。偶尔会有计算得到负数的情况，这时候代表两组数据具有负相关性，即数值越接近 −1，代表负相关性越大；数值越接近 0，代表负相关性越小。

从平均每人每天出入库单数和平均每人每天出入库品类数的 CORREL 函数值 0.326 716 来看，这两个数值之间的相关性较小。

3.3 案例：岗位访谈法工作量分析

在作业环境高度标准化的场景中，对各岗位的工作内容进行量化分析似乎并不是一件难事。比如，对 J 公司超市卖场岗位的工作量分析，或者对生产制造业中一线操作岗位的工作量分析，其实都是比较容易的。然而，如何将一些工作内容难以量化的岗位进行量化，这是让很多人力资源管理者头疼的事。比如，人力资源管理岗位的工作内容，就比较难量化。

笔者的团队在给 G 公司开展人力资源管理咨询的时候，其中有一项就是岗位工作量分析。进行岗位工作量分析的第一步是教会 G 公司的人力资源管理人员如何进行岗位工作量分析，笔者的团队选择分析的岗位是人力资源管理岗位。

G 公司集团总部的人力资源部设有人力资源部负责人、招聘与组织管理专员、培训与发展管理专员、薪酬与绩效管理专员等 4 类岗位。各子公司内部设有人力资源管理专员。

集团总部的人力资源部负责制定人力资源管理的基本政策，并向子公司传达人力资源管理要求，以及掌握子公司关键岗位的人事任免权。

子公司的人力资源管理专员受子公司总经理的行政管理，受总部人力资源部的间接管理，主要负责落实集团层面的人力资源管理工作的要求，以及子公司日常的人事管理工作。

对 G 公司人力资源部岗位的工作量分析，笔者的团队主要采取的是岗位访谈法。

3.3.1 人力资源部负责人工作量分析

笔者的团队首先访谈的是 G 公司集团总部人力资源部负责人，访谈耗时 6 小时，访谈过程让笔者的团队不仅对 G 公司的人力资源管理工作有了整体的认识，也帮助笔者的团队明确了在分析其他人力资源管理岗位之前，应当了解的必要信息。

通过对 G 公司集团总部人力资源部负责人工作内容的访谈，笔者的团队梳理了该岗位的主要职责，对应的主要任务，职责和任务发生的频率或效率，该岗位在该项职责和任务上的主要产出或输出内容，以及职责和任务对应的工作量。这也为笔者的团队接下来做总部人力资源部的其他岗位和子公司人力资源管理专员的岗位分析打下了基础。

G 公司集团总部人力资源部负责人岗位工作量分析如表 3-8 所示。

表 3-8　G 公司集团总部人力资源部负责人岗位工作量分析

岗位设置的目的：根据公司发展战略，依据我国人力资源相关规定，组织本部门并协调其他部门完成对人才的选拔、配置、培养、留用、评价以及岗位绩效评估等工作，保证人力资源管理对公司战略的有效支持			岗位饱和度： 25.72 天 /22 天 × 100%=117%		
职责	任务	频率或效率	岗位产出或输出	工作量分析（约数）	换算成天/月
制定和实施人力资源规划	（1）根据公司战略规划，在充分沟通的基础上，制订公司的人力资源规划，并提交上级领导审批； （2）将人力资源规划分解到各模块； （3）依据人力资源规划的实施过程和实际状况，及时地调整规划； （4）监督和落实人力资源规划的有效实施	周	人力资源规划书；各岗位任务计划书	每周2 小时	1
审核人力资源相关管理制度、流程、规范	（1）起草人力资源内部制度、规范的编制和更新计划； （2）监督和落实人力资源内部制度的编制； （3）修改和审核人力资源制度； （4）将审核后的人力资源制度提交上级领导审批	月	制度计划书；制度、流程、规范等修改意见	每月1～3天	2

职责	任务	频率或效率	岗位产出或输出	工作量分析（约数）	换算成天/月
维护和管理公司组织架构，审核和修改岗位体系、能力体系、人才评估体系	（1）提出组织架构的修改建议； （2）编制公司的岗位体系； （3）统筹管理公司架构、岗位体系、能力体系； （4）建立健全人才评估机制，并监督执行	月	岗位体系、能力体系、人才评估体系修改意见；组织机构建议报告	每月1～3天	2
组织各部门梳理、优化核心部门职能和岗位职责	（1）协助各部门明确岗位和部门职责、KPI指标； （2）协助和审核各部门编制部门说明书和岗位说明书； （3）定期组织对部门和岗位说明书的更新和修改	月	岗位说明书；修改意见	每月1～3天	2
建立、优化招聘和培训渠道	（1）建立健全网络招聘、校企合作等多种招聘形式； （2）审核招聘计划、满足公司的用人需求； （3）审核年度培训计划，监督和管理培训计划的执行； （4）建立健全培训体系	月	招聘网站；监督培训的执行	每月2天	2
开展公司核心成员及事业部副总级以上人员的绩效考核	（1）沟通公司核心成员的绩效考核目标； （2）沟通各事业部副总级以上人员的绩效考核目标； （3）组织实施绩效考核会议、定期评估绩效考核结果； （4）汇总分析绩效考核结果并报上级领导审批	年	年度绩效考核；绩效考核评估报告	每年2周	1.17
建立健全薪酬制度和审核月度薪酬的发放	（1）审核薪酬制度； （2）将薪酬制度报上级领导审批； （3）审核每月的薪酬测算结果	月	薪酬制度修改意见；薪酬制度报告	每月1～3天	2
核心员工的调动、晋升、任免管理	（1）根据人才测评、绩效考核等依据，定期提出核心员工的调整意见； （2）报上级领导审批； （3）执行决策层的意见	月	人才测评结果报告；考评报告	每年2周	1.17
处理人力资源相关的内外部关系	（1）处理各大院校、猎头、培训机构等的外部公共关系； （2）处理各类人力资源外部公共关系的临时事项； （3）沟通协调、处理公司内部人力资源相关事项	月	公共关系处理结果	每月1～2天	1.5

职责	任务	频率或效率	岗位产出或输出	工作量分析（约数）	换算成天/月
分析人力资源相关数据和制定改善行动计划	（1）每月做人力资源相关数据分析，根据分析结果，提出改进建议和行动计划； （2）将行动计划报上级领导审批； （3）监控行动计划的实施	月	人力资源数据分析报告；行动实施结果报告	每月2天	2
本部门员工的管理、培训和发展	（1）制定本部门内部的各项管理制度，建立健全岗位责任制； （2）对内部成员进行日常管理和工作考核； （3）关注本部门员工的成长和发展； （4）定期组织部门内部的员工学习	月	内部员工管理；内部员工能力成长内部培训资料	每天1.5小时	4.88
其他工作	（1）内外部重大情况变化及时向上级领导报告； （2）处理各类临时突发状况； （3）完成上级领导交代的其他工作	月	各类临时性工作产出，如临时沟通、谈话、面试等	每月4天	4
年度考核指标（评价依据）	人力资源内部基础流程与制度建设和岗位体系基础建设、招聘满足率、培训计划完成率、搭建公司薪酬绩效体系、定岗定编计划完成率、重要岗位人员的职业规划计划和梯队建设等				25.72

（注：由于保留 2 位小数四舍五入，数据存在一定误差。）

每个月的法定应出勤天数是不同的，为了简化表达，笔者的团队在计算岗位饱和度的时候，用的是岗位每月的工作量除以 22 天。通过对岗位工作量的分析与梳理，笔者的团队也帮助各岗位初步明确了考核指标。

3.3.2 招聘与组织管理专员工作量分析

笔者的团队对 G 公司集团总部人力资源招聘与组织管理专员的访谈耗时 3 小时。访谈结束后，笔者的团队发现在某些职责上，招聘与组织管理专员与人力资源部负责人的理解是不同的，这种情况同样出现在培训与发展管理专员和薪酬与绩效管理专员身上。

笔者的团队在结束对 G 公司整个人力资源管理系统相关岗位人员的访谈后，又重新与 G 公司集团总部人力资源部负责人和整个人力资源系统相关岗位人员一起开会讨论，澄清这种认知差异，重新调整岗位分析。

通过这种岗位访谈的分析调研过程，笔者的团队发现 G 公司人力资源管理各岗位人员在相互沟通上存在一定的问题，同时在对工作的认知上存在一定的差异。当笔者的团队把这种差异在会议上提出来讨论时，所有人都认为这是一次非常良性的沟通，有助于人力资源管理工作的有序开展。

G 公司集团总部人力资源招聘与组织管理专员工作量分析如表 3-9 所示。

表3-9 G公司集团总部人力资源招聘与组织管理专员工作量分析

岗位设置的目的：人才的引入、退出，管理和评估岗位编制，完善人力资源管理相关制度等				岗位饱和度：23.90/22天×100%=110%	
常规事务类工作：长期的、重复性的工作，通常不直接增值但必须做的工作				占比：47%	
管理提升类工作：具备管理性质，对管理水平提升有积极意义做的工作，效益提升有积极意义的工作				占比：53%	

职责	任务	频率或效率	岗位产出或输出	工作量分析（约数）	换算成天/月
人才引入和退出	了解用工需求，根据岗位编制拟定招聘计划；整理招聘工具，沟通合作网站、高校和人才中心等机构，实现多渠道招聘；进行简历筛选、面试等招聘过程；发放入职通知，办理入职手续；试用期工作表现的跟踪反馈	日	人才引进和退出	筛简历：(4分钟/份×4.5份/天+5分钟/份×2份/天)×22天=1.283天/月 电话通知：2分钟×2个/天×22天=0.183天/月 面试：40分钟×10人/天=400分钟=0.833天/月 入职：30分钟×2人/月=60分钟=0.125天/月	2.424
挂职干部考评	建立考评制度，拟定并实施考评计划、输出考评结果	每半年	半年度挂职干部考评结果	建立制度：0.5天/6个月=0.083天/月 实施考评：3天/6个月=0.5天/月 考评结果：2天/6个月=0.333天/月	0.92
维护和管理组织架构、岗位体系和定岗定编	理顺公司实际组织架构，根据职能划分岗位、序列、角色，协助各部门进行定岗定编	持续	各部门人员数量表、组织结构图、岗位编制表	部门人员数量表：1天/月	1
工作岗位的分析	岗位精细分析，包括工作量、工作环境、交接部门等多方面，以实际数据判断岗位的必要性和工作量的饱和度	不定期	岗位工作量分析	以库管为例：3.5天/个×2个/月=7天/月	7
整理部门职能和岗位职责	在组织架构明晰的基础上，收集编制部门职能说明书；协助部门划分岗位，制定岗位职能说明书	月	岗位职能说明书	2天/月	2

职责	任务	频率或效率	岗位产出或输出	工作量分析（约数）	换算成天/月
人力资源制度建设	了解公司内部管理运营流程，并制定相应的管理制度和规范，形成制度体系；对制度执行过程中出现的问题，对制度不断进行反馈修正；员工手册的编制与更新	持续	各项规章制度、员工手册	1天/月	1
人才测评	明确各岗位应知应会，制定各岗位测评标准、试题	持续	岗位测评标准、试题	4天/月（计划）	4
新进员工的档案管理	与子公司人力资源专员一起办理完成新进员工的档案、合同等	不定期	新员工档案、合同	4小时/次×1次/周×4周=2天/月	2
其他	对未按时到岗，需要通知上班或解除劳动关系的员工发放通知并跟函进离职员工的离职手续；与子公司人力资源专员一起办理离职手续；协助试题的制作；负责会议记录以及会议纪要的整理	持续	发函通知、离职文件、试题、会议纪要	部门会议：0.5天/月 参加会议纪要及整理会议纪要：1天×3次/月=3天/月 发函（打印、签字、盖章、发放：15分钟×2次/月=0.063天/月	3.56
年度考核指标（评价依据）	人力资源制度的完备程度；招聘满足率；定岗定编的执行程度				23.90

（注："工作量分析"的计算结果保留3位小数。"换算成天/月"结果保留2位小数。）

3.3.3　培训与发展管理专员工作量分析

　　G公司非常重视人才的培训与发展管理工作，但当前G公司的人才培养工作并不成系统。员工培训工作还停留在上级要求下级执行的层面上。对此，人力资源部负责人希望能建立完善的人才培训与发展体系，让培训工作能够有序运行。

　　笔者的团队对G公司集团总部人力资源培训与发展管理专员的访谈耗时3小时，工作量分析如表3-10所示。

3.3.4　薪酬与绩效管理专员工作量分析

　　G公司的薪酬与绩效管理岗位是保证G公司薪酬管理和绩效管理体系正常运行的关键岗位。G公司当前的薪酬体系已初步成形，但绩效管理体系并不完善，还需要继续完善。

　　笔者的团队对G公司集团总部人力资源薪酬与绩效管理专员的访谈耗时3小时，工作量分析如表3-11所示。

3.3.5　子公司人力资源专员工作量分析

　　G公司子公司人力资源专员的工作定位是执行总部人力资源部的各项政策，这类岗位的重复性、事务性工作比较多。因为G公司各子公司所在产业的实际情况有所不同，所以虽然他们的工作在相同的"框架"之下，但不同子公司的人力资源专员的工作内容是存在差异的，而且工作量也存在一定的差异。

　　笔者选择了G公司子公司3个典型人力资源专员的工作量分析，如表3-12所示。

　　这3个典型人力资源专员，笔者分别用A、B、C指代，他们分别属于不同的子公司。其中A所在的子公司人员发展比较平稳，人员离职率水平适中，人力资源事务性工作需求适中；B所在的子公司发展迅速，人员需求持续增加，人力资源事务性工作比较多；C所在的子公司发展速度比较慢，人员需求少，人员离职率非常低，人力资源事务性工作需求最少。

　　A所在的子公司，只需要设立1个人力资源专员岗位，这个岗位可以兼职一部分行政管理工作；B所在的子公司，需要设置3个人力资源专员岗位，且几乎全部负责人力资源管理相关工作（表3-12演示的工作量仅为单岗位的工作量）；C所在的子公司，也只需要设置1个人力资源专员岗位，这个岗位不仅可以兼职一部分行政管理工作，还可以兼职一部分采购和其他工作。

表 3-10 G 公司集团总部人力资源培训与发展管理专员工作量分析

岗位设置的目的：明确岗位能力要求、提高员工的素质、工作效率，增强员工对企业的归属感，给出岗位能力测评结果，促进员工成长，使员工达到岗位能力测评结果

常规事务类工作：非一次性、长期性

管理提升类工作：对公司员工管理、制度建设建立等有积极作用的工作

岗位饱和度：23.74 天 /22 天 ×100%=108%

占比：72%

占比：28%

岗位职责	任务	频率或效率	岗位产出或输出	工作量分析（约数）	换算成天/月
员工能力管理	与各部门人员进行沟通、进行问卷调查，整理各岗位对企业能力要求、建立岗位胜任力模型	持续	岗位胜任力模型	以此 3 项计划作为一个能力管项目进行，将作为下半年的一个工作重点，预计 5～10 天/月	5
员工梯队建设管理	明确各岗位的储备和培养后备干部的储备和培养	持续	员工素质测评结果		
人才测评	明确各岗位应知应会；制定各岗位测评标准，并根据测评结果制定有针对性的培训计划	持续	岗位测评标准、试题		
制定员工培训计划	进行培训需求调研、制订员工培训计划，每月检查计划的合理性，并做适度修正	持续	培训需求分析、培训计划	调研：2 天/12 个月 =0.167 天/月；结果分析：1 天/12 个月 =0.083 天/月；计划：1 天/12 个月 +0.25 天/月 =0.33 天/月	0.58
组织培训	联系培训老师，发放培训通知，并组织培训	持续	培训渠道与培训	部门沟通及联系老师：1 天/月；通知：0.5 天/月；组织：2 天/月	3
培训效果评估与检测	对培训效果进行评估与考核，对员工的培训效果进行检测	持续	培训效果评估	建立试题库并出题：0.75 天/月；检测与评估：1 天/月	1.75
新员工培训	制作课件并授课，建立试题库并进行测评	月度	新员工培训课件、试题	课件制作及课程设计：1 天/月；组织：1 天/月；测评及结果：0.5 天/月	2.5
组织经济分析会	组织经济分析会、收集会议资料，并进行会议记录及会后工作的跟踪落实	月度	经济分析会	通知：0.5 天/月；收材料：0.5 天/月；参加会议＋整理会议纪要：1 天/月	2
制度建设	根据管理需求拟定管理制度并下发	持续	公司制度类文件	讨论并拟定制度：1 天/月；审核并下发：0.5 天/月	1.5
组织员工活动	与工会配合，组织各类员工活动，丰富员工生活，增进员工之间的感情	持续	员工活动	沟通：0.5 天；计划：0.5 天；通知、组织：2 天；总结：0.5 天；共计：3.5 天/6 个月 =0.583 天/月	0.58

职责	任务	频率或效率	岗位产出或输出	工作量分析（约数）	换算成天/月
员工职业资格和职称的评定工作	组织员工进行职业资格和职称的评定，以及进行盐蓝领评定等相关工作	持续	员工职业资格和职称评定	初中高级职称：3天/12个月=0.25天/月；金蓝领：3天/6个月=0.5天/月	0.75
劳动关系处理	处理劳动仲裁、综合工时申请、商业险的办理	持续	维护劳动关系	劳动仲裁：0.5天/月；综合工时：0.75天/6个月=0.125天/月；商业险：1小时/月=0.125天/月	0.75
博士后管理	对博士后工作站进站博士后进行管理，办理进出站手续，定期向相关上级主管部门进行总结汇报	持续	博士后档案	总结：1天/6个月=0.167天/月；办理进出站手续：4天/6个月=0.667天/月	0.83
人事项目申报	根据相关人事主管部门的项目申报通知，组织相关申报材料进行项目申报	每年5次左右	项目申报材料	写材料、收集相关证明材料及附件：1.5天/月	1.5
员工出入境事项办理	办理员工因公出国的各类手续文件	每年约4次	员工出入境手续	准备材料，与部门协调：6天×2次/6个月=2天/月	2
员工考勤核对及汇总	核对员工的出勤情况，并对每月出勤情况进行汇总	每月1—3号	考勤表	0.5天/月	0.5
话费报销额核对及汇总	核对话费报销额，对超出部分分进行汇总，并扣款	月度	话费扣款清单	0.5天/月	0.5
年度考核指标（评价依据）	培训完成情况、员工满意度、后备人才储备程度、经济分析会组织情况、劳动仲裁处理情况、项目资金申请情况				23.74

（注：“工作量分析”计算结果保留3位小数，“换算成天/月”结果保留2位小数。）

表 3-11　G 公司集团总部人力资源薪酬与绩效管理专员工作量分析

职责	任务	频率或效率	岗位产出或输出	工作量分析（约数）	换算成天/月
人员基础信息汇总	汇总和更新总部及子公司人员的基础信息情况；汇总子公司人力资源专员上报的人员离职、调岗、薪酬变化等信息	每月2次（15日、26日）	人力资源基础信息表	2次/月×0.5天/次=1天/月	1
薪酬、保险、公积金核算	核算薪酬，每月14日前核算薪酬，缴纳公积金	每月6—20日	每月工资、保险、公积金数据	工资：8天/月；保险、公积金：3天/月	11

岗位设置的目的：有效收集人员基础信息，形成提供监督、决策方案，制定和调整公司的薪酬方案，决策部门的人力资源数据；制定和调整公司的薪酬方案，绩效考核方案，并测算薪酬、保险、公积金

岗位饱和度：23.79天/22天×100%=108%

常规事务类工作：非一次性、长期重复的工作　　占比：71%

管理提升类工作：对公司员工管理、企业制度建设等有积极作用的工作　　占比：29%

（续表）

职责	任务	频率或效率	岗位产出或输出	工作量分析（约数）	换算成天/月
人力资源数据分析	每月8日前编制上月人力资源相关报表和数据分析，定期编制季度、月度上月人力资源报表和数据分析	每月8日前	人力资源数据分析报表	1.5天/月	1.5
制定薪酬福利方案，完善薪酬福利体系	制定有激励性的薪酬福利方案，编制和完善薪酬管理制度和公积金缴纳管理制度	持续	薪酬管理制度和保险、公积金缴纳管理制度	计划3天/月	3
建立、维护和评估、完善公司的绩效管理体系	确定各部门的绩效关键指标，建立公司的绩效考核方案，对绩效方案的实施进行反馈与评估，协助各子公司建立和完善绩效考核管理制度	持续	绩效管理制度	计划2～4天/月	4
收集挂职干部月报	每月收集挂职干部月报	每月8日前	挂职干部月报及上交情况汇报	1天/月	1
人力资源资料和档案库	统一管理纸质和电子版的人力资源内部资料、文件	持续	人力资源相关纸质、电子版资料归档	40分钟/月=0.083天/月	0.08
其他	员工公积金转移、提取手续办理，员工收入证明办理，会议纪要整理，职称统计要整理，向IPO提供的各种报表，向财务提供工资台账，议纪要整理，退休人员独生子女费审核，春节、妇女节、中秋节节日福利发放，为人员调动开具任职令等	持续	企业福利检查，特殊人员工资台账，特殊人员工资单，企业福利发放登记表，计表、福利、独生子女费、发放金额、人员调动	公积金手续：6个/月×10分钟/月=0.125天/月 收入证明：4个/月×15分钟/月=0.125天/月 会议纪要：1.5小时/月=0.188天/月 财务报表：2小时/月=0.25天/月 人员调动：4.5个/月×30分钟/个=0.281天/月 独生子女费：2.5个/月×20分钟/个=0.104天/月 福利申请：4次/月×1小时/次=0.042天/月 通知发放：3个/月×15分钟/个=0.094天/月 职称统计：3天/次×1次/月=0.25天/月 部门会议：0.5天/月	2.21
年度考核指标（评价依据）	薪酬核算的及时性和准确性、人力资源资料更新的及时性、人力资源数据分析报表的及时性和准确性				23.79

（注："工作量分析"计算结果保留3位小数，"换算成天/月"结果保留2位小数。）

岗位设置的目的：保证子公司的人力资源满足公司内部经营和管理的需要；保证公司人力资源制度的有效执行；车间人员的招聘和入职手续办理，档案管理；员工社保险缴纳；基础信息收集，解决员工反映及问题

表3-12　G公司子公司3个典型人力资源专员的工作量分析

岗位饱和度：23.31天/22天×100%=106%	岗位饱和度：11.81天/22天×100%=54%（约54%）	岗位饱和度：2.46天/22天×100%=11%（约11%）

职责	任务	频率或效率	岗位产出或输出	A	B	C
车间员工的招聘	（1）建立与各人才市场和人才招聘网站的长期联系； （2）根据各部门的用人需求，通过招聘会、人才市场、人才网站等发布招聘信息并收集简历； （3）筛选简历，通知合格者参加面试； （4）按照招聘流程，帮助面试者填写岗位申请表，参加面试； （5）面试通过后发送入职通知，并告知员工入职所需资料	持续	员工的引进和退出	电话：8个/月 ×1分钟/月 =0.017天/月 面试：4个/月 ×15分钟/月 =0.125天/月 招聘会：3次/月 ×0.7天/次 =2.1天/月	电话：48个/月 ×1分钟/月 =0.1天/月 面试：25个/月 ×15分钟/月 =0.781天/月	1天/年 = 0.083天/月
办理入职离职手续	（1）入职：通知办理入职手续，进行岗前培训并签入职声明；根据规定签订劳动合同、保密协议、知识产权协议、竞业禁止协议等；将新员工转交用人部门进行试用； （2）离职：办理好交接手续，填写离职交接清单，送至人力资源部，各级领导承诺、签离职通知书，各级领导签字后提交人力资源部备案，注销工作牌，准予离职	持续	入职离职手续、文件	入职：5个/月 ×1.5小时/月 =0.938天/月 离职：17个/月 ×1小时/月 =2.125天/月	入职：23个/月 ×4小时/月 =11.5天/月 离职：22个/月 ×1小时/个 =2.75天/月	—
管理劳动合同、档案	（1）检查员工档案是否真实完整； （2）根据入职登记表制作电子档案，并及时更新员工的个人信息和资料； （3）档案封存，保证员工档案完整； （4）根据员工档案明确合同到期人员名单，告知当事人、续签合同	持续	员工合同、档案	查档案：1小时/月 =0.125天/月 封存：0.5小时/月 =0.063天/月 到期：4次/月 ×10分钟/次 =0.083天/月	档案到期：4次/月 ×10分钟/月 =0.083天/月	—

职责	任务	频率或效率	岗位产出或输出	A	B	C
管理员工社保	（1）负责公司社保的开户、变更和注销； （2）整理参保人员的资料，为员工申报社保； （3）及时、准确地核算公司社保费用； （4）每月到社保中心为员工交五险； （5）负责员工社会保险相关证件的领取和发放	持续	员工社保	开户：5个/月×10分钟/个=0.104天/月 变更：1个/月×20分钟/个=0.042天/月 注销：7个/月×2分钟/个=0.029天/月 核算社保费用：1.5天/月 交五险：2小时/月=0.25天/月 领证件：2小时/月=0.25天/月	变更：1个/月×20分钟/个=0.042天/月 核算社保费用：1.5天/月 交五险：2小时/月=0.25天/月 领证件：2小时/月=0.25天/月	核算社保费用：1.5天/月 交五险：2小时/月=0.25天/月 领证件：2小时/月=0.25天/月
办理工伤、退休、职称评审等手续	（1）工伤：负责员工工伤的网上申报、资料递交、伤残鉴定等手续； （2）退休：负责退休申请表的发放以及退休手续的办理； （3）负责组织员工进行职称评定工作，对有职称的员工进行登记入档，负责统一组织有关职称报名考试工作	不定期	工伤、退休、职称证明	工伤：1个/月×3小时/个=0.375天/月 退休：7小时/月×1个/月=0.875天/月（来回跑3～4趟） 职称：3个/年×2小时/个=0.063天/月	工伤：6个/年×3小时/个=0.188天/月 职称：5个/年×2小时/个=0.104天/月	工伤：1个/月×3小时/个=0.375天/月
子公司员工关系的处理	处理子公司内部的各类员工关系、劳动争议	不定期	仲裁结果通知	1个/年×0.5小时/个=0.005天/月	4个/月×0.5小时/个=0.25天/月	—
其他工作	（1）贯彻及完善人力资源部规定的各项管理制度、流程； （2）完成子公司领导以及人力资源部安排的其他工作； （3）核对员工的出勤情况，并对每月出勤情况进行汇总； （4）质量认证、知识产权等各种资料准备	不定期	制度培训结果、月考勤表	发放培训制度：2个/6个月×10分钟/个=0.007天/月（导入、导出、记录） 考勤：2天/月×0.5天/月=0.5天/月 工会活动：1次/月×0.5天/次=0.02天/月 质量认证：1次/3个月×0.7天/月=0.233天/月	工会活动：3次/月×0.5天/次=1.5天/月 核对名单：10分钟/月=0.02天/月 质量认证、产权：4天/月	—
年度考核指标（评价依据）	一线员工的招聘满足率，员工资料和手续的完整性，保险缴纳的及时性			11.81天/月	23.31天/月	2.46天/月

（注：计算结果最多保留3位小数。）

第 **4** 章

用数据提升招聘
选拔效能

在人才招聘选拔的过程中，除了招聘满足率（招聘到位的人数÷招聘需求的人数）、招聘贡献度（某渠道招聘到位的人数÷全渠道招聘到位的人数）这些比较宏观的数据结果之外，在人才招聘选拔的微观层面，运用数据分析方法，能够有效提高人力资源管理效能，获得想要的微观的数据结果。

4.1 案例：华为公司后备干部选拔

华为公司（以下简称"华为"）创立于 1987 年，是全球领先的信息与通信基础设施和智能终端提供商，致力于把数字世界带给每个人、每个家庭、每个组织，构建万物互联的智能世界。截至 2019 年年底，华为有 18.8 万员工，业务遍及 170 多个国家和地区，服务 30 多亿人口。2019 年 8 月 22 日，2019 国内民营企业 500 强榜单发布，华为投资控股有限公司以 7 212 亿元营收排名第一。

人才是公司发展的根本保障，干部是公司发展的核心动力。华为公司自发展之初就非常重视对人才的选拔和培养，尤其是对后备干部的选拔。华为是通过建立资源池的方式，选拔、储备和培养公司发展需要的干部。

4.1.1 后备干部选拔象限

华为期望选拔出的后备干部对公司忠诚，具有责任感、使命感、敬业精神和奉献精神，曾经具有比较优秀的成绩，将来能够带领团队为公司做出优秀的贡献。华为对后备干部的选拔遵循四象限原则，如图 4-1 所示。

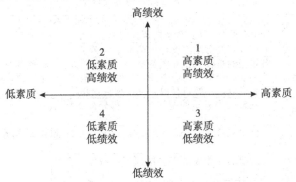

图 4-1 华为后备干部选拔的四象限

第 1 象限的是高素质、高绩效的人。华为将会重点选拔出这部分人才作为后备干部的人选，倡导选拔那些品德优秀、责任结果好（高绩效）、有领导风范的干部担任各级部门的管理者。

第 2 象限的是低素质、高绩效的人。华为认为这部分人才同样是优秀的，因为他们的责任结果好，但这部分人才不具备领袖风范，倡导这部分人才应当严格要求自己，加强自我学习，提高自身素质，努力向第 1 象限靠拢。

第 3 象限的是高素质、低绩效的人。华为认为这部分人不适合被提拔为干部。这部分人虽然素质比较高，但是责任结果比较差（低绩效），他们担任干部之后，可能会出现"虚假的繁荣"，倡导这部分人应当努力提升绩效水平。

第 4 象限的是低素质、低绩效的人。华为对这类人的态度是零容忍。这类人一旦被发现，不仅没有成为干部候选人的机会，而且如果不改变，还会被及时清退。

4.1.2 后备干部选拔标准

华为以四象限为原则和基准，结合内部对管理干部的任职资格要求，制定了后备干部的选拔标准。华为后备干部的选拔标准如表 4-1 所示。

表 4-1 华为后备干部的选拔标准

考察项目	考察要素			测评标准	测评方法	备注
否决条件	品德			（1）传播消极情绪，发牢骚； （2）自律性差、作风不严； （3）有赌博或出入不良场所的行为； （4）传播小道消息，私下议论人事、职务、薪酬等话题； （5）违背公司诚信要求，违背公司商业准则	（1）查阅关键事件库； （2）调查了解	若员工出现测评标准中某一条，则不能入选
必要条件	硬指标	绩效		（1）近 4 季度的绩效水平 3 次在 B、1 次在 C 及以上的，在关键事件中表现突出的可以考虑 2 次 B、2 次 C 及以上的； （2）上年度绩效结果是 A 或 B，且排名在各大部门内考核的前 20%～30% 的	查阅季度和年度绩效结果	硬指标中的每个考察要素都必须符合，出现一条不符合则不能入选
		任职		专业技术任职资格在 2 级普通等及以上	查阅任职资格记录	
		四海为家		服从公司安排，愿意到其他艰苦地区工作，不计个人得失，工作地意向调查结果是 AA	查阅工作地意向调查	
	软指标	劳动态度		上年度年终劳动态度评议结果是 A 或 B	查阅年终劳动态度评议结果	
		品格要求		有较强的责任意识和服务意识，坚持原则；始终以积极向上的心态面对工作中的困难；不断进取，不断进行自我批评和自我超越		
		基本素质	影响力	达到影响力素质的基线要求，得分在 2 分及以上	查阅素质区分方法	
			主动性	达到主动性素质的基线要求，得分在 2 分及以上		
			概念思维	达到概念思维素质的基线要求，得分在 2 分及以上		
参考条件	参考素质	关注客户		供参考	查阅素质区分方法	在符合基本条件的情况下，参考条件作为优中选优的条件，择优入选
		团队领导				
		成就导向				
	其他			符合以下标准，在同等条件下，优先考虑： （1）一线团队中的优秀员工； （2）参加过全流程 A 培培训的员工； （3）有跨部门工作经验的员工	查阅团队绩效和 A 培名单记录	

表 4-1 中的后备干部选拔标准是华为对某一种类型后备干部人才的选拔标准，其他类型的后备干部人选不一定适用此选拔标准，但总体的逻辑思路与此标准相似。

对于特聘的优秀人才（非内部晋升的员工），华为允许其直接被选拔到相应层级，作为后备干部队伍的人选接受培养。但是这些人才同样必须要满足干部选拔标准中的"必要条件"。

4.1.3 学习潜力评价标准

学习潜力是华为非常重视的一项人才基本能力，学习潜力高的人才更值得投入资源培养。在后备干部的选拔方面，华为会进行学习潜力评价。华为对人才学习潜力的评价是通过学习潜力评价表来实现的，如表 4-2 所示。

表 4-2 华为学习潜力评价表

学习潜力测评维度	人际关系	结果导向	思维心智	变革创新
定义	对应人际敏锐力，指拥有卓越的沟通、冲突管理、自我察觉、自我提高、善于组织等能力	对应结果敏锐力，指能够克服困难，打造高绩效团队，能够激发团队的高能动力	对应思维敏锐力，指视野广阔，能够从容应对各类环境，思路清晰，能够有效解读外部信息	对应变革敏锐力，指永不满足、热衷创意、领导变革，能够引入新的观点
标准 1	对人际关系有较高的敏感度	有较强的自我驱动力和能动性	在专业领域有较强的专业能力和广阔的视野	不满现状，持续改善
得分（1～5 分）				
标准 2	能够通过交流有力地影响他人	愿意付出足够的努力，吃苦耐劳	具有解决各种问题的有效方法	愿意迎接挑战，不轻易放弃
得分（1～5 分）				
标准 3	能够倾听和接纳不同的意见和负面情绪	具有较高的绩效标准，激励团队	从容面对复杂的环境	善于引入新的观点和方法
得分（1～5 分）				
标准 4	能够自我察觉内在情绪和自我进化	鼓励自己和他人发挥绩效潜力	清晰地思考并向他人解读	热衷收集和尝试新的方案与创意
得分（1～5 分）				
标准 5	善于组织和协调各方	为达成结果，不拘泥于某种方法	善于发现错误，并将其视为改进机会	能够推动变革
得分（1～5 分）				

学习潜力评价表有人际关系、结果导向、思维心智、变革创新 4 个测评维度。每个维度有 5 个评分标准。每个评分标准都可以打 1 ~ 5 分。最后，计算这 5 项评分的总分数。根据总分数，评判学习潜力的水平，如表 4-3 所示。

表 4-3 学习潜力得分对应结果

总分	20 分及以上	14 ~ 19 分	8 ~ 13 分	7 分及以下
对应结果	高学习潜力	中学习潜力	低学习潜力	弱学习潜力

4.2 案例：腾讯公司岗位任职资格

腾讯公司（以下简称"腾讯"）成立于 1998 年 11 月，如今已经成为国内最大的互联网综合服务提供商之一，也是国内服务用户最多的互联网企业之一。2019 年 10 月，腾讯在 2019 福布斯全球数字经济 100 强榜中位列第 14。

腾讯的快速发展离不开对人才队伍的建设。为了保证人才队伍的高质量，腾讯建立了一套比较完善的岗位任职资格体系，并在人才招聘选拔和人才评定的过程中，严格参照设定的岗位任职资格进行。

腾讯的岗位任职资格体系实际上也是一种岗位胜任能力体系。通过定义不同岗位、不同职务、不同职级、不同职等对应的能力标准，公司可以评定员工的能力水平，定位员工的职务等级。

4.2.1 职位能力框架

腾讯的每一个岗位都有一套职位能力框架。岗位的能力框架展示了从事该岗位的工作需要具备的能力。腾讯的职位能力框架一般分成通用能力、专业知识、专业技能和组织影响力 4 个部分。

通用能力是一般岗位都需要具备的能力，具有一定的普遍适用性；专业知识是与所从事的岗位工作相关的、特有的知识；专业技能是与所从事的岗位工作相关的技能；组织影响力是与公司的知识管理、团队发展、人才培养相关的能力。

值得注意的是，腾讯定义的职位能力框架是把知识和技能分开评定的。知识和技能之间虽然有所关联，却是截然不同的两个概念。知识是知道和了解的某类信息，技能是通过对知识的实践应用而具备的一种能力。

具备某类知识，不一定具备这类技能。比如，某人具备游泳相关的全部知识，却可能因为从来没下过水，不具备游泳的技能；某人具备开车相关的全部知识，却可能因为从来没碰过车，不具备开车的技能。

但是，也不能简单地说技能比知识更高级。比如，一个在无意中学会游泳的人，能在平静的湖水中游泳，却不一定能在大海中游泳，因为他不具备在大海中游泳的知识；一个没有正规学过开车，通过模仿他人学会开车的人，虽然能够开车，却可能因为不懂交通法规相关的知识，而违反交通法规。

所以，知识和技能是相辅相成的，不应过分强调某一方面，而忽略另一方面。在对职位能力做评定的时候，把知识和技能分开判定是比较科学合理的。

以产品策划岗位为例，腾讯产品策划岗位的能力框架如表4-4所示。

表4-4　腾讯产品策划岗位的能力框架

能力大类	能力中类	项目	能力小类	能力定义
通用能力	基本素质	1	学习能力	通过计划、任务和资源的整合运用，顺利达成工作目标的能力
		2	执行力	完成预定目标及任务的能力，包含完成任务的意愿、方法、程度
		3	沟通能力	有效传达思想、观念、信息，把握对方意图，从而说服他人的能力
	关键素质	4	行业融入感和主人翁精神	热爱互联网行业，"把产品当自己的孩子"
		5	心态	积极主动面对困难及压力，以开放的心态迎接变化和挑战，并推动问题的最终解决
专业知识	基本知识	6	技术知识	了解与产品相关的技术实现原理及其表现形式，能够就技术方案与技术人员进行有效沟通，具备技术实现的成本观念
		7	项目管理	通过流程规划、时程安排、任务和人员的管理以及资源的整合运用，顺利达成项目目标的能力
	关联知识	8	其他知识，包括财务、心理学、美学、办公技能等	能综合考虑并有效应用相关知识为产品服务
专业技能	产品能力	9	产品规划（版本计划/节奏）	能准确把握用户需求，进行优先级排序，明确版本规划，并通过迭代实现产品目标
		10	专业设计能力	依据用户使用场景，使用相关专业领域的知识、工具和技巧，设计出满足甚至超出用户预期的功能特性的能力
	市场能力	11	市场分析能力/前瞻性	能对行业情报、竞争对手动态和用户变化进行掌握和分析，从而确定产品的市场地位，掌握竞争格局，预测市场变化，最终确定战略战术
		12	对外商务沟通	能理解合作方的利益点及自己可提供的资源，并通过一定的谈判技巧，形成共赢的成交方案

能力大类	能力中类	项目	能力小类	能力定义
专业技能	运营能力	13	运营数据分析	能通过设计数据指标体系，进行数据的收集和分析，挖掘潜在规律和问题，以优化产品和支撑决策
		14	市场营销（品牌/公关/推广）	能根据目标用户、产品特点及品牌塑造需要，进行营销及公关策略的制定和执行，以有效传播、化解危机、达成产品目标
		15	渠道管理	能开拓和维护用户或内容的来源渠道，优化渠道结构，形成渠道合力并规避风险，从而建设利于产品发展的优质渠道体系
	客户导向	16	市场/用户的调研与分析	能主动通过各种渠道了解用户反馈，掌握一定的调研方法，持续优化产品
组织影响力	领导能力	17	方法论建设	在工作中会主动帮助他人提升专业能力或者提供发展机会，以帮助他人学习与进步
		18	知识传承	从工作积累中不断总结提炼，形成普遍性解决方案，起到指导及示范性作用，并加以推广应用的能力
		19	人才培养	能主动将自己所掌握的知识信息、资源信息，通过交流、培训等形式分享，以期共同提高

　　腾讯的能力框架结构一般是按照能力的大类、中类、小类来划分的，每个小类都有具体的能力定义。腾讯不仅可以根据不同职位的能力框架来进行人才选拔，而且可以进行在岗员工培训。员工也可以参照自己所在岗位的能力框架，进行自主学习。

4.2.2　职位能力等级

　　腾讯不仅为不同职位设定了能力框架，还对能力框架中的每一种能力都进行了等级划分。能力等级一般分成5级，每一级有具体的行为关键词和行为特征。腾讯在评估员工每一项能力等级高低的时候，可以根据表现出来的行为特征来判断。

　　腾讯不同职位相关的能力种类较多，本小节以学习能力、执行力和沟通能力这3种通用能力为例。因为这3种能力是腾讯几乎所有岗位都需要具备的基本能力，非常具有典型性。

　　学习能力等级标准划分如表4-5所示。

表4-5　学习能力等级标准划分

等级	行为关键词	行为特征
5级	成为学习标杆	能够跟踪行业的前沿和技术发展趋势，并结合公司的战略方向和实践状况，适时提出新的、有价值的技术措施及方法；能够成为自身专业领域的权威，精通一定的相关业务领域知识，能够带动团队的专业水平处于公司内部相同团队的前列，成为标杆

等级	行为关键词	行为特征
4级	营造学习氛围，帮助他人学习	能够带动团队共同学习，将学习系统化，并通过举办一系列学习活动，在团队内部营造学习的氛围； 帮助团队的其他成员学习，并取得学习成果； 帮助团队成员进行学习评价，拓展更多的学习内容
3级	总结提炼知识	在学习的同时，能够将学到的知识总结成专利、论文或其他知识成果； 能够把自己学到的知识与他人分享，愿意传播知识； 在培训、沙龙或论坛中担任分享人，分享自己学到的知识
2级	主动寻找学习机会，能够学以致用	能够积极主动寻找学习机会，善于发现学习机会，结合自身的职业发展规划，为自己安排学习，让自己保持知识的不断更新； 能够把学到的知识学以致用，不断提高工作效率，提高工作绩效； 不断学习更有价值的知识，提高工作技能，创造更大的价值
1级	能够在公司的指导下学习	具备学习积极性，参加公司统一组织的培训，能够在上级管理者的指导下学习； 能够掌握岗位需要的知识和技能； 能够熟练运用岗位需要的工具和信息

执行力等级标准划分如表 4-6 所示。

表 4-6　执行力等级标准划分

等级	行为关键词	行为特征
5级	创新执行，树立文化	面对难题和困难，在坚持不懈、持续努力的同时，能够运用创新性思维，创造性地完成任务； 能够在保证达成预期目标的同时，更进一步有所创新； 能够在公司内树立执行力相关的行为文化
4级	事先预测，应对变化	在采取行动之前，能够事先预测各类风险； 在行动的过程中，能够灵活应对各种变化； 在行动结束之后，能够超过预期完成任务
3级	抓住重点，克服困难	采取行动时能够抓住重点，提高工作的效率和质量； 能够克服重重困难，完成具有挑战性的工作
2级	领会意图，主动汇报	工作时能够领会上级管理者的意图； 能够领会工作任务的由来、场景和目的； 工作发生变化时，主动向上级管理者报告； 主动向上级管理者反馈和沟通工作的进展情况
1级	遵从指令，完成计划	能够遵从上级的指令，按照上级的要求完成工作； 能够按照工作任务的时间、步骤和方法等要求采取行动； 能够按照工作要求完成工作计划

沟通能力等级标准划分如表 4-7 所示。

表 4-7 沟通能力等级标准划分

等级	行为关键词	行为特征
5级	提升团队沟通能力，有效沟通重大问题	向团队分享沟通的经验和方法，帮助团队提高沟通协调能力； 当遇到重大事件或问题时，能够进行有效沟通并协调各类资源，形成强有力的解决方案； 能够与上级或投资人进行有效沟通，确保产品理念能够传达客户价值； 能够协调各方资源，确保产品想法最终实现； 能够通过沟通，引导他人采取行动
4级	创造沟通氛围，获取资源支持	能够在团队中创造有效沟通的氛围，促进团队其他成员主动沟通； 能够在复杂项目中有效沟通，保证项目的顺利进行； 能够通过沟通，解决项目遇到的各类问题，促进目标达成； 能够为项目达成目标获取必要的资源支持，通过沟通化解资源获取过程中遇到的各类问题
3级	跨团队沟通有沟通技巧	具备跨团队沟通的方法和技巧，能够有效实施跨团队沟通； 能够通过多样的沟通技巧，解决项目运行过程中出现的矛盾和冲突
2级	把握他人的观点	具备主动沟通的意愿，愿意主动与他人沟通； 能够熟练运用办公软件进行书面汇报，汇报内容逻辑清晰、观点明确、有理有据； 能够有效地倾听和理解对方想要表达的观点； 能够在对方和自己的观点当中达成平衡； 能够主持 5 人以内的会议
1级	表述自己的观点	愿意沟通，掌握基本的沟通技巧； 能够完成目标单一、内容简单的沟通任务； 能够清楚表达自己的观点和工作的内容要点； 能够熟练运用办公软件进行工作汇报和交流

员工的能力等级主要由员工的上级管理者进行评价。除此之外，腾讯还引入了团队中的人力资源管理人员——人力资源业务合作伙伴（human resource business partner，HRBP）对员工的能力进行评价，以及允许员工进行自我评价。

员工在对自己进行能力评价的时候，要根据事实，举证自己具备能力等级中行为特征的具体事件。通过对事件的总结，员工可以找到自己行为的关键词，找到自己当前在能力等级中所处的位置。

有了职位能力等级，根据其中的行为关键词和行为特征，腾讯对人才能力的评价将会更加精准，能够根据员工当前表现出来的行为特征，清晰地定位出员工当前能力所在的等级。公司可以根据员工当前所在等级，有针对性对地对员工进行培训。员工也可以通过不断的自主学习，审视自己的行为，判定自己是否已经达到更高的能力等级。

4.2.3 职位能力标准

在定义职位能力等级之后，腾讯划分出不同职级职等对应的能力标准。比如，产品策划岗位的职位能力等级按照由低到高的顺序分成 1～5 级，每一级又分成基础等、普通等和职业等 3 等，形成了 5 级 3 等的职级职等体系。

产品策划岗位 1 级职位能力等级标准如表 4-8 所示。

表 4-8　产品策划岗位 1 级职位能力等级标准

能力大类	能力中类	项目	能力小类	1 级		
				基础等（能力等级）	普通等（能力等级）	职业等（能力等级）
通用能力	基本素质	1	学习能力	1	2	3
		2	执行力	1	2	2
		3	沟通能力	1	2	2
	关键素质	4	行业融入感和主人翁精神	1	1	2
		5	心态	1	1	1
专业知识	基本知识	6	技术知识	0	1	1
		7	项目管理	0	1	1
	关联知识	8	其他知识，包括财务、心理学、美学、办公技能等	0	1	1
专业技能	产品能力	9	产品规划（版本计划/节奏）	0	1	1
		10	专业设计能力	1	1	1
	市场能力	11	市场分析能力/前瞻性	0	0	1
		12	对外商务沟通	0	0	0
	运营能力	13	运营数据分析	0	0	1
		14	市场营销（品牌/公关/推广）	0	0	0
		15	渠道管理	0	0	0
	客户导向	16	市场/用户的调研与分析	1	1	2
组织影响力	领导能力	17	方法论建设	0	0	1
		18	知识传承	0	0	1
		19	人才培养	0	0	1

产品策划岗位 2 级职位能力等级标准如表 4-9 所示。

表 4-9　产品策划岗位 2 级职位能力等级标准

能力大类	能力中类	项目	能力小类	2 级		
				基础等（能力等级）	普通等（能力等级）	职业等（能力等级）
通用能力	基本素质	1	学习能力	3	4	4
		2	执行力	2	3	3
		3	沟通能力	3	3	3
	关键素质	4	行业融入感和主人翁精神	2	3	3
		5	心态	2	2	2

能力 大类	能力 中类	项目	能力小类	2 级		
				基础等 （能力等级）	普通等 （能力等级）	职业等 （能力等级）
专业 知识	基本 知识	6	技术知识	2	2	2
		7	项目管理	2	2	3
	关联 知识	8	其他知识，包括财务、心 理学、美学、办公技能等	1	2	2
专业 技能	产品 能力	9	产品规划（版本计划/节奏）	2	2	2
		10	专业设计能力	2	2	2
	市场 能力	11	市场分析能力/前瞻性	1	2	2
		12	对外商务沟通	0	0	0
	运营 能力	13	运营数据分析	1	1	2
		14	市场营销 （品牌/公关/推广）	1	1	2
		15	渠道管理	0	0	1
	客户 导向	16	市场/用户的调研与分析	2	3	3
组织 影响力	领导 能力	17	方法论建设	1	1	2
		18	知识传承	1	1	2
		19	人才培养	1	1	2

产品策划岗位 3 级职位能力等级标准如表 4-10 所示。

表 4-10　产品策划岗位 3 级职位能力等级标准

能力 大类	能力 中类	项目	能力小类	3 级		
				基础等 （能力等级）	普通等 （能力等级）	职业等 （能力等级）
通用 能力	基本 素质	1	学习能力	4	5	5
		2	执行力	4	4	5
		3	沟通能力	4	4	5
	关键 素质	4	行业融入感和主人翁精神	3	4	4
		5	心态	3	3	3
专业 知识	基本 知识	6	技术知识	3	3	4
		7	项目管理	3	3	4
	关联 知识	8	其他知识，包括财务、心 理学、美学、办公技能等	2	3	3

能力大类	能力中类	项目	能力小类	3级 基础等（能力等级）	普通等（能力等级）	职业等（能力等级）
专业技能	产品能力	9	产品规划（版本计划/节奏）	3	3	3
		10	专业设计能力	3	3	3
	市场能力	11	市场分析能力/前瞻性	3	3	3
		12	对外商务沟通	1	1	2
	运营能力	13	运营数据分析	2	2	2
		14	市场营销（品牌/公关/推广）	2	2	2
		15	渠道管理	1	1	1
	客户导向	16	市场/用户的调研与分析	3	4	4
组织影响力	领导能力	17	方法论建设	2	3	3
		18	知识传承	2	3	3
		19	人才培养	2	3	3

产品策划岗位 4 级职位能力等级标准如表 4-11 所示。

表 4-11　产品策划岗位 4 级职位能力等级标准

能力大类	能力中类	项目	能力小类	4级 基础等（能力等级）	普通等（能力等级）	职业等（能力等级）
通用能力	基本素质	1	学习能力	5	5	5
		2	执行力	5	5	5
		3	沟通能力	5	5	5
	关键素质	4	行业融入感和主人翁精神	5	5	5
		5	心态	4	4	4
专业知识	基本知识	6	技术知识	4	4	4
		7	项目管理	4	4	5
	关联知识	8	其他知识，包括财务、心理学、美学、办公技能等	3	4	4
专业技能	产品能力	9	产品规划（版本计划/节奏）	4	4	4
		10	专业设计能力	4	4	4
	市场能力	11	市场分析能力/前瞻性	4	4	4
		12	对外商务沟通	2	3	3
	运营能力	13	运营数据分析	3	3	4
		14	市场营销（品牌/公关/推广）	3	3	4
		15	渠道管理	2	2	3
	客户导向	16	市场/用户的调研与分析	4	5	5

能力大类	能力中类	项目	能力小类	4 级		
				基础等 （能力等级）	普通等 （能力等级）	职业等 （能力等级）
组织影响力	领导能力	17	方法论建设	3	4	4
		18	知识传承	3	4	4
		19	人才培养	3	4	4

产品策划岗位 5 级职位能力等级标准如表 4-12 所示。

表 4-12　产品策划岗位 5 级职位能力等级标准

能力大类	能力中类	项目	能力小类	5 级		
				基础等 （能力等级）	普通等 （能力等级）	职业等 （能力等级）
通用能力	基本素质	1	学习能力	5	5	5
		2	执行力	5	5	5
		3	沟通能力	5	5	5
	关键素质	4	行业融入感和主人翁精神	5	5	5
		5	心态	5	5	5
专业知识	基本知识	6	技术知识	5	5	5
		7	项目管理	5	5	5
	关联知识	8	其他知识，包括财务、心理学、美学、办公技能等	4	5	5
专业技能	产品能力	9	产品规划 （版本计划 / 节奏）	4	5	5
		10	专业设计能力	5	5	5
	市场能力	11	市场分析能力 / 前瞻性	4	5	5
		12	对外商务沟通	4	4	5
专业技能	运营能力	13	运营数据分析	4	4	4
		14	市场营销 （品牌 / 公关 / 推广）	4	4	5
		15	渠道管理	3	3	4
	客户导向	16	市场 / 用户的调研与分析	5	5	5
组织影响力	领导能力	17	方法论建设	4	4	4
		18	知识传承	4	4	5
		19	人才培养	4	4	5

当有了明确的职位能力标准之后，在人才内外部招聘选拔的时候，腾讯可以定位员工所在的职级职等。腾讯对职级职等体系的划分同时还体现在薪酬待遇的不同上，职级职等越高，薪酬待遇越好。

4.3 案例：上市公司校园招聘项目

在人才招聘选拔的过程中，招聘效率的不同决定了投入相同的时间和人力，获得的招聘成果会有所不同。举个例子，G公司的快速发展需要有知识、有文化的人才，然而在之前3年的校园招聘中，招聘效果并不理想，招聘满足率比较低，分别是76%、64%和59%。

G公司的总经理为此非常着急，他认为在未来的3年内，如果校园招聘依然不能满足公司的需要，依然没有足量的应届高素质毕业生加入公司，那么公司的发展必然会受到严重影响，甚至会影响公司战略目标的实现。

笔者的团队在帮助G公司进行校园招聘时，运用了招聘过程中需要用到的各类数据，因而取得的招聘效果十分显著，第一年进行校园招聘的需求满足率便达到120%。本节总结笔者的团队运用招聘相关数据帮助G公司进行校园招聘的关键点，可以为读者进行招聘管理提供参考。

4.3.1 招聘需求分析

在进行校园招聘之前，首先要了解招聘需求。笔者的团队通过G公司全体中层以上干部都要参加的月度业绩回顾会，介绍了这次即将进行的校园招聘项目。笔者的团队请总经理重点介绍了公司战略和当前人力资源的情况，并动员各部门负责人根据公司的战略和情况，填报用人需求。招聘需求填报表如表4-13所示。

表4-13　招聘需求填报表

序号	岗位	所属部门	需求人数	工作职责	任职要求
1	销售业务员	销售中心	10	负责公司产品的销售及推广；根据市场营销计划，完成部门销售指标；开拓新市场，发展新客户，增加产品销售范围；负责辖区市场信息的收集及对竞争对手的分析；负责销售区域内销售活动的策划和执行，完成销售任务；管理、维护客户关系和客户间的长期战略合作计划	本科及以上学历，市场营销、化工、复合材料、机械等相关专业，有销售工作经验者优先；反应敏捷、表达能力强，具有较强的沟通能力及交际技巧，具有亲和力；具备一定的市场分析及判断能力、良好的客户服务意识，有责任心，能承受较大的工作压力；有团队协作精神，善于应对挑战

序号	岗位	所属部门	需求人数	工作职责	任职要求
2	飞行器设计	无人机分公司	10	负责参与新项目的研究、开发； 负责飞行器的气动设计或结构设计； 协助、指导操作工人完成生产	飞行器气动设计或结构设计相关专业，本科及以上学历，对飞行器制造工艺有一定的了解，具备责任心、事业心，有良好的沟通和表达能力
3	电子、电气设计	无人机分公司	5	负责参与新项目的研究、开发； 负责飞行器的电子、电气设计； 协助、指导操作工人完成生产	航空电子、电气设计相关专业，本科及以上学历，有飞行器制造相关经验者优先，具备责任心、事业心，有良好的沟通和表达能力
4	软件设计	无人机分公司	5	负责参与新项目的研究、开发； 负责飞行器的软件设计； 协助、指导操作工人完成生产	飞行器软件设计相关专业，本科及以上学历，有飞行器制造相关经验者优先，具备责任心、事业心，有良好的沟通和表达能力
5	电气安装及机械结构装配	无人机分公司	5	负责参与新项目的研究、开发； 负责飞行器电气、结构装配； 协助、指导操作工人完成生产	机械工程类相关专业，本科及以上学历，有飞行器制造相关经验者优先，具备责任心、事业心，有良好的沟通和表达能力
6	光学精密仪器开发	无人机分公司	5	负责参与新项目的研究、开发； 负责飞行器光学精密仪器的研究、运用； 协助、指导操作工人完成生产	精密测量类相关专业，本科及以上学历，有飞行器制造相关经验者优先，具备责任心、事业心，有良好的沟通和表达能力
7	储备干部	全公司	20	了解、学习车间生产流程及日常化管理； 了解、学习公司整体现状和战略发展方向； 接受公司的培训学习计划，定岗时服从公司安排	复合材料、化学工艺、高分子材料相关专业，机械设计与制造相关专业，具有较强的快速学习能力、理解能力和适应能力，具备良好的团队协作意识、事业心和责任感

为了保证人才招聘的规范性，在招聘需求填报表中，还可以增加人才需求的原因、人才入职后的培养计划以及人才到岗后输出的价值等内容。招聘需求申报之后，将进入审批流程，最终由公司的高管批准。

4.3.2 行程费用计划

在确定校园招聘的行程之前，公司首先要做以往 3 年校园招聘情况的分析，分析前 3 年校园招聘需求和实际满足之间的关系，从而计算招聘效率。对于招聘效率比较低的年份，应当做重点分析，以免出现同样的情况。

对校园招聘学校的选择，不仅要看学校本身的社会影响力和应届毕业生的数量，还要看公司在以往的校园招聘中不同学校的招聘效率情况。对于已经做过学校校园招聘效率分级的公司，可以优先选择评级比较靠前的学校进行校园招聘。对于没有做过学校校园招聘效率分级的公司，可以优先选择以往年份中招聘效率比较高的学校、专业/院系与待招聘岗位比较相符的学校，或者与公司的距离比较近、招聘成本比较低的学校。

校园招聘的行程费用计划如表 4-14 所示。校园招聘的行程费用计划根据需要还可以增加学校的具体地址、具体的交通方式、学校评级等信息。G 公司所在地为山东，根据前两年的校园招聘经验，发现在偏北方的高校的校园招聘效率更高。笔者的团队除了选择北京、天津、哈尔滨、南京、武汉、长沙等城市的高校做校园招聘之外，还在西安、郑州、青岛、烟台、济南等城市的高校进行了校园招聘。

4.3.3 内容物资筹备

进行校园招聘之前，公司需要提前备好相关物资。校园招聘的用品一般有两类：一类是宣传用品，包括校园招聘宣传手册、宣传单页、展架、校园招聘海报、校园招聘纪念品等；另一类是常规用品，包括校园应聘申请表、评估表、文具等。

为了防止遗漏，进行校园招聘物资准备的时候，应当应用物资清单，罗列清楚需要的物资种类、成本、负责人、到位时间和检查落实人。校园招聘需准备的物资清单如表 4-15 所示。

在所有需要准备的物资当中，有实体的物资（比如宣传册、招聘海报），也有虚拟的物资（比如宣传片、宣讲 PPT）。公司在检查实体物资和虚拟物资的到位情况时，除了要注意物资的数量之外，还应注意物资的质量。

表 4-14　校园招聘的行程费用计划

序号	学校	形式	时间	可选择专业/院系	场地费用预计（元）	交通费用预计（元）	住宿费用预计（元）	餐费预计（元）	总费用预计（元）	城市	备注
1	北京航空航天大学	双选会	10月14日	机械工程及自动化,航空宇航科学与技术,材料科学与工程,高分子及复合材料;航空科学与工程学院,自动化科学与电气工程学院	600	500	2 800	1 500	5 900	北京	13 日出发, 17 日返回
2	北京化工大学	双选会+宣讲会	10月15日	材料科学与工程学院	500						
3	天津大学	宣讲会	10月26日	机械设计制造及其自动化,工程力学,电气工程及其自动化,电子信息工程,材料科学与工程,软件工程	0	1 740	2 500	1 200	5 440	天津—哈尔滨	26 日出发, 30 日返回
4	天津工业大学	宣讲会+双选会	10月27日	材料科学与工程,复合材料科学与工程	0						
5	哈尔滨工业大学	宣讲会	10月29日	航天学院,电子与信息工程学院,电气工程及自动化学院,软件学院	0						

序号	学校	形式	时间	可选择专业/院系	场地费用预计（元）	交通费用预计（元）	住宿费用预计（元）	餐费预计（元）	总费用预计（元）	城市	备注
6	南京航空航天大学	大型双选会	11月7日	航空宇航学院，自动化学院，电子信息工程学院，材料科学与技术学院	400						
7	中南大学	宣讲会	11月9日	机械设计制造及其自动化，工程力学，材料化学，材料科学与工程，软件工程，航天航空工程	0	1 160	4 000	2 160	9 020	南京—长沙—武汉—南京	6日出发，14日返回
8	华中科技大学	宣讲会	11月11日	机械科学与工程学院，材料科学与工程学院，电气与电子工程学院	500						
9	南京大学	大型双选会（江苏地区）	11月13日	电子工程系，材料科学与工程系	800						

表 4-15　校园招聘需准备的物资清单

序号	项目	包含内容	用途	成本（元）	负责人	到位时间	检查落实人
1	招聘简章	招聘岗位、简介	专场前期、招聘现场、校园发放	3 000	张三	9月23日	赵六
2	招聘海报	主题、简介、岗位、要求、待遇、福利、联系方式	校园宣传栏张贴	2 000	李四	9月24日	赵六
3	企业宣传册	Logo、证书、企业文化、晋升通道	双选会、面试等候、企业介绍时翻看使用，可少量留在学校宣传	2 000	王五	9月26日	赵六
4	企业宣传内容	宣传片、宣讲PPT	宣讲会	0	张三	9月26日	赵六
5	横幅	××公司高薪诚聘	双选会、专场会现场	1 000	李四	9月27日	赵六
6	展架	企业简介、招聘岗位	双选会、专场会现场	1 000	王五	9月27日	赵六

4.3.4　招聘效率分析

在招聘效率分析中，有5个典型的数据指标，分别是简历获取率、简历合格率、面试赴约率、面试通过率和最终到岗率。

它们的含义分别如下。

（1）简历获取率＝收到简历总数 ÷ 招聘需求人数。

（2）简历合格率＝通知面试的人数 ÷ 收取简历的数量。

（3）面试赴约率＝参加面试的人数 ÷ 通知面试的人数。

（4）面试通过率＝公司决定录用的人数 ÷ 参加面试的人数。

（5）最终到岗率＝最终实际到岗的人数 ÷ 决定录用的人数。

销售业务员岗位在不同学校的招聘效率分析如表4-16所示。

从表4-16能够看出，虽然在招聘销售业务员方面，在A学校收取的简历数量较多，简历获取率较高，但A学校的简历合格率、面试赴约率、面试通过率和最终到岗率普遍比较低，最终只到岗1人。说明A学校并不适合招聘销售业务员。

相反，在C学校虽然收取的简历数量较少，简历获取率较低，但C学校的简历合格率、面试赴约率、面试通过率和最终到岗率都比A学校和B学校高，说明在C学校招聘销售业务员的效率更高。

表4-16中的分析只能说明在招聘销售业务员方面，在A学校的招聘效率比较低，并不能从整体上说明A学校是一个效率比较低的校园招聘渠道；同样，只

能说明在招聘销售业务员方面，在 C 学校的招聘效率比较高，并不能从整体上说明 C 学校是一个效率比较高的校园招聘渠道。

飞行器设计岗位在不同学校的招聘效率分析如表 4-17 所示。

从表 4-17 能够看出，在飞行器设计岗位招聘中，在 A 学校收取的简历数量比 B 学校和 C 学校都多，简历获取率比较高，A 学校最终到岗的人数也比 B 学校和 C 学校的多，说明 A 学校比较适合飞行器设计岗位的招聘。

相反，虽然 C 学校在销售业务员岗位招聘方面表现比较突出，但是在飞行器设计岗位招聘中，C 学校的简历获取率比较低，最终实际到岗 0 人，招聘效率比较低，说明 C 学校不适合作为飞行器设计岗位的校园招聘渠道。

当把所有的岗位以及去过的所有学校按照这种分析方法进行数据分析之后，能够得出不同的岗位在哪些学校的招聘效率高、在哪些学校的招聘效率低。同样，也能得出不同的学校适合招聘哪些岗位、不适合招聘哪些岗位。

有时候，我们会发现确实有一些学校在所有岗位的招聘方面效率都比较低，但也不能马上断定是这个学校、这个招聘渠道有问题。当出现某个学校所有岗位的招聘效率都比较低的情况时，企业应关注以下 3 点内容。

（1）应检查进行校园招聘的时间是否有问题。每个学校都有自己的最佳招聘期，错过最佳招聘期，该学校的应届毕业生可能正在准备毕业设计，也可能大部分应届毕业生已经找到工作，还可能正在准备考研。这些时候到该校举行校园招聘，就有可能出现招聘效率低的情况。所以，校园招聘不仅是"有没有"的问题，还是"时间对不对"的问题。

（2）应检查校园招聘前的宣传是否到位。校园招聘遵循互联网的"流量原则"，"流量池"越大（知道并且认可公司的人越多），"流量"转化为"成交"的可能性越大（招聘成功的可能性越大），所以校园招聘是否成功，与前期的宣传造势有很大关系。

（3）应检查同业或竞业在校园招聘中开出的条件是否有优势。当前两条都做到位的时候，如果同业或竞业同一时间也在大批招聘同类人才，且给出的应届生入职条件比本公司明显存在优势，也可能造成招聘效率低。当出现这种情况的时候，应及时调整招聘策略。

通过招聘效率分析，可以将所有参加校园招聘的高校分成 A、B、C 3 类。A 类指的是招聘效率和生源质量兼优的学校；B 类指的是招聘效率适中，生源质量适中的学校，或者招聘效率和生源有一项比较优秀的学校；C 类指的是招聘效率低，同时生源质量也比较差的学校。

A、B、C 3 类学校的划分可以按照招聘应届本科毕业生、应届研究毕业生及以上来划分，也可以按照招聘的不同岗位类别来划分。

表 4-16 销售业务员岗位在不同学校的招聘效率分析

需求部门	需求岗位	岗位类别	需求人数	学校	收取简历数	简历获取率	通知面试人数	简历合格率	参加面试人数	面试赴约率	决定录用人数	面试通过率	最终到岗人数	最终到岗率
销售中心	销售业务员	基层	10	A	296	2 960%	76	26%	28	37%	3	11%	1	33%
				B	168	1 680%	87	52%	55	63%	10	18%	4	40%
				C	67	670%	54	81%	39	72%	9	23%	5	56%

（注：由于保留整数四舍五入，数据存在一定误差。）

表 4-17 飞行器设计岗位在不同学校的招聘效率分析

需求部门	需求岗位	岗位类别	需求人数	学校	收取简历数	简历获取率	通知面试人数	简历合格率	参加面试人数	面试赴约率	决定录用人数	面试通过率	最终到岗人数	最终到岗率
无人机分公司	飞行器设计	基层	10	A	36	360%	27	75%	19	70%	9	47%	5	56%
				B	12	120%	12	100%	8	67%	4	50%	3	75%
				C	8	80%	4	50%	2	50%	1	50%	0	0

（注：由于保留整数四舍五入，数据存在一定误差。）

各高校每年适合做校园招聘的时间比较集中，常常出现不同学校的校园招聘时间冲突的情况。当有了校园招聘中学校的 A、B、C 类划分之后，在同一时间，如果存在多所学校只能选择其中一所的情况，可以选择对公司招聘来说评级靠前、招聘效率较高的学校。

根据经验，在校园招聘中，高校的招聘效率与公司所在城市和高校所在城市的距离有一定的相关性。一般来说，两个城市相隔距离越远，招聘效率会有越低的趋势。另外，招聘效率也与公司所在地的地域文化特征和高校所在地的地域文化特征有一定的相关性。一般来说，两地的地域文化特征相差越大，招聘效率会呈越低的趋势。

第 **5** 章

用数据提升人才培养效能

　　J公司在进行人才培养的过程中同样运用了大量的数据。数据不是简单的数字，数据其实是一种结构化的，可以被处理、被认知、被运用的信息。公司在人才培养的过程中，除了能够将人才培养的人数量化之外，还能够将人才培养的内容结构化，以及将岗位技能的评定量化。

5.1 人才培训结果分析

在对人才培训结果层面的分析中，有两种比较常见的分析方法。一是对人才培训效果的分析，二是对人才培训工作质量的分析。

5.1.1 人才培训效果分析的3个维度

要分析人才培训的效果，可以从3个维度入手，分别是态度、能力和绩效。

1. 态度

态度可以表现在日常的工作状态和工作行为上。评估人才培训态度层面的成果，可以看员工日常的行为变化。这种评价方式一般由平级、上级观察人才一段时间行为的变化，评价方法包括日常观察、定期访谈、同事评价等。

态度评价样表如表5-1所示。

表 5-1　态度层面评估样表

姓名	培训前行为	培训后行为	评估时间	评估人	培训管理人员

2. 能力

能力主要体现在人才对知识、理念和技能的掌握或领悟情况。每项工作有对应的技能和知识，学习层面的评估可以通过笔试、口试、技能实际操作、案例分析、情景模拟、课堂回顾、角色扮演、专家访谈等方法，考察参训者培训前后知识、理念、技能有多大程度的改善。

3. 绩效

评估培训前后的绩效，可以通过业绩排名、数据比较、工作述职、多方评估等方法。

绩效层面的评估也可以通过评估培训的投资回报率来进行，培训的投资回报率计算公式如下。

培训投资回报率＝［（培训项目总收益－培训项目总成本）÷培训项目的总成本］×100%。

在培训投资回报率的计算公式中，"培训项目总收益－培训项目总成本"也叫培训项目的净收益；培训项目的总成本应当把培训费用的全部类别都算在内。

培训项目总收益根据培训的目的和类别不同有所不同，常见的 4 种培训项目总收益的计算公式如下。

如果培训的最终目的有利于销售增长，培训管理人员可以通过如下公式计算培训项目总收益。

培训项目总收益 = 人均销售额增长 × 销售利润率 × 参训人数。

如果培训的最终目的有利于劳动生产率提高，培训管理人员可以通过如下公式计算培训项目总收益。

培训项目总收益 = 劳动生产率提高的比例 × 人均工资福利 × 参训人数。

如果培训的最终目的是要减少某些差错，培训管理人员可以通过如下公式计算培训项目总收益。

培训项目总收益 = 平均每一个差错的成本 × 平均每人避免差错的次数 × 参训人数。

如果培训的最终目的是要留住客户，培训管理人员可以通过如下公式计算培训项目总收益。

培训项目总收益 = 留住的客户数 × 从每位客户获得的平均收益。

5.1.2　人才培训工作分析的 4 个阶段

根据企业管理能力达到的阶段不同，培训管理的水平同样可以分成不同的阶段，分别是初级管理阶段、培训管理阶段、人才培养阶段和转型升级阶段。在企业培训管理的不同阶段，工作的重心、培训起到的作用、做好培训管理工作的关键点以及考核培训管理成果的指标都是不同的。

1. 初级管理阶段

处在培训初级管理阶段的企业，往往是企业刚成立时间不长，或者企业已经存在较长一段时间，但最高管理层的主要精力放在企业的经营发展和业绩上，对于人才的培训与培养相对来说不够重视。可是当企业发展到一定程度时，因为遇到管理瓶颈或意识到人才问题的重要性，最高管理层开始重视人才的能力成长问题，并着手推行培训管理工作。

2. 培训管理阶段

当培训管理经历过初级阶段之后，企业培训的相关工作将逐渐步入正轨，企业将逐渐进入培训管理阶段。在培训初级管理阶段，企业做的培训就好像是一个一个分散的点，这些点虽然能够在一定的时间和空间内，提高某些岗位的知识和技能，但是它们之间的关联性较差。

3. 人才培养阶段

当培训管理工作跨越第 2 个阶段之后，将会进入第 3 个阶段——人才培养阶段。在这个阶段，线条状的培训管理和计划式的人才培养和培训方案已经不能完全满足公司对人才能力的要求。企业必须要想出一些办法，让企业整体的人才能力和素质得到提升。

4.转型升级阶段

当企业完整地经历过前面3个阶段后，培训管理将会逐渐进入第4个阶段——转型升级阶段。在这个阶段，企业通常已经开始建立或已经建成企业大学，培训管理工作已经和企业的经营管理紧密连接。培训形式逐渐变得战略化、职能化、专业化、系统化、多样化，培训已经可以成为企业绩效改进的有效途径之一。

在不同的阶段，应当对培训管理实施不同的分析，如表5-2所示。

表5-2　不同阶段培训管理的不同分析方法

阶段	工作方向	培训作用	关键要务	关注指标
初级管理阶段	扩充知识、提升素质、激发士气、调节心态	员工福利和留人策略	新员工培训、外派、引入外脑	培训课时、人数、费用、课程开发数量、培训满意度
培训管理阶段	构建岗位胜任力模型，根据胜任力模型建立课程体系	吸引人才、培养内训师、形成学习型组织的氛围	建立培训课程体系、组件内训师团队、培训效果转化体系	培训计划达成率、计划课程参训率、讲师授课次数、培训百分比、平均满意度
人才培养阶段	提高全员综合素质能力，建立以岗位素质模型为导向的课程体系，注重搭建以战略为导向的人才梯队	集中管理企业内部的智慧和经验、满足战略发展对人才的需求	绘制学习路径图、领导力培训项目、搭建人才梯队	学习路径的达成率、培训项目的完成率、人才梯队的完善度
转型升级阶段	培训形式战略化、职能化、专业化、系统化、多样化，培训成为绩效改进的有效途径之一	解决企业面临的发展瓶颈和绩效问题，帮助企业实现战略目标和转型升级	建立业绩改进模型、企业内部"智囊团"，企业大学实现资源共赢	财务指标、客户指标、内部流程、学习与发展

5.2　案例：上市公司人才培养量化

人才的培养是能够被量化的，通过量化，公司可以管控人才培养的节奏。J公司运用数据，对人才培养的量化比较典型地体现在3个部分，分别是人才培养人数量化、人才培养时间量化和人才职业发展量化。

5.2.1　人才培养人数量化

人才培养人数量化指的是公司通过数据分析出在不同时间节点需要培养的人才数量。公司的发展需要足够数量的人才支持，这种支持需要有明确的时间节点、人才数量和人才种类。比如，J公司对1年内和2年后新开店的规划以及根据规划测算出需要培养的店长人数量化如表5-3所示。

表 5-3 店长培养人数量化

店长培养计划

区域	已开业门店数量	2年后有计划开业的新店数量	店长目前在职人数	2年间店长离职人数	2年间替换店长数量	2年间店长变动总人数	2年后老店店长储备人员补充预估	2年后新店店长人员储备数量预估	2年后店长应储备人数	现储备人数	1年内新开店需要的店长人数	2年内新开店需要的店长人数	预计下期店长班培养人数
区域 1	34	1	34	2	8	10	5	1	6	14	9	4	—
区域 2	13	1	13	0	2	2	1	1	2	13	7	4	—
区域 3	13	2	13	2	4	6	3	2	5	10	6	2	—
区域 4	22	0	22	0	3	3	2	0	2	5	2	3	3
区域 5	17	0	17	1	1	2	1	0	1	4	4	1	3
区域 6	5	2	5	0	2	2	1	2	3	3	1	2	3
区域 7	38	1	38	2	4	6	3	1	4	12	9	1	—
区域 8	18	1	18	1	2	3	2	1	3	6	2	3	2
区域 9	9	1	9	0	2	2	1	1	2	3	0	3	3
区域 10	12	1	12	0	3	3	2	1	3	2	2	1	2
区域 11	10	2	10	0	1	1	1	2	3	12	6	3	—
区域 12	10	0	10	2	2	4	2	0	2	12	4	3	—
区域 13	16	1	16	0	3	3	2	1	3	4	4	2	2
区域 14	8	2	8	0	1	1	1	2	3	5	1	2	2

（续表）

店长培养计划

区域	已开业门店数量	2年后有计划开业的新店数量	店长目前在职人数	2年间店长离职人数	2年间替换店长数量	2年间店长变动总人数	2年后老店店长储备人员补充预估	2年后新店店长人员储备数量预估	2年后店长应备储备人数	现储备人数	1年内新开店需要的店长人数	2年内新开店需要的店长人数	预计下期店长班培养人数
区域15	19	1	19	1	6	7	4	1	5	15	5	6	—
区域16	14	6	14	3	2	5	3	6	9	2	2	5	9
区域17	17	1	17	0	4	4	2	1	3	3	2	1	3
区域18	19	1	19	0	2	2	1	1	2	3	3	2	2
区域19	26	1	26	0	1	4	1	1	2	10	1	2	—
区域20	27	0	27	1	3	8	2	0	2	19	8	4	—
区域21	50	1	50	1	7	3	4	1	5	6	1	3	2
区域22	6	3	6	0	3	3	2	3	5	1	1	3	5
区域23	14	2	14	1	2	3	2	2	4	9	1	3	1
区域24	5	1	5	1	3	4	2	1	3	3	0	2	4
区域25	13	6	13	1	3	4	2	6	8	9	8	4	6
区域26	18	0	18	0	3	3	2	0	2	24	9	8	—
区域27	6	2	6	0	3	3	2	2	4	3	3	2	4
区域28	8	4	8	0	0	0	0	4	4	3	3	1	2
总计	467	44	467	19	80	99	56	44	100	215	102	80	58

根据表 5-3，J 公司可以根据 28 个不同区域未来的店长人数需求，提前培养店长。店长人数的需求不仅与区域内规划的开店数量有关，还和店长的离职率有关。由于店长的培养周期较长，在做好店长人数需求统计之后，J 公司将会第一时间开启店长后备队伍的选拔和培养工作。

零售业讲求细节管理，注重管理的标准化，店长岗位是 J 公司中起到落实战略和承上启下作用的管理岗位，是 J 公司最关键的中层管理岗位。除了店长岗位之外，门店的主管岗位和员工岗位同样是需要提前规划和培养的岗位，人数需求的量化方法和店长岗位的相同。

5.2.2　人才培养时间量化

J 公司除了要实现对人才培养数量的量化之外，还要对人才培养时间实现量化。笔者的团队一开始帮助 J 公司实现人才培养时间量化的设计如图 5-1 所示。

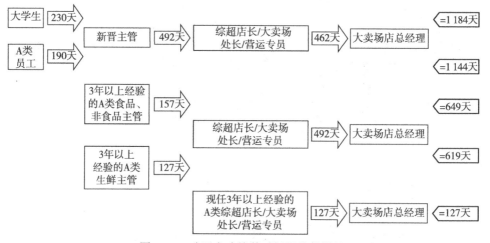

图 5-1　J 公司人才培养时间量化的设计

J 公司选择优秀的大学生和卖场内的 A 类员工作为主管培养的人选。

其中，大学生需要 230 天的时间培养为主管，包括 30 天的课堂学习，50 天的实际操作，检验合格后晋升为储训主管；再经过 60 天的专案培训，检核合格后，晋升为见习主管；再经过 90 天的实际门店内部的见习期，业绩、检核和考评合格后，晋升为正式的主管。

A 类员工需要 190 天的时间培养为主管，包括 15 天的课堂学习，25 天的实际操作，检核合格后晋升为储训主管；再经过 60 天的专案培训，检核合格后，晋升为见习主管；再经过 90 天的实际门店内部的见习期，业绩、检核和考评合格后，晋升为正式的主管。

主管晋升到综合超市的店长、大卖场的处长或者区域的营运专员这个级别需要 492 天的时间，包括 60 天的轮岗时间；365 天的实际操作时间；7 天的培训，以及培训之后的检核，检核通过后，成为见习店长；之后经过 60 天的体验期，做最终检核，检核通过后获得正式岗位。

综合超市的店长、大卖场的处长或者区域的营运专员晋升到大卖场店总经理需要 462 天的时间，其中包括 90 天的轮岗实操；7 天的培训，以及培训之后的检核；365 天的实际操作，之后业绩、检核和考评合格后，晋升为正式的大卖场店总经理。

从大学生晋升到大卖场店总经理，最短要经历 1 184 天（约 3.24 年）；从 A 类员工晋升到大卖场店总经理，最短要经历 1 144 天（约 3.13 年）。

现任 3 年以上经验的 A 类食品、非食品主管晋升到综合超市的店长、大卖场的处长或者区域的营运专员这个级别需要 157 天的时间，包括 90 天的轮岗期；7 天的培训，以及培训之后的检核，检核通过后，成为见习店长；之后经过 60 天的体验期，做最终检核，检核通过后获得正式岗位。

现任 3 年以上经验的 A 类生鲜主管晋升到综合超市的店长、大卖场的处长或者区域的营运专员这个级别需要 127 天的时间，包括 60 天的轮岗期；7 天的培训，以及培训之后的检核，检核通过后，成为见习店长；之后经过 60 天的体验期，做最终检核，检核通过后获得正式岗位。

现任 3 年以上经验的主管晋升为综合超市的店长、大卖场的处长或者区域的营运专员级别的人员的，需要 492 天的时间晋升为大卖场店总经理，包括 365 天的实际操作；60 天的轮岗实操；7 天的培训，以及培训之后的检核，检核通过后，成为见习店长；之后经过 60 天的体验期，做最终检核，检核通过后成为大卖场店总经理。

从 3 年以上经验的 A 类食品、非食品主管晋升到大卖场店总经理，最短要经历 649 天（约 1.78 年）；从 3 年以上经验的 A 类生鲜主管晋升到大卖场店总经理，最短要经历 619 天（约 1.70 年）。

现任 3 年以上经验的 A 类综合超市的店长、大卖场的处长或者区域的营运专员，需要 127 天的时间晋升为大卖场店总经理，包括 60 天的轮岗期；7 天的培训，以及培训之后的检核，检核通过后，成为见习店长；之后经过 60 天的体验期，做最终检核，检核通过后成为大卖场店总经理。

5.2.3 人才职业发展量化

为了让人才的培养和员工职业发展匹配，笔者的团队在量化了人才培养时间之后，又对员工的职业发展进行了量化。由于在实际操作过程中发现了问题，笔者的团队又在原来人才培养时间的基础上做了一些改进，适当延长了员工职业发展的时间周期，形成了 J 公司人才职业发展的时间量化图，如图 5-2 所示。

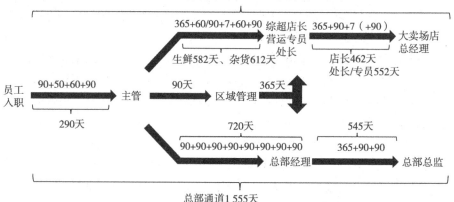

图 5-2　J公司人才职业发展的时间量化图

　　与人才培养时间的量化不同，职业发展的时间量化中引入了员工从基层到集团总部的职业通道，同时笔者的团队也帮助J公司匹配了相关晋升路径上的人才培训项目。

　　人才在职业发展过程中通常需要经过一定天数的培训、一定天数的实际操作、一定天数的轮岗以及一定天数的体验之后，再进行检核，检核通过，才能成功晋升。

5.3　案例：岗位学习内容量化

　　为了节省培训成本，笔者的团队倡导J公司在实施人才培养和员工晋升发展的时候，不能仅依靠公司集中组织的培训，还要鼓励员工自我成长和发展。这就要求J公司除了集中组织培训之外，还要为员工明确岗位晋升需要学习的内容，并为员工准备学习需要的教材。

　　笔者的团队为J公司卖场的所有岗位制作了一套岗位学习卡，根据不同的岗位，岗位学习卡分成员工级、主管级和店长级。与岗位学习卡匹配的，是笔者的团队为每个门店准备的各岗位技能手册教材和公司内网系统中的视频课程教材。这种唾手可得的教材，不仅能够帮助员工快速获取学习资料，还能让员工利用碎片化的时间自主进行学习。

　　通过对岗位学习内容的量化，笔者的团队帮助J公司实现了"最低成本人才培养"，大大缩减了公司因组织员工的集中学习而需要承担的成本，同时学习内容、学习教材和职业发展时间的量化，能够促进员工主动成长。

　　明确岗位学习内容的初衷是提升该岗位员工的能力，让从事该岗位的员工具备相应的技能。量化的岗位学习内容不仅可以作为员工自我学习的工具，还可以作为员工的师傅向员工传授岗位知识的依据。

为便于员工运用，笔者的团队在岗位学习内容中加入了对每一项学习内容的温馨提示、学习要点和参考的学习时间。在学习结束后，员工可以在学习内容后面写上学习的起止时间，由员工的师傅逐项签字确认。

这些岗位学习内容，被笔者的团队制成岗位学习卡片，在员工刚开始从事相应岗位时发放。学完全部内容并有师傅签字的岗位学习卡片是该岗位的员工通过检核，证明自己能力达标的条件之一。

5.3.1　店长岗位学习内容

因为店长岗位的重要性，笔者的团队最先设计标准化学习内容的岗位就是店长岗位。店长岗位学习内容的量化如表 5-4 所示。

表 5-4　店长岗位学习内容的量化

序号	类型项目	温馨提示	学习内容	学习要点	参考学习天数	注明学习起止时间	合格后师傅签名
1	店长的工作流程	我每天应该做哪些事	工作流程	（1）作息时间；（2）工作流程；（3）工作重点	7		
2		我是否关注了这个"家"的每个角落	店长每日巡店流程	检查内容以及关键管控点	7		
3	前台管理	我要让全店的商品会跟顾客"说话"	商品陈列管理	生鲜、食品、非食品类商品陈列原则	14		
4		这个数量可不是拍脑袋决定的	订货管理	生鲜、杂货订货流程，自动补货	14		
5		顾客最关心的就是这项	商品质量管控	生鲜商品品质管控、杂货商品保质期管理	7		
6		抓住这个提升业绩的有利时机	档期管理	档期前中后需要考虑的问题	14		
7		务必要管好"家"里的异常商品	异常商品管理	缺货、负毛利、负库存等异常商品管控	14		
8		我是否了解竞争对手	竞争性市调	市调的流程、内容	1		
9		价格都是有规定的	价格管控	（1）标示系统；（2）商品变价流程；（3）价格管理规范	5		
10		如何让业绩直线上升	销售管理	（1）销售预算；（2）毛利预算；（3）预算分解；（4）面销	5		
11		我是否会处理对外关系	公共关系沟通	（1）对内（①物流，②公司各部门、店部、柜组，③食品厂等）；（2）对外（①维护顾客关系，②联系和接待团购、大客户等）	5		

序号	类型项目	温馨提示	学习内容	学习要点	参考学习天数	注明学习起止时间	合格后师傅签名
12	后台管理（商品）	其实数字会"说话"	数据分析	数据报表、各品类指标分析	30		
13		我要如何管理好商品的收货流程	收货管理流程	生鲜、杂货、直送、配送等收货流程和标准	3		
14		仓库这东西，管理好是强力支持，管理不好会变成万恶之源	仓库的管理	仓库/冷库安全、卫生、检查管理要求	5		
15		思考一下如何减少这部分	退换货流程	(1)配送、直送退换货；(2)前台顾客退换货	5		
16		清点"家底"，我要做到清清楚楚	盘点管理	生鲜商品、杂货商品的盘点流程和关键控制点	14		
17		商品搬家了可别忘了确认单据	调拨管理	门店之间、门店内部的调拨流程和关键控制点	3		
18	后台管理（门店）	不是简单的开门和关门	开闭店管理	开店、闭店的流程和关键控制点	5		
19		容易被忽视的，往往很重要	卖场清洁管理	(1)保洁管理；(2)保洁管理标准；(3)卖场整体清洁标准	3		
20		小问题累积起来会变成大问题	耗材管理流程	门店内部各类耗材的管理	3		
21		记得要定期清点和维护	门店设备管理	设备的种类、使用方法和日常维护保养	3		
22		这间屋子可不是杂物室	办公室管理	办公室管理标准	1		
23		信息社会一定要学会这项	办公电子系统使用	DRP（分销管理系统）、BI（行为识别系统）、供应宝、NC（财务系统）等的使用	14		
24	客服管理	我是否管好了这个"家"的出口	收银管理	(1)资金管理；(2)收银员上机流程、服务规范；(3)款项制度；(4)团购；(5)结算方式	14		
25		好好利用它们	赠品的管理	(1)赠品管理原则；(2)如何管控	3		
26		时刻照顾好顾客	顾客投诉处理流程	(1)站在顾客角度；(2)安抚顾客情绪；(3)协助顾客解决问题；(4)总结投诉问题；(5)思考改进方案；(6)向总部反馈	14		

序号	类型项目	温馨提示	学习内容	学习要点	参考学习天数	注明学习起止时间	合格后师傅签名
27	客服管理	想一想如何增加会员	会员管理	（1）会员卡积分规则；（2）会员卡办理流程；（3）如何增加会员；（4）如何提高会员满意度；（5）会员分析；（6）会员跟踪与维护	5		
28		多招聘一些客服人员	大宗购物	团购商品管理流程	5		
29		这可都是纯利润	招商区管理	（1）外租区管理规定；（2）联营柜台管理规定	7		
30	防损管理	永远记住：安全第一	超市安全管理	（1）设备使用安全；（2）用电安全；（3）消防安全；（4）人身安全；（5）款项安全；（6）商品安全	7		
31		损耗少一点，毛利就多一点	损耗管理	（1）生鲜和杂货的损耗管控；（2）贵重商品区安全管理制度	14		
32		涉及钱的事可不要马虎	门店的财务管理	（1）资产管理；（2）发票、保险柜、储值卡等的管理	3		
33		我要备好各类事件的应急预案	突发事件的处理	（1）突发事件类型（火灾、抢劫、盗窃等）；（2）各种突发情况处理流程	14		
34	人员管理	我要让员工劳逸结合，工作生活两不误	排班管理	（1）根据时间段、客流量、工作量等合理排班；（2）保障员工的休假；（3）检查员工出勤状况	7		
35		千万不要忽视促销员	促销员管理	（1）促销员上岗手续的办理；（2）考勤管理；（3）合理排班	7		
36		团结就是力量，我的团队是最优秀的	团队管理	（1）员工入职、培训；（2）员工沟通；（3）培养下属；（4）增强自身领导力；（5）晋升下属	30		

　　店长的岗位学习内容应制作为店长的岗位学习卡，在主管晋升为储训店长或见习店长的时候发放，也可以向店长培训计划中的主管发放。后备店长转成正式店长的条件之一是店长级别的岗位学习卡中有全部的学习记录。在店长转正检核的过程中，检核官会检查岗位学习卡中的学习记录，并按照岗位学习卡片上的项目提问，以检核后备店长的学习情况。

5.3.2 主管岗位学习内容

笔者的团队把 J 公司门店卖场主管岗位的学习内容总结,根据岗位类别分成了生鲜主管岗位、杂货主管岗位、收款主管岗位、客服主管岗位、防损主管岗位、收货主管岗位、核算主管岗位、微机主管岗位等 8 类。

以生鲜主管岗位的学习内容为例,生鲜主管岗位的学习内容的量化如表 5-5 所示。

表 5-5　生鲜主管岗位的学习内容的量化

序号	温馨提示	学习内容	学习要点	参考学习天数	注明学习起止时间	合格后师傅签名
1	在这个"家"里,我的责任是什么	岗位职责	(1)负责柜组商品管理等现场营运工作以及员工管理;(2)详见《岗位职责》	0.5		
2	我要让"家"里的每一个角落都干净整洁	卫生管理	(1)保障商品卫生;(2)个人清洁卫生;(3)加工设备卫生;(4)柜组环境卫生;(5)仓库存储卫生	1		
3	永远记住:安全第一	安全管理	(1)食品安全;(2)人身安全;(3)消防安全;(4)设备安全;(5)防盗安全	2		
4	我每天应该做哪些事	主管工作流程	(1)作息时间;(2)工作流程;(3)工作重点	2		
5	想一想要如何装饰我的"家"	标示系统管理	(1)标示的种类;(2)标示的使用标准和规范	2		
6	我的柜组,要尽在掌握	商品品类	(1)大中小、次小、单品分类;(2)战区、高敏感、敏感、非敏感、盲区;(3)重点商品;(4)柜组单品数	2		
7	工欲善其事,必先利其器	工具的使用和维护	(1)类型:加工设备、超市设备、电子设备;(2)正确的操作和使用方法;(3)维护和保养;(4)数据采集器的使用	2		
8	平时注意这些细节,会收到惊喜	辅料(耗材)管理	(1)自门店领用的商品耗材;(2)自配送领用的标准耗材;(3)如何控制内耗	1		
9	其实这一项很有学问	上货管理	(1)上货流程(补货、陈列、入库、清洁);(2)量的标准;(3)注意事项;(4)陈列技巧	2		
10	做好这一点后,商品自己就会"说话"	陈列管理	(1)顺序:黄金位置、次黄金位置、一般位置。(2)原则:按大中分类、先进先出、包装商品、标示正确。(3)方式:圆积型、方排型、格子型、散置型、斜立植入型、搭配型。(4)常见陈列问题	2		

序号	温馨提示	学习内容	学习要点	参考学习天数	注明学习起止时间	合格后师傅签名
11	知己知彼，方能百战百胜	市场调查	（1）战区、高敏感、敏感品项市场调查；（2）非敏感和盲区品项市场调查；（3）全品项市场调查；（4）注意事项；（5）结果反馈流程	2		
12	这些都有规定	生鲜价格管理	（1）定价；（2）打折价；（3）竞争价；（4）档期促销价	1		
13	如何让业绩直线上升	销售管理	（1）面销；（2）销售预算；（3）毛利预算；（4）销售分解；（5）关注必卖品的渗透	2		
14	整理好自己的柜组，让工作更出色	理货管理	（1）营业前：充足整洁，价格牌、通道、前台验码、标示系统、保质期检查。（2）营业中：巡视检查商品陈列和质量。（3）营业后：整理商品，整理货架	2		
15	怎样能保证我的商品时刻"美丽动人"	保鲜	（1）各类商品原料、成品的保鲜方法；（2）冷藏、冷冻库储存注意事项；（3）温度控制	2		
16	这个数量可不是拍脑袋决定的	订货管理	（1）订货流程；（2）订货依据；（3）要点及注意事项；（4）查询方法；（5）应季商品的调换；（6）追加要货；（7）订货差错的处理	3		
17	管好商品的进入，我们可以做得更好	收货管理	（1）流程：检查封条→记录到货时间→开门卸货→点货并验收来货商品→清点周转筐并退回→三方确认签字→存储后整理仓库。（2）验收标准。（3）卸货要点：货物分类，轻拿轻放，自我保护	3		
18	仓库这东西，管理好是强力支持，管理不好会变成万恶之源	仓库管理	原则：区分冷藏和非冷藏、先进先出、分类存放、安全存储、卫生清洁	2		
19	报表上的这些数字，会反映出管控是否到位	库存管理	（1）周转；（2）大额库存；（3）负库存或零毛利；（4）不动销商品；（5）淘汰商品	2		
20	商品搬家了可别忘了确认单据	调拨管理	（1）门店调拨；（2）柜组调拨（门店加工领用、门店内部领用）；（3）调拨流程；（4）注意事项	1		

序号	温馨提示	学习内容	学习要点	参考学习天数	注明学习起止时间	合格后师傅签名
21	抓住这个提升业绩的有利时机	档期管理	（1）要货依据、要货及跟踪；（2）陈列、销售管理；（3）退货、调换；（4）随时掌握档期销售情况；（5）及时追加要货并跟踪；（6）全力以赴完成销售任务；（7）人员安排到位	3		
22	如何管理异常商品	异常商品管理	畅销、滞销、缺货、负库存、负毛利商品的管理	3		
23	损耗少一点，毛利就多一点	损耗管理	（1）分类：有形损耗和无形损耗。（2）损耗因素：①订货、收货、验货、卸货，②陈列、存储，③人为（盘点数据错误、手误、电脑录入失误、供应商失误和以次充好、内盗外盗、退货单与退货商品不符、称重或收银出错）。（3）目的：通过改善各环节流程，减少有形损耗和无形损耗，从而提高店部毛利。（4）打折。（5）报亏	3		
24	清点"家产"，需要我们共同参与	盘点管理	（1）盘点前的准备（盘点分工、时间安排、整理商品、单据处理）；（2）盘点中的注意事项；（3）盘点后（核对、上传、评估、上报）	2		
25	我会使用DRP吗	DRP使用	（1）要货；（2）销售数据；（3）打印价签（友情提示）；（4）查看库存	3		
26	其实数字会"说话"	数据分析	销售达成、客单价、千人购买人数、毛利达成、周转、人均劳效、损耗率、费用率、利润等	3		
27	这个"家"内外关系的处理都与我有关	公共关系	（1）对内（①物流，②公司各部门、店部、柜组，③食品厂等）；（2）对外（①维护顾客关系，②联系和接待团购、大客户等）	2		
28	我的团队将是最优秀的	人员管理	（1）执行力、领导力、团队协作、提高员工的积极性；（2）上下班交接；（3）休假管理；（4）日、周工作安排和流程；（5）培养下属	2		
29	每个人都拥有时间，为何效果不同呢	时间管理	管理好我和员工的时间，合理地利用每一分钟，提高工作效率	2		

主管的岗位学习内容应制成主管级别的岗位学习卡，在员工晋升成为储训主管或见习主管的时候发放，也可以向主管培训计划中的员工发放。后备主管转成

正式主管的条件之一是主管级别的岗位学习卡中有全部的学习记录。在主管转正检核的过程中，检核官会检查岗位学习卡中的学习记录，并按照岗位学习卡片上的项目提问，以检核后备主管的学习情况。

5.3.3 员工岗位学习内容

笔者的团队将 J 公司门店和卖场员工级别岗位的学习内容与主管级别岗位的学习内容进行一一对应，发现员工岗位的学习内容更强调对岗位基础知识和应知应会的学习。以生鲜岗位员工的学习内容为例，生鲜岗位员工的学习内容的量化如表 5-6 所示。

表 5-6 生鲜岗位员工的学习内容的量化

序号	温馨提示	学习内容	学习要点	参考学习天数	注明学习起止时间	合格后师傅签名
1	我了解我们工作的"家"吗	企业文化	（1）企业愿景；（2）企业精神；（3）经营理念	0.5		
2	国有国法，"家"有家规	员工规章制度、奖惩条例	（1）员工工作纪律（出勤、禁止行为、员工上下班、顾客接待等）；（2）做哪些事情会被奖励；（3）调动管理；（4）处罚制度；（5）违纪行为	0.5		
3	每一位"家庭"成员都是最美的	仪容仪表	（1）仪容端庄，仪态大方；（2）工作之前应注意检查并及时整理个人仪容仪表	0.5		
4	我要以身作则，做好服务	服务礼仪	（1）从最简单的点头、微笑、打招呼开始；（2）用真诚的服务打动顾客	1		
5	在这个"家"里，我的责任是什么	岗位职责	（1）负责生鲜柜组商品的陈列、卸货、补货、售卖等工作；（2）详见《岗位职责》	0.5		
6	"家人"常用的交流语言有哪些	零售术语	（1）条形码；（2）POP（卖点广告）；（3）快讯（商品广告）；（4）堆头；（5）换档；（6）盘点；（7）库存……	0.5		
7	我要让"家"里的每一个角落都干净整洁	卫生清洁标准	（1）保障商品卫生；（2）个人清洁卫生；（3）加工设备卫生；（4）柜组环境卫生	0.5		
8	快快乐乐上班，平平安安回家	安全注意事项	（1）食品安全；（2）人身安全；（3）消防安全；（4）设备安全；（5）防盗安全	0.5		

序号	温馨提示	学习内容	学习要点	参考学习天数	注明学习起止时间	合格后师傅签名
9	我每天应该做哪些事	日常工作流程	一般工作流程：验货收货→卸货及存储→加工制作→定价及上货陈列→销售→捡货→补货→打折出清→清洁存储→清点库存	3		
10	需要我管理的商品有哪些	认识商品	（1）商品分类；（2）重点商品；（3）营养价值；（4）适宜人群；（5）储存条件	5		
11	工欲善其事，必先利其器	认识工具	（1）认识设备（电子秤、覆膜机、连卷袋架、冷柜、价格牌等）；（2）正确操作和使用方法；（3）日常维护保养	1		
12	想一想要如何装饰我的"家"	标示系统	（1）价签（价格牌）与商品一一对应；（2）了解价签（价格牌）使用规范	3		
13	把宝贝都拿出来"晒晒"	上货	（1）上货流程（补货、陈列、入库、卫生）；（2）量的标准；（3）注意事项；（4）陈列技巧	1		
14	如何展现我的价值	销售	方法：面销、叫卖等	1		
15	怎样能保证我的商品时刻"美丽动人"	保鲜	了解：（1）各类商品的保鲜方法；（2）冷藏、冷冻库储存注意事项	1		
16	我的仓库整洁清楚吗	仓库存放	原则：（1）区分冷藏和非冷藏；（2）先进先出；（3）分类存放；（4）安全存储；（5）卫生清洁；（6）冷冻库温度记录	1		
17	清点"家产"，我要做到清清楚楚	盘点	（1）盘点时间：每月15日和月底。（2）了解流程：单据处理→整理商品和仓库→数据采集器使用→清理卫生→生成盘点表	2		
18	不是简单的开门和关门	开闭店流程	开店、闭店的流程和关键控制点	2		
19	商品的保护工作，我做好了吗	防损	（1）商品损耗产生的原因；（2）日常工作注意事项	2		

员工的岗位学习内容应制作成员工级别的岗位学习卡片，在员工入职时发给员工。当员工转正接受检核时，检核官会检查岗位学习卡片的学习记录，并按照岗位学习卡片上的项目提问，以检核员工的学习情况。

5.4 案例：岗位技能评定量化

当拥有了量化的人才培养方案以及量化的岗位学习内容之后，为了最小化 J 公司人才培养的成本，笔者的团队期望员工能够自主学习，以减少公司统一组织培训的次数。为了增强员工自主学习的动力，笔者的团队做了员工技能评定的设计。

除了给员工设置职业发展上的成长通道之外，笔者的团队还为员工设置了不同岗位的技能等级。岗位的技能等级由高到低分别分成 A、B、C、D 4 类。岗位的技能等级与岗位的绩效等级存在区别，它直接影响着员工的薪酬福利水平。

J 公司员工转正时有"转正定级"流程，其中"定级"包含工作态度等级、工作技能等级和工作绩效等级 3 个部分。工作技能等级的评级标准如表 5-7 所示。

表 5-7 J 公司工作技能等级的评级标准

分值	技能等级	含义
90 分以上	A	优秀
86 ～ 90 分	B	良好
60 ～ 85 分	C	一般
60 分以下	D	较差

技能等级越高的员工，薪酬福利的水平也相应越高。笔者的团队在员工的工资中加入了技能津贴，技能等级越高的员工，技能津贴也越高。这就让相同岗位类别、技能等级不同的员工，月基本工资额变得不同。比如，油炸岗位 A 级的技能津贴为 300 元 / 月，B 级的技能津贴为 200 元 / 月，C 级的技能津贴为 100 元 / 月，D 级不发放技能津贴。

对技能要求比较高的岗位，技能津贴设置的额度也相应较高。比如：快餐和面食岗位，A 级的技能津贴为 500 元 / 月；收款岗位，A 级的技能津贴为 200 元 / 月。

不同技能等级的员工，享受的福利是不同的。比如，技能等级为 A 级的员工，年底发放的年终福利物品的选择额度是 1 000 元；技能等级为 B 级的员工，年底发放的年终福利物品的选择额度是 600 元。

除了薪酬和福利之外，技能等级还直接影响着职业发展、优秀评选等与员工切身利益直接相关的各类事项。这种设置都是为了促进员工重视自身技能等级的评定，提高员工主动提升技能的积极性。

以下 4 小节的内容是对不同类型岗位的技能评定方式的设置方法的讲解。

5.4.1 收款岗位技能评定

笔者的团队对收款岗位技能评定的标准的设置如表 5-8 所示。

收款岗位强调操作的标准化，以及将这种标准化内化为工作过程中的行为习惯和身体语言。收款岗位的技能评定标准，主要来自收款岗位的标准操作流程。

表 5-8　收款岗位技能评定的标准

操作要求			得分
点钞 （30分）	点数准确（8分）		共 8 分，总张数正确得 2 分，总金额正确得 6 分
	扎把 （6分）	每 100 张同面值货币（购物券）使用橡皮筋捆扎，剩余单独捆扎	共 2 分，每有一把数量不正确扣 0.5 分，扣完为止
		捆扎完毕，向空中抛掷，不散把；抽取第一张货币，不能抽出	散把扣 1 分，抽出扣 1 分
		扎把整齐，四边水平、不露头	共 2 分，酌情给分
	辨伪 （8分）	假币识别准确	准确得 4 分，识别错误不得分
		正确识别问题购物券	准确得 4 分，识别错误不得分
	交款表填写 （2分）	字迹清楚，数码规范，大小写齐全，数据正确（可使用计算工具）	共 2 分，酌情给分
	时间（6分）	9 分钟内完成以上操作得 6 分，每超过 30 秒扣 1 分，11 分钟叫停	
商品录入 （30分）	录码 （14分）	指法娴熟，动作轻柔，协调流畅，无野蛮操作	每项 0.5 分，共 2 分，酌情给分
		商品输入准确，无漏项，无行清、页清动作	共 10 分，每商品 0.5 分，使用行清扣 1 分，使用页清该项不得分
		对键盘熟悉，操作过程实现盲打（只看显示屏，不看键盘）	盲打得 2 分，否则不得分
	扫描 （12分）	动作轻柔，保护设备及商品，无野蛮操作	共 2 分，酌情给分
		能在扫描商品后核对显示屏内容，确保条码扫入正确	共 10 分，每个商品计 0.5 分，使用行清扣 1 分，使用页清该项不得分
	时间（4分）	2 分钟内完成全部操作得 4 分，每超过 15 秒扣 1 分，到 2 分 30 秒叫停	
结算服务 （40分）	仪表 （8分）	正确穿着工装，无夸张服饰；工牌、标识牌佩戴正确	每项 1 分，共 3 分
		收款员上岗不允许佩戴饰品，眼镜式样朴素	每项 1 分，共 2 分
		后发扎起，前发整理利索，不遮挡眼睛	共 1 分，酌情给分
		无长指甲，无染甲现象	共 1 分，酌情给分
		注意个人卫生，无不良气味	共 1 分，酌情给分
	接待技能 （4分）	表情和善，面带微笑，待客姿势正确，无依靠收款台等不良姿势	每项 1 分，酌情给分
		使用规范迎宾语"您好，欢迎光临"，面带微笑，点头致意	
		使用规范送宾语"欢迎下次光临"，面带微笑，点头致意	
		整个服务过程中规范使用普通话	

操作要求			得分
结算服务（40分）	唱收唱付（8分）	完整使用"总共多少钱""收您多少钱""找您多少钱""请收好"	每句1分，共4分
		语言清楚	每项2分，酌情给分
		态度和蔼	
	结算操作（14分）	结算金额准确	共8分，收款、找零各4分，错误不得分
		能正确进行退货操作，结算金额正确	共4分，错误不得分
		找零时能双手递送，零钞在上	共1分，操作规范得分
		收款时能有意识地进行手工验钞，验钞准确	有验钞动作得1分
		能使用规范语言处理假币问题	语言规范得2分，否则不得分
		能有效处理夹带商品、偷换包装、名称价格不符、包装异常等情况	共5分，发现问题得分
		能使用规范语言处理问题商品	语言规范得2分，否则不得分
		随时注意钱款安全，无钱款敞放、收款抽屉不上锁情况	共1分，操作规范得分
	打包（4分）	准确分辨前后顾客商品，无遗漏、无错装	能提醒顾客总件数得2分
		动作轻柔，尊重顾客，爱护商品	每项1分，酌情给分
		能做到生熟分开、不同类型商品分开，重物在下、轻物在上，贵重或易碎商品再套装一个打包带	
		能正确使用捆扎绳，捆扎结实，捆扎后晃动，商品不散	
	时间（2分）	时间不超过6分钟得3分，每超过1分钟扣1分，到8分钟叫停	

5.4.2 快餐岗位技能评定

笔者的团队对快餐岗位技能评定的标准的设置如表5-9所示。

表5-9 快餐岗位技能评定的标准

操作项目		操作要求	得分
固定菜品制作（35分）	快餐固定菜品为京酱肉丝，提供原料为外脊肉350克、葱白30克、香菜30克、豆腐皮200克，考核要点包括刀工、勺工、火候、出重和成品质量		
	刀工（8分）	粗细均匀，符合菜品要求	酌情给分，最高不超过2分
		无连刀	共2分，出现连刀则该项不得分
		原料无剩余	共2分，出现原料剩余则该项不得分
		拉肉丝动作正确	共2分，肉不离刀、动作为切则该项不得分

操作项目		操作要求	得分
固定菜品制作（35分）	勺工（3分）	动作连贯	动作连贯得1分，否则不得分
		颠勺过程中菜品无飞溅	无飞溅现象得2分，否则不得分
	成品（16分）	色	每项4分，对成品编号，由评委在不知道制作者的情况下酌情评分
		香	
		味	
		收汁	
	出重(3分)	要求肉丝成品为500克	共3分，下浮超过100克，该项不得分
	时间(5分)	要求25分钟内操作完毕	每超过1分钟扣1分，到30分钟叫停
自选菜品制作（50分）	成品（16分）	色	每项4分，对成品编号，由评委在不知道制作者的情况下酌情评分
		香	
		味	
		形	
	原料搭配（10分）	主辅料配比恰当，能充分考虑毛利因素	每项5分，酌情给分
		营养配比科学，符合健康观念	
	毛利（14分）	能正确定价并核算成品实际毛利率	共5分，毛利率核算错误该项不得分
		成品每千克售价不得高于32元，同时毛利率不低于35%	共9分，以32元/千克计算，实际毛利率低于35%该项不得分
	创意（10分）	适合超市售卖，方便携带	酌情给分，最高不超过3分
		对二次加工及前台剩品处理具有意义	能够协助处理剩品或进行二次加工得4分，否则不得分
		能针对季节、节日或特定消费群体的特点	能兼顾两项得3分，否则不得分
习惯（15分）	仪表（4分）	工作服整洁、无油渍	整洁无油渍得2分，否则不得分
		穿戴整齐	工作服、工作帽、围裙、套袖齐全、工作服纽扣全部扣住得2分，违反一项扣0.5分，扣完为止
	卫生（4.5分）	操作前主动洗手	每项1.5分，有该项操作得分，否则不得分
		操作过程中随时清理，保持台面、地面整洁	
		操作后能主动清理现场	
	安全（4.5分）	能正确使用燃气灶	每项1.5分，符合要求得分，否则不得分
		操作中无野蛮操作	
		能做到刀具归位	
	原料节约（2分）	操作过程中无原料剩余或丢弃现象	有原料剩余扣0.5分，有原料丢弃扣1.5分

快餐岗位对操作人员的技能要求较高，除了强调标准化操作之外，还强调技能的熟练度、一定的创新性和对菜品成本收益的计算；不仅要保证快餐种类齐全，还要保证菜品的色、香、味、形。对该岗位技能等级要求的设置符合 J 公司对该岗位绩效成果的预期。J 公司期望通过快餐品类实现抓住顾客、吸引客流、创造业绩的目的。

5.4.3 油炸岗位技能评定

笔者的团队对油炸岗位技能评定的标准的设置如表 5-10 所示。

表 5-10　油炸岗位技能评定的标准

操作项目	操作要求			得分
固定菜品制作（35分）	油炸固定菜品为炸黄花鱼，提供原料为小黄花鱼 500 克、面粉、淀粉、泡打粉、啤酒、花生油适量，考核要点包括原料腌制、调糊、油温控制、出重和成品质量			
	原材料腌制（4分）	原料清洗干净，内脏处理彻底		共 2 分，有残余内脏则该项不得分
		配料		加入盐 6 克、料酒 10 克、味精 2 克、五香粉适量、葱、姜少许
		原料腌制完毕需加盖冷藏		不加盖扣 1 分，器皿直接落地扣 1 分
	调糊（8分）	配料		100 克面粉，30 克啤酒，水 100 克，油 18 克
		调制和使用基础糊		共 2 分，现调现用，不醒糊该项不得分
		质量	表面光滑，呈奶油状	每项 2 分，酌情给分
			细腻、无结块	
			厚度适当，滑落呈线形	
	成品（15分）	油温控制恰当，色泽金黄		每项 4 分，对成品编号，由评委在不知道制作者的情况下酌情评分
		炸制火候恰当，外酥里嫩		
		口味控制恰当，无油腻感		
		成品干净，无连糊现象		共 3 分，有连糊现象不得分
	出重（3分）	要求成品为 600 克		共 3 分，下浮超过 100 克，则该项不得分
	时间（5分）	在原料及基础糊准备完毕情况下，要求 4 分钟内出成品 600 克		每超过 30 秒扣 1 分，到 5 分钟叫停
自选菜品制作（50分）	成品（28分）	色		每项 7 分，对成品编号，由评委在不知道制作者的情况下酌情评分
		香		
		味		
		形		

操作项目		操作要求	得分
自选菜品制作（50分）	毛利（14分）	能正确定价并核算成品实际毛利率	共5分，毛利率核算错误该项不得分
		毛利率不低于30%	共9分，以24元/千克计算，实际毛利率低于25%该项不得分
	创意（8分）	适合超市售卖，方便携带	酌情给分，最高不超过4分
		对二次加工及前台剩品处理具有意义	能够协助处理剩品或进行二次加工得2分，否则不得分
		能针对季节、节日或特定消费群体的特点	能兼顾两项得2分，否则不得分
习惯（15分）	仪表（4分）	工作服整洁、无油渍	整洁无油渍得2分，否则不得分
		穿戴整齐	工作服、工作帽、围裙、套袖齐全、工作服纽扣全部扣住得2分，违反一项扣0.5分，扣完为止
	卫生（4.5分）	操作前主动洗手	每项1.5分，有该项操作得分，否则不得分
		操作过程中随时清理，保持台面、地面整洁	
		操作后能主动清理现场	
	安全（4.5分）	能正确使用燃气灶	每项1.5分，符合要求得分，否则不得分
		操作中无野蛮操作	
		能做到刀具归位	
	原料节约（2分）	操作过程中无原料剩余或丢弃现象	有原料剩余扣0.5分，有原料丢弃扣1.5分

　　油炸品类是 J 公司卖场门店熟食品类中的"金色招牌"。油炸岗位对操作人员的技能要求是强调商品卖相要外焦里嫩。对油炸岗位技能评定标准的设计不仅考虑了岗位技能要求的标准化操作，而且考虑了员工的创新性和对菜品成本收益的计算，同时兼顾油炸商品的色、香、味、形。

5.4.4　面食岗位技能评定

　　笔者的团队对面食岗位技能评定的标准的设置如表 5-11 所示。

　　面食商品同样是 J 公司抓住顾客、吸引客流和创造业绩的重要品类。对面食岗位的技能评定同样要考虑员工操作的标准化、熟练度，考虑员工的创新性和对菜品成本收益的计算，以及兼顾商品的色、香、味、形。

表 5-11　面食岗位技能评定标准

操作项目			操作要求	得分
固定产品制作（35分）	面食固定菜品为白菜馅包子,提供原料为白菜1300克,自带面团1100克、精肉80克、木耳10克,考核要点包括调馅、成形、出重和成品质量			
	调馅（7分）	刀工	白菜切为边长1厘米,精肉切为边长1厘米,木耳切为均匀沫状	共4分,酌情给分
		搅拌	馅料搅拌均匀	共3分,酌情给分
			配料:盐、油、味精、姜、面酱、香菜、大葱	
	成形（4分）		将1100克面团均匀分为10份,每份110克	共2分,随机抽取3个面团,上下浮动超过10克,不得分
			将分好的面团擀成直径为13厘米的面皮	共2分,随机抽取3个面皮,上下浮动超过1厘米,不得分
	成品（16分）		形状美观,顶端呈环状无死面	每项4分,对成品编号,由评委在不知道制作者的情况下酌情评分
			包子皮松软有弹性	
			包子馅口味适中	
			成品干净,无连糊现象	
	出重（3分）		要求成品为每个250克	共3分,随机抽取3个成品,上下浮动超过10克,不得分
	时间（5分）		在自带面团情况下,要求3分钟内完成	每超过10秒扣1分,到4分钟叫停
自选产品制作（50分）	成品（28分）		色	每项7分,对成品编号,由评委在不知道制作者的情况下酌情评分
			香	
			味	
			形	
	毛利（14分）		能正确定价并核算成品实际毛利率	共5分,毛利率核算错误该项不得分
			毛利率不低于40%	共9分,实际毛利率低于35%该项不得分
	创意（8分）		适合超市售卖,方便携带	酌情给分,最高不超过4分
			对二次加工及前台剩品处理具有意义	能够协助处理剩品或进行二次加工得2分,否则不得分
			能针对季节、节日或特定消费群体特点	能兼顾两项得2分,否则不得分
习惯（15分）	仪表（4分）		工作服整洁、无油渍	整洁无油渍得2分,否则不得分
			穿戴整齐	工作服、工作帽、围裙、套袖齐全、工作服纽扣全部扣住得2分,违反一项扣0.5分,扣完为止
	卫生（4.5分）		操作前主动洗手	每项1.5分,有该项操作得分,否则不得分
			操作过程中随时清理,保持台面、地面整洁	
			操作后能主动清理现场	
	安全（4.5分）		能正确使用蒸气柜	每项1.5分,符合要求得分,否则不得分
			操作中无野蛮操作	
			能做到刀具归位	
	原料节约（2分）		操作过程中无原料剩余或丢弃现象	有原料剩余扣0.5分,有原料丢弃扣1.5分

第 **6** 章

用数据提升人才
保留效能

随着全社会人才工作的稳定性越来越差，人才保留工作已经成为很多公司的一项非常重要的人力资源管理工作。要做好人才保留工作，员工离职率分析和员工满意度调查是两项必不可少的工作。本章以 J 公司为例，介绍其在离职率分析和员工满意度调查中的数据应用，以及数据应用对人才保留工作的重要贡献。

6.1 案例：上市公司离职率分析

员工离职率的分析维度有很多，不同公司可以针对自身的行业属性和公司特点，制定适合本公司的分析维度。J 公司对员工离职率分析的维度主要包括招聘来源分析、离职原因分析、在职时间分析、行业属性分析、岗位类别分析、职务类别分析、离职身份分析、年龄属性分析、学历属性分析等。

本节中，所有离职率的计算公式如下。

离职率 = 离职人数 ÷（在职人数 + 离职人数）× 100%。

6.1.1 招聘来源分析

要分析员工的离职情况，首先要从招聘渠道开始分析。招聘环节是员工入职的第一步，也是影响员工离职的一个因素。员工通过什么样的招聘渠道入职，影响着员工离职率。通过对离职人员的招聘来源进行分析，能够发掘不同招聘渠道对员工离职率的影响。

J 公司在某年度对 1 ~ 12 月离职人员招聘来源的分析如表 6-1 所示。

表 6-1　J 公司某年度 1 ~ 12 月离职人员招聘来源分析

招聘来源	上年度 1 ~ 12 月招聘人数	招聘人数占比	招聘人数排名	本年度 1 ~ 12 月离职人数	离职人数占比	离职人数排名	离职人数排名 - 招聘人数排名
门店自主招聘 / 主动应聘	482	16.86%	1	372	18.25%	1	0
委托招聘 / 派遣	215	7.52%	5	275	13.49%	2	-3
报纸广告招聘	368	12.88%	3	273	13.40%	3	0
其他传媒广告招聘	135	4.72%	9	193	9.47%	4	-5
内部员工介绍	189	6.61%	7	162	7.95%	5	-2
收购店	123	4.30%	11	153	7.51%	6	-5
大型招聘会 / 人才市场	374	13.09%	2	145	7.11%	7	5
A 网站	196	6.86%	6	120	5.89%	8	2
校园招聘会	115	4.02%	12	104	5.10%	9	-3
校企合作	285	9.97%	4	86	4.22%	10	6

招聘来源	上年度1～12月招聘人数	招聘人数占比	招聘人数排名	本年度1～12月离职人数	离职人数占比	离职人数排名	离职人数排名－招聘人数排名
其他网站	57	1.99%	13	60	2.94%	11	-2
B 网站	142	4.97%	8	45	2.21%	12	4
C 网站	132	4.62%	10	22	1.08%	13	3
内部网站	17	0.59%	15	16	0.79%	14	-1
猎头公司	28	0.98%	14	12	0.59%	15	1
合计	2 858	100.00%	—	2 038	100.00%	—	—

（注：由于保留 2 位小数四舍五入，数据存在一定误差。）

通过对表 6-1 中的数据进行分析，能够看出通过哪些渠道招聘的人员比较稳定，通过哪些渠道招聘的人员不太稳定。

一般来说，不同招聘渠道招聘来的人数占比和在这个渠道下离职的人数占比应当是匹配的。也就是说，如果某个招聘渠道招聘的人数在所有招聘渠道中排第 3，那么在离职人数当中，这个招聘渠道的离职人数也应当排第 3。

如果两个排名之间存在差异，那么差异越大，问题越大。"离职人数排名－招聘人数排名"的数字越小，代表该招聘渠道招聘来的人员越不稳定；"离职人数排名－招聘人数排名"的数字越大，代表该招聘渠道招聘来的人员越稳定。

通过表 6-1 能够看出，"校企合作""大型招聘会／人才市场""B 网站""C 网站"是 4 种招聘的员工相对比较稳定的招聘渠道；"其他传媒广告招聘""收购店""委托招聘／派遣""校园招聘会"是 4 种招聘的员工相对不太稳定的招聘渠道。

为了降低员工离职率，公司可以减少对招聘的人员不太稳定的招聘渠道的使用，也可以增加对招聘的人员比较稳定的招聘渠道的使用。

6.1.2 离职原因分析

这里的离职原因指的是导致员工离职最直接的原因。找准员工的离职原因，针对占比较大的离职原因采取行动，能够有效降低员工的离职率。

J 公司某年度 1～6 月离职人员离职原因分析如表 6-2 所示。

表 6-2　J 公司某年度 1～6 月离职人员离职原因分析

离职原因	1～6 月离职人数	1～6 月离职人数占比	1～6 月去年同期离职人数占比	1～6 月离职人数占比变动
职业规划	256	39.26%	43.30%	-4.04%
不适应倒班	222	34.05%	28.40%	5.65%
工作强度大	54	8.28%	8.90%	-0.62%
身体状况	19	2.91%	0.60%	2.31%
旷工辞退	12	1.84%	2.60%	-0.76%

离职原因	1～6月离职人数	1～6月离职人数占比	1～6月去年同期离职人数占比	1～6月离职人数占比变动
工作能力差，表现差	10	1.53%	1.10%	0.43%
家庭需要	7	1.07%	1.50%	−0.43%
不愿意接受公司调动	12	1.84%	0.90%	0.94%
升学、进修	5	0.77%	0.60%	0.17%
违纪	13	1.99%	1.50%	0.49%
工作压力大	3	0.46%	0.40%	0.06%
工资低	6	0.92%	0.60%	0.32%
厌倦现在的工作	5	0.77%	5.60%	−4.83%
学生实习结束	5	0.77%	0.00%	0.77%
短期促销到期	7	1.07%	0.00%	1.07%
工作氛围差	1	0.15%	0.40%	−0.25%
与顾客发生争执	2	0.31%	0.20%	0.11%
同事间关系不融洽	2	0.31%	1.10%	−0.79%
不喜欢零售行业	4	0.61%	0.60%	−0.01%
不适应部门现有（领导、店长）管理方式	2	0.31%	0.00%	0.31%
工作时间长、经常加班	1	0.15%	0.60%	−0.45%
出国工作	2	0.31%	0.60%	−0.29%
到达退休年龄，退休	2	0.31%	0.20%	0.11%
合计	652	100.00%	100.00%	0.00%

（注：由于保留2位小数四舍五入，数据存在一定误差。）

表6-2中，排前3的员工离职原因分别是职业规划、不适应倒班和工作强度大。

职业规划指的是员工对当前公司能够提供的职业发展通道不满意，对自己的职业有更好的规划。公司无法满足员工的职业规划需求，所以员工选择离开。

要改善员工因为职业规划而离职的问题，公司应做好员工的职业发展规划，为员工设计清晰的职业发展通道。同时制定岗位能力等级评定标准，设计宽带薪酬和绩效提成奖励机制，让员工只要能力提升、绩效提升，就算职位不晋升，依然可以获得相匹配的物质回报。

不适应倒班指的是超市卖场分早班和晚班，正常的早班上班早，下班也早，晚班上班晚，下班也晚。正常的早晚班员工一般都能适应，但超市常有特殊的早晚班，有的早班需要起早，如生鲜岗位甚至需要在早晨5:00前上班收货；有的晚班需要盘点，甚至可能需要后半夜下班。很多员工不适应这种特殊的早晚班安排，所以选择离开。

要改善员工因为不适应特殊早晚班而离职的问题，公司应注意合理安排员工的排班，控制这种特殊早晚班的排班人数。特殊早晚班排班时，参照不同时间

表 6-3　J公司某年度 1～6 月离职人员在职时间分析

在职时间段	1月离职人数	2月离职人数	3月离职人数	4月离职人数	5月离职人数	6月离职人数	1月离职人数占比	2月离职人数占比	3月离职人数占比	4月离职人数占比	5月离职人数占比	6月离职人数占比
第 1 个月	68	48	209	161	117	205	11.22%	8.15%	22.52%	19.93%	11.69%	21.86%
第 2 个月	107	108	49	111	101	80	17.66%	18.34%	5.28%	13.74%	10.09%	8.53%
第 3 个月	85	80	120	23	132	85	14.03%	13.58%	12.93%	2.85%	13.19%	9.06%
第 4～6 个月	137	123	203	144	108	145	22.61%	20.88%	21.88%	17.82%	10.79%	15.46%
第 7～12 个月	96	103	151	126	154	149	15.84%	17.49%	16.27%	15.59%	15.38%	15.88%
1～2 年	50	58	77	80	147	100	8.25%	9.85%	8.30%	9.90%	14.69%	10.66%
2 年以上	63	69	119	163	242	174	10.40%	11.71%	12.82%	20.17%	24.18%	18.55%
总计	606	589	928	808	1 001	938	100.00%	100.00%	100.00%	100.00%	100.00%	100.00%

（注：由于保留 2 位小数四舍五入，数据存在一定误差。）

段的工作量需求安排用工人数。对于新人，应该在适应岗位工作后（一般是 3 个月后），再开始安排特殊的早晚倒班。

工作强度大指的是超市卖场中的岗位，它的工作性质决定了员工一般需要长时间站立，而且免不了需要搬运货物，偏体力劳动的工作比较多。一些曾经体力劳动比较少的人，往往难以接受，会认为工作强度大，所以选择离开。

要改善员工因为工作强度大而离职的问题，公司应为员工提供减轻劳动负担的推车、叉车等工具。另外对一些岗位（如收款岗位），可以提供凳子，在没有顾客结账的时候，员工可以稍作休息，缓解工作强度。

6.1.3　在职时间分析

离职员工的在职时间分析能够在一定程度上反映员工离职的趋势，也能够帮助公司针对不同在职时间段的员工采取不同的行动策略。

J 公司某年度 1～6 月离职人员在职时间分析如表 6-3 所示。

不同行业、不同公司的离职人员的在职时间会呈现出不同的特点。J公司所在的连锁零售业，人员流动性比较大。根据经验，员工对卖场岗位的适应期一般为 3 个月，稳定期一般为 1 年。也就是说，员工入职 3 个月后不离职，代表员工能够适应所在岗位，员工入职 1 年之后不离职，则相对会比较稳定。这一点，从表 6-3 中的数据也能够看出。

所以，J 公司将员工离职时的在职时间段细分成了第 1 个月、第 2 个月、第 3 个月、第 4 ~ 6 个月、第 7 ~ 12 个月、1 ~ 2 年、2 年以上 7 个时间段。

这样划分的好处有以下 3 点。

（1）各时间段内的数字大小分布比较平滑，不会出现某个时间段的离职人数特别多，或某个时间段的离职人数特别少的情况，便于做数据的统计分析。

（2）有助于根据不同时间段做离职原因的进一步分析，可以针对不同时间段的员工，采取有针对性的应对策略，降低该时间段内员工的离职率。

（3）能够监控哪个时间段离职的员工比例出现异常，以及时发现问题，快速聚焦原因，尽早采取行动。

6.1.4 行业属性分析

一个多元化的集团公司中，包含不同的行业（业态）。不同行业之间虽然具有关联性，但因为行业的属性不同，人员的稳定性和离职率可能呈现不同的特点。对员工所在的行业进行区别分析，有助于把握不同行业员工离职率的变化趋势。

J 公司是一个多元化的集团公司，内部根据不同的行业属性，划分成不同的业态。J 公司某年度 1 ~ 6 月离职人员所在业态分析如表 6-4 所示。

表 6-4 J 公司某年度 1 ~ 6 月离职人员所在业态分析

业态	1 ~ 6 月月均在职人数	1 ~ 6 月月均离职人数	1 ~ 6 月月均离职率	1 ~ 6 月去年同期离职率	1 ~ 6 月月均与去年同期离职率比较
A 业态	5 289	251	4.53%	2.7%	1.83%
B 业态	6 610	294	4.26%	2.6%	1.66%
C 业态	3 061	121	3.80%	1.7%	2.1%
D 业态	884	17	1.89%	1.7%	0.19%
E 业态	276	7	2.47%	1.5%	0.97%
F 业态	124	9	6.77%	4.2%	2.57%
G 业态	1 212	38	3.04%	2.7%	0.34%
H 业态	560	12	2.10%	1.4%	0.70%
I 业态	453	33	6.79%	3.3%	3.49%
总计	18 469	782	4.06%	2.4%	1.66%

（注：由于保留 2 位小数四舍五入，数据存在一定误差。）

从表 6-4 中的数据能够看出，在离职率与去年同期相比整体增长 1.66% 的情况下，I 业态 1 ~ 6 月的离职率与同期相比增长比较明显，D 业态和 G 业态与去年同期的离职率相比基本持平。业态之间的离职率与去年同期的差异，不仅和业态自身的特性有关，还与业态内部的人力资源管理能力存在很大的关系。

6.1.5 岗位类别分析

员工的离职率与员工从事的岗位存在一定的关联。一般来说，岗位的劳动强度越大、工作环境越差（物理环境和精神环境），劳动的付出与回报越不成比例，员工离职的可能性就越大。

J公司某年度1～6月离职人员岗位类别分析如表6-5所示。

表6-5 J公司某年度1～6月离职人员岗位类别分析

岗位类别	1～6月月均在职人数	1～6月月均离职人数	1～6月月均离职率	1～6月去年同期月均离职率	1～6月月均与去年同期离职率比较
食品柜组	3 355	183	5.17%	3.00%	2.17%
非食品柜组	1 985	77	3.73%	2.40%	1.33%
生鲜柜组	5 689	236	3.98%	2.10%	1.88%
综合柜组	4 348	204	4.48%	2.90%	1.58%
区域人员	299	5	1.64%	1.10%	0.54%

（注：由于保留2位小数四舍五入，数据存在一定误差。）

当公司发现某一类岗位的离职率居高不下，而且有越来越高的趋势时，可以针对这类岗位做更进一步的分析，查找离职率居高不下的具体原因。

比如在表6-5中，将5类岗位的离职情况进行比较之后，发现食品柜组岗位离职率最高，其次是综合柜组。与去年同期的离职率比较之后，发现食品柜组岗位的离职率与同期离职率相比提升最高（2.17%）。按照常识推断，食品柜组岗位的上下班时间和工作环境整体优于生鲜柜组岗位，所以食品柜组岗位的离职率与同期离职率的差值，应低于生鲜柜组岗位的离职率与同期离职率的差值。可数据结果却不支持这种假设。

后来，笔者的团队经过对食品柜组岗位的人员进行离职访谈和离职原因分析，发现食品柜组岗位离职率高的原因主要是员工认为食品柜组岗位的薪酬水平远比生鲜柜组岗位的薪酬水平低。另外，个别食品柜组岗位（负责米面粮油类商品的岗位）劳动强度非常大，但薪酬水平却没有相应提升。针对进一步的离职分析，笔者的团队对J公司食品柜组岗位的薪酬情况重新做了调整。

6.1.6 职务类别分析

员工的离职率与员工的职务类别同样存在一定的关联（两者通常呈反向变化关系）。一般在劳动密集型行业，岗位职务层级越高，岗位的离职率越低。在某些资金密集型行业，可能不存在这样的特征。

J公司某年度1～6月离职人员职务类别分析如表6-6所示。

表6-6　J公司某年度1~6月离职人员职务类别分析

职务	1~6月月均在职人数	1~6月月均离职人数	1~6月月均离职率	1~6月去年同期月均离职率	1~6月月均与去年同期离职率比较
中层管理者	640	3	0.47%	0.30%	0.17%
基层管理者	3 028	25	0.82%	0.70%	0.12%
员工	14 941	756	4.82%	3.20%	1.62%

（注：由于保留2位小数四舍五入，数据存在一定误差。）

从表6-6的数据中能够看出，中层管理者和基层管理者的离职率比员工的离职率更低，但中层管理者和基层管理者的岗位价值比员工更高，离职后对公司造成的影响比员工离职对公司造成的影响更大。有的中高层管理者是公司中独当一面的核心人才，离职后将会对公司业绩造成直接损失，所以公司不能忽略中层管理者和基层管理者的离职率。

管理层值得公司做单独的、更进一步的分析，分析维度可以包含离职分析的所有维度。其中，公司应格外重视管理层的离职原因分析。离职原因分析完后，改善的优先级可以调高。当公司资源有限时，可以优先考虑降低管理层的离职率。

要做好管理层的人才保留工作，公司可以重点关注以下几个方面。

（1）在选拔后备管理人员时，注意评估后备人选的忠诚度和稳定性。

（2）为管理层岗位提供与岗位价值匹配的薪酬福利水平。

（3）根据管理层级的不同，为管理者提供中长期的薪酬福利。

6.1.7　离职身份分析

员工的离职率受员工身份的影响。一般来说，正式员工的离职率低于非正式员工的离职率。但有时公司为了控制人力资源成本，需要保留一定比例的非正式员工。关注离职率比较高的员工身份群体有助于从整体上稳定公司的员工队伍。

J公司某年度1~6月离职人员身份分析如表6-7所示。

表6-7　J公司某年度1~6月离职人员身份分析

身份	1~6月月均在职人数	1~6月月均离职人数	1~6月月均离职率	1~6月去年同期月均离职率	1~6月月均与去年同期离职率比较
正式员工	11 958	208	1.7%	1.0%	0.7%
试用期员工	1 970	165	7.7%	6.6%	1.1%
实习学生	169	22	11.5%	9.7%	1.8%
小时工	4 150	384	8.5%	6.1%	2.4%

（注：由于保留1位小数四舍五入，数据存在一定误差。）

从表6-7中的数据能够看出，实习学生的月均离职率最高，其次是小时工的离职率。经过实地调研和访谈之后，笔者的团队发现很多实习学生在店里实习时，没有师傅带领。虽然人力资源部要求所有的实习学生都要有师傅带领，但门店落实执行并不到位。

有的实习学生入职之后，门店直接把店里最累的工作给他做；有的柜组主管认为实习学生不是正式员工，早晚要离开，所以在沟通上表现得非常不友好；有的实习学生的师傅让实习学生代替自己工作，自己却休息。很多门店对待小时工，也有类似情况。

非正式员工的离职率普遍比正式员工的离职率高，除了与员工的身份认同有一定关系之外，还与公司的管理有很大关系。如果公司能够妥善管理非正式员工，给非正式员工足够的关心，就能够有效降低非正式员工的离职率。

要保留非正式员工，公司可以重点关注以下几个方面。

（1）为非正式员工提供与他们付出的劳动相匹配的薪酬和福利。

（2）让非正式员工享受一部分正式员工的待遇，缩小非正式员工和正式员工待遇的差距。

（3）关注非正式员工的工作环境，为其提供必要的劳动保障。

（4）关注非正式员工的身心健康，鼓励其持续进步。

（5）建立非正式员工的技能晋升通道，技能越高，待遇越高。

（6）对优秀的非正式员工，根据其个人意愿，允许其转为正式员工，且保留司龄。

6.1.8　年龄属性分析

不同年龄段的员工在离职率上存在差异。这种差异与不同年龄段的员工所处的生活环境及成熟程度存在比较大的关系。生活环境压力大、较成熟的员工往往比生活环境压力较小、不成熟的员工更稳定。

J公司某年度1～6月离职人员年龄段分析如表6-8所示。

表6-8　J公司某年度1～6月离职人员年龄段分析

年龄段	1～6月月均在职人数	1～6月月均离职人数	1～6月月均离职率	1～6月去年同期月均离职率	1～6月月均与去年同期离职率比较
20岁以下	19	42	68.85%	61.00%	7.85%
20～25岁	1 929	179	8.49%	5.60%	2.89%
26～30岁	3 363	177	5.00%	2.90%	2.10%
31～35岁	3 563	121	3.28%	2.10%	1.18%
36～40岁	3 018	98	3.15%	1.50%	1.65%
41～45岁	3 789	105	2.70%	1.20%	1.50%
45岁以上	2 653	89	3.25%	1.50%	1.75%

（注：由于保留2位小数四舍五入，数据存在一定误差。）

从表 6-8 中的数据能够看出，J 公司 30 岁以上的员工的离职率是比较低的。其中，41 ～ 45 岁年龄段的员工的离职率最低。26 岁以下的员工的离职率是比较高的。所以未来在招聘员工的时候，J 公司可以优先招聘 30 岁以上的员工。

很多公司在招聘人才时存在一个误区，即在招聘基层岗位员工时，觉得候选人越年轻越好，工作经验越少越好，认为这种候选人比较容易接受和融入公司，便于公司后续对人才进行培养。员工入职时年轻、工作经验少，确实有好处，但也有职业不稳定这个坏处。

年轻的员工往往不成熟，容易对现状不满足，渴望获得新鲜感。这类员工在一种状态下工作一段时间之后，会渴望公司外部"新的风景"。随着年龄和工作经验的增长，接触过的公司越来越多，员工就会相对比较稳定。

当然，这也不代表公司不应该招聘年轻的、经验比较少的员工，而是应当根据这类员工的特点，做好人才的保留工作。比如，对年轻的、经验比较少的员工实施轮岗，为其提供尝试的机会，让其体会不同工作岗位的特点，为其提供选择权，允许其在定岗前有一定选择岗位的主动权。

另外，清晰明确的职业发展通道和完善具体的人才培养计划对留住年轻的、经验比较少的员工有很大帮助。当这类员工体会到变化、发展和进步的乐趣，同时能在努力中获得对等的回报时，职业稳定性将会大大提高。

6.1.9　学历属性分析

员工的学历对离职率同样存在影响。一般来说，员工的学历越高，职业选择的范围越广，当现从事的职业长期与员工的学历水平不匹配，不能满足员工需求时，员工离职的可能性会加大。

J 公司某年度 1 ～ 6 月离职人员学历情况分析如表 6-9 所示。

表 6-9　J 公司某年度 1 ～ 6 月离职人员学历情况分析

学历	1～6月月均在职人数	1～6月月均离职人数	1～6月月均离职率	1～6月去年同期月均离职率	1～6月月均与去年同期离职率比较
本科及以上	554	41	6.89%	3.90%	2.99%
专科	1 723	116	6.31%	3.90%	2.41%
中专技校	8 502	335	3.79%	2.60%	1.19%
初中及以下	7 532	326	4.15%	2.00%	2.15%

（注：由于保留 2 位小数四舍五入，数据存在一定误差。）

从表 6-9 中的数据能够看出，在 J 公司，学历越高的员工的稳定性越差。这也许与学历低的员工在人才市场上可以选择的工作种类少，离职后找工作的成本较高存在一定的关系。

通过对离职人员学历情况的分析能够看出：公司在进行岗位任职资格设置的时候，不应盲目追求高学历，应设置与岗位工作性质相匹配的学历资格；公司在招聘的时候，也不必盲目追求高学历人才，在候选人能力同等的条件下，不一定需要优先招聘学历高的人员。

高素质人才是所有公司发展的动力，高学历人才相对比较容易培养成高素质人才。面对学历越高离职率越高的趋势，公司也不能放任不管、被动接受，更不能因此就不再招募高学历人才，而应当查找在留住高学历人才方面存在的缺陷，弥补这些缺陷，为留住高学历人才而努力。

公司要留住高学历人才，可以参考的做法包括以下几点。

（1）提供清晰的职业发展通道和人才培养计划。

（2）明确岗位任职资格和晋升标准的具体要求。

（3）提供充足的晋升发展机会和匹配的岗位。

6.1.10　人才流向分析

通过分析人才离职后去了哪些企业、哪些行业、哪些地区，有利于帮助企业及时发现问题，提前做出预警。

例如当企业的主要竞争对手提高某岗位薪酬时，企业很难第一时间知道该信息。当竞争对手在该岗位的薪酬高于企业时，可能会逐渐出现企业该岗位员工离职后去竞争对手处求职的情况。此时可以通过离职流向分析及时发现端倪，采取应对措施。

J公司的某区域分公司某年度 1～6 月离职人员流向企业前 3 名分析如表 6-10所示。

表 6-10　J公司的某区域分公司某年度 1～6 月离职人员流向企业前 3 名分析

排名	离职去向企业	流向人数（人）
1	A 企业	91
2	B 企业	62
3	C 企业	33

从表 6-10 中的数据能够看出，J公司该区域分公司某年度 1～6 月离职人员主要流向了 A 企业和 B 企业。假如 A 企业和 B 企业是 J 公司的竞争对手，J公司就应当重点关注造成这种员工流动的原因，并及时采取措施。

假如出现短时间内员工集中流向某企业的情况，有可能是该企业在故意"挖"人。通过这种分析可以及时发现并采取措施。

J公司的某区域分公司某年度 1～6 月离职人员流向行业前 3 名分析如表 6-11所示。

表 6-11　J 公司的某区域分公司某年度 1～6 月离职人员流向行业前 3 名分析

排名	离职去向行业	流向人数（人）
1	外卖送餐	163
2	零售行业	107
3	餐饮行业	95

从表 6-11 中的数据能够看出，J 公司该区域分公司某年度 1～6 月离职人员离职后流向最多的行业是外卖送餐行业，而 J 公司所在的零售行业仅排名第 2。这说明对 J 公司员工来说，外卖送餐行业的岗位比零售行业更有吸引力。

J 公司的某区域分公司某年度 1～6 月离职人员流向地区前 3 名分析如表 6-12 所示。

表 6-12　J 公司的某区域分公司某年度 1～6 月离职人员流向地区前 3 名分析

排名	离职去向地区	流向人数（人）
1	留在原区域	216
2	去往甲区域	17
3	去往乙区域	14

从表 6-12 中的数据能够看出，J 公司该区域分公司某年度 1～6 月离职人员中的绝大多数依然留在原区域，并没有集中流向某个区域的趋势。

6.2　案例：上市公司员工满意度调查

为了做好人才保留工作，笔者的团队每年帮助 J 公司进行一次全公司范围内的员工满意度调查。在对员工满意度调查结果进行分析之后，找到员工满意度比较低的维度，公司通过采取一系列的改善措施，逐步提高员工的满意度。

6.2.1　满意度调查问卷

J 公司进行员工满意度调查的方法是问卷调查法。人力资源部提前设计并打印好调查问卷，由总部和区域分公司人力资源管理人员携带调查问卷到员工的工作现场请员工填写。员工满意度调查用到的调查问卷如表 6-13 所示。

表 6-13　员工满意度调查问卷

序号	评价项目	非常满意	比较满意	一般	不太满意	非常不满意
	一、工作满意度					
1	公司目前的工作环境：温度、安全隐患等	5	4	3	2	1
2	对现在的工作时间、排班是否满意	5	4	3	2	1

序号	评价项目	非常满意	比较满意	一般	不太满意	非常不满意
3	在目前的岗位，我的能力和优势得到了充分发挥	5	4	3	2	1
4	伴随个人的成长，我的职务或待遇也相应提高	5	4	3	2	1
5	对我现在从事的工作	5	4	3	2	1
二、沟通情况						
6	部门内同事间的意见沟通良好	5	4	3	2	1
7	我可以自由地与直属主管沟通，而不用担心有不良结果	5	4	3	2	1
8	主管总能提供工作业绩的反馈，以便我明确以后的目标	5	4	3	2	1
9	公司的决策和制度能被及时传达到基层，并得到执行	5	4	3	2	1
10	员工的意见能有很好的沟通渠道，并能反馈给相应领导	5	4	3	2	1
三、团队合作						
11	我愿意和同事合作将工作做好	5	4	3	2	1
12	我的工作部门在必要时常常得到公司其他部门的协助	5	4	3	2	1
13	公司内各部门、各店都能进行有效的沟通合作	5	4	3	2	1
14	我知道如何将我部门的工作与其他部门配合	5	4	3	2	1
15	我认为我们的团队凝聚力强、团结协作、共同进步	5	4	3	2	1
四、部门管理						
16	我们部门内的工作流程很规范、顺畅	5	4	3	2	1
17	我很清楚我的主要工作职责	5	4	3	2	1
18	我对本部门每个同事的工作职责都很清楚	5	4	3	2	1
19	直属主管能给予充分的授权，让我独立执行工作任务	5	4	3	2	1
20	我的直属主管的工作能力与人格是值得信任和尊敬的	5	4	3	2	1
五、预算目标						
21	我很清楚本部门的预算目标的达成与否与团队每位成员的收入和荣誉密切相关	5	4	3	2	1
22	我很清楚我个人每周、月的目标任务和达成情况	5	4	3	2	1
23	公司经常奖励绩效突出的个人或集体	5	4	3	2	1
24	部门对个人每月业绩达成情况能够公开评价	5	4	3	2	1
25	对个人目标不明确的项目，部门负责人能及时给予指导	5	4	3	2	1
六、薪酬福利						
26	我现在拿到的薪酬与我对公司的贡献匹配	5	4	3	2	1
27	与区域同行业、同岗位相比较，公司的薪酬情况	5	4	3	2	1
28	上年度公司调增薪酬的满意度	5	4	3	2	1
29	与区域同行业相比，公司节日福利的发放情况	5	4	3	2	1
30	单身员工的生活环境满意度	5	4	3	2	1
31	员工的劳动保护的到位情况	5	4	3	2	1

序号	评 价 项 目	非常满意	比较满意	一般	不太满意	非常不满意
32	对公司的薪酬政策满意度	5	4	3	2	1
七、员工发展						
33	选择公司时考虑的因素是什么					
（1）	公司的规模和行业地位	5	4	3	2	1
（2）	工作稳定、有保障	5	4	3	2	1
（3）	薪酬福利好	5	4	3	2	1
（4）	职业发展机会好	5	4	3	2	1
（5）	工作环境舒适	5	4	3	2	1
（6）	公司提供良好的培训机会	5	4	3	2	1
（7）	企业文化、工作氛围	5	4	3	2	1
（8）	工作地点离家近，交通方便	5	4	3	2	1
（9）	部门负责人非常关注我们员工的成长、职业发展，员工熟知内部竞聘机制且能够得到机会参加内部竞聘	5	4	3	2	1
（10）	公司能给我提供较好的工作机会，以满足自身发展的需求	5	4	3	2	1
其他方面的意见和建议：						
非常感谢您参与调查，祝您工作顺利，万事如意！						

为方便员工填写，满意度调查问卷在设计之初已经精简了调查内容，将打分类别设定为非常满意、比较满意、一般、不太满意、非常不满意 5 类，每一类分别对应着 5 分到 1 分的分值。员工在填写满意度调查问卷时，只需要在调查问卷中的不同问题类目后打"√"。

员工满意度调查问卷允许员工匿名填写，也允许员工放弃填写。员工一旦选择填写，就应当填写完整，即所有需勾选的项目应全部勾选，最后的意见和建议可不填。只填写了一部分的调查问卷，将被视为无效问卷，不计入数据统计。

为保证员工准确填写，在问卷调查前标注好问卷的填写标准。同时，人力资源管理人员在进行员工满意度调查时，也应提前向员工说明调查问卷的填写方式和注意事项，避免出现无效问卷。

6.2.2 满意度汇总分析

在某年份的员工满意度调查中，笔者的团队对当时 J 公司共计 19 841 个员工进行了满意度调查。参加满意度问卷调查的有 19 047 人，占比为 96%，未参加的原因有员工休假、倒班等。其中，有效问卷为 18 505 份，占收取调查问卷份数的 97%，占所有员工人数的 93%，问卷调查无效的原因有空票、未按要求填写等。

员工在满意度调查问卷中对公司提的意见和建议共 94 条，占员工人数的 0.5%。建议内容类别占比的前两位分别是薪酬福利（19 条，占 20.2%）和工作生活条件（18 条，占 19.1%），其他多是比较零散的建议。

在"工作满意度""沟通情况""团队合作""部门管理""预算目标""薪酬福利" 6 项满意度项目中（满意度调查问卷中的前 6 项），员工对"薪酬福利"的满意度打分最低，为 4.1 分，如果换算成百分值，相当于 83.9 分；员工对"部门管理"的满意度打分最高，为 4.51 分，如果换算成百分值，相当于 90.2 分。

前 6 项满意度项目的满意度统计分值如表 6-14 所示。

表 6-14　员工对前 6 项满意度项目的满意度统计（分数由高到低排布）

满意度项目	分值
四、部门管理	4.51
三、团队合作	4.42
二、沟通情况	4.36
五、预算目标	4.35
一、工作满意度	4.12
六、薪酬福利	4.1

在满意度调查问卷的前 6 项满意度项目中，得分比较高的小项目，排前 3 位的分别是"我愿意和同事合作将工作做好""我的直属主管的工作能力与人格是值得信任和尊敬的""我很清楚我的主要工作职责"；排后 3 位的分别是"与区域同行业、同岗位相比较，公司的薪酬情况""我现在拿到的薪酬与我对公司的贡献匹配""对公司的薪酬政策满意度"。

满意度调查问卷中的第 7 项是"员工发展"，其具体内容是"选择公司时考虑的因素是什么"。该项目的调查结果中，分值排前 3 位的分别是"工作稳定、有保障""公司的规模和行业地位""工作地点离家近，交通方便"，分值排后 3 位的分别是"职业发展机会好""工作环境舒适""薪酬福利好"。

员工选择公司时考虑的因素的调查统计结果如表 6-15 所示。

表 6-15　员工选择公司时考虑的因素的调查统计结果（分数由高到低排布）

选择公司时考虑的因素	分值
工作稳定、有保障	4.53
公司的规模和行业地位	4.52
工作地点离家近，交通方便	4.46
部门负责人非常关注我们员工的成长、职业发展，员工熟知内部竞聘机制且能够得到机会参加内部竞聘	4.38

选择公司时考虑的因素	分值
企业文化、工作氛围	4.37
公司能给我提供较好的工作机会，满足自身发展	4.26
公司提供良好的培训机会	4.20
薪酬福利好	4.13
工作环境舒适	4.11
职业发展机会好	3.97

6.2.3 满意度分析应用

进行员工满意度调查的逻辑是先发现问题，再分析问题，然后改善问题。如果只是发现和分析问题，问题得不到改善，员工满意度调查就没有意义。通过分析 J 公司员工满意度调查的结果能够得出，员工比较关心、满意度比较低的 3 个方面分别是薪酬福利、工作环境和职业发展。

针对这 3 个方面，J 公司做出的改进如下。

1. 薪酬福利

人力资源部根据员工反馈意见，进行区域行业薪酬水平的市场调查，提报薪酬调整方案和建议，改善员工薪酬待遇；人力资源部调整绩效考核方案，对员工反映强烈的特殊岗位的绩效方案进行调研和测算，并提交激励方案到薪酬管理委员会进行讨论。

2. 工作环境

J 公司按照区域分公司和岗位细化分析，查找工作环境满意度低的区域分公司或岗位，并详细调研工作环境满意度低的原因，做出如下改善：冬天给靠近店门口的收款员配置棉背心；给冬天温度不足 16 摄氏度、夏天温度超过 30 摄氏度的门店加装空调；给没有员工餐厅的门店增加微波炉和用餐地点；给没有员工厕所的门店提供厕所等。

3. 职业发展

J 公司为员工规划出清晰明确的职业发展通道，把职业发展通道做成宣传海报，贴到每一家门店；增加公司统一组织的技能培训，让员工有更多机会参加培训；采用竞聘、自荐、推荐等多种方式进行后备干部的选拔；提高后备干部选拔频率，增强对后备干部的关注和培养。

在应用员工满意度调查分析结果时需要注意以下几点。

1. 寻找共性问题

员工满意度调查中有很多个性问题，这些个性问题可能并不影响公司的整体发展，所以如果不是特别必要，不一定需要马上解决。公司应当集中精力，寻找和解决共性问题。

2. 寻找核心问题

公司进行员工满意度调查的人员范围比较广泛，整体分析的结果往往比较笼统，这些笼统的问题不一定是核心问题。要找到核心问题，需要做进一步细致的调研和分析。

3. 解决主要问题

员工不满意的环节可能有很多，但公司的资源是有限的。公司首先要解决的是主要问题，当主要问题得到改善之后，再考虑解决次要问题。一般来说，可以先重点解决最主要的 1～3 个问题。

另外值得注意的是，造成员工离职的原因和造成员工对工作不满意的原因并不一定是相同的。实施员工满意度调查，并对员工满意度比较低的部分进行改进，能够提高在职员工的满意度，但却并不一定能够有效降低员工的离职率。有时候，员工满意度提高之后，员工的离职率会相应降低，有时候则不会。

然而，这也不代表在公司内实施员工满意度调查对人才保留工作没有价值。提高员工的满意度能在一定程度上提高现有员工的忠诚度，这有助于公司形成稳定的员工队伍。稳定住公司的优秀人才，有利于保持或提高公司的绩效水平。

🔗 前沿认知
如何全方位实施人才保留

企业在实施人才保留的时候，要注意人才保留的 2 个方向和 4 个层面，如图 6-1 所示。

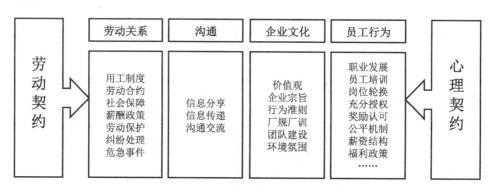

图 6-1　人才的保留 2 个方向和 4 个层面

人才保留的 2 个方向分别是劳动契约方向和心理契约方向。图 6-1 中有 4 个层面，从左到右分别是劳动关系、沟通、企业文化和员工行为，越往左越偏向劳动契约，越往右越偏向心理契约。

劳动契约更偏向比较具体的约束力，能够留住员工的人。心理契约更偏向比较抽象的约束力，能够留住员工的心。企业要想有效留住人才，劳动契约固然重要，更关键的是要在心理契约的层面努力。

比如，上级对下级是否有足够的授权？企业是否有好的企业文化？企业给员工提供的工作氛围如何？员工在企业中会不会感到不公平？这些都直接影响着企业和员工之间的心理契约，直接影响着员工是否愿意留下来。

越靠近心理契约的部分，越偏向激励和保健因素中的激励因素；越靠近劳动契约的部分，越偏向激励和保健因素中的保健因素。

激励保健理论也被称为双因素激励理论，最早是由美国的心理学家弗雷德里克·赫茨伯格（Fredrick Herzberg）在 1959 年提出的。激励保健理论的核心含义是组织为员工提供的各种回报不都具有激励性：一种并不具有激励性，被称作保健因素；另一种具有激励性，被称作激励因素。

保健因素指当这些因素没有得到满足的时候，人们会感到不满意；当这些因素得到满足之后，人们的不满意感消失，但是并没有达到满意。保健因素通常包括薪酬福利、工作环境、组织内部关系等。

激励因素指的是当这些因素没有得到满足的时候，人们不会满意，但也不会不满意，只是还没有达到满意的程度；当这些因素得到满足的时候，人就会满意。这个理论说明，能有效激励到人的，往往是激励因素，通常包括被信任、职业发展、学习机会、成就感、满足感、掌控感、团队氛围等。

越是激励因素做得好的企业，员工愿意留下来的可能性越大。

HR 要系统地做好人才保留工作，除了在劳动契约和心理契约两个方向上做出努力之外，还要在 4 个层面上做出努力。

1. 劳动关系

要有效留住员工，企业的规章制度、劳动保障、薪酬政策等用工必备的基本条件必须齐全，不仅要做到合法合规，而且要具备一定的外部竞争力。企业除了要做好用工的基本准备之外，还要在人才招聘面试的时候注意时候选人的选拔，筛选出稳定的人才。

2. 沟通

员工的直属上级直接影响着员工的稳定性。直属上级通过与员工的有效沟通，不仅能够帮助员工更好地完成工作，而且能够与员工之间建立起情感纽带，极大地增加员工的幸福感、满意度、责任感，进而增加员工的稳定性。

3. 企业文化

企业文化是员工扎根的土壤，优秀的企业文化天然具有吸引和留住员工的作用，能够让员工在这片土壤中茁壮成长；而不好的企业文化，就像一股无形的力量在把员工往外推。与薪酬和福利等保健因素不同，通过企业文化与员工建立起的情感交流属于激励因素。

4. 员工行为

有利于员工个人利益的政策永远会受到员工的欢迎，也是有效留住员工的重要手段之一。对员工实施的薪酬和福利应采取多样化的方式，不应仅包括工资和奖金，还应在薪酬福利的多样性、长远性、独特性上下功夫。比如，设置员工持股计划、提供菜单式可选的个性化福利、定期组织团建活动等，增强员工在企业的长期价值。

企业的环境很像生态环境。在生态环境中，一粒种子能否生根发芽，要看生态环境是否适合种子的成长。在企业环境中，人才就像是种子。人才能否在企业中长期稳定发展，要看企业环境是否适合人才的成长。

种子成长的生态环境需要适宜的空气、土壤和水分。人才在企业中扎根同样需要"空气""土壤""水分"——企业整体的观念，工作环境的氛围和落地执行的行动。人才保留的空气、土壤和水分的示意图如图6-2所示。

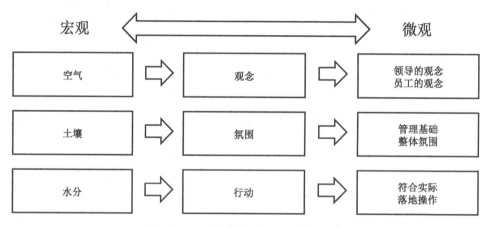

图6-2　人才保留的空气、土壤和水分

落实到具体的工作中，企业整体的观念，需要高层管理者、中层管理者和基层管理者的支持；也需要员工的支持，也就是基层员工的观念不能过于复杂或偏执，要能够被领导的观念所影响，感受到来自上级领导的真诚。

工作环境的氛围与物理环境的氛围和文化环境氛围都有关。企业的管理水平也影响着工作环境的氛围。要改善工作环境的氛围，就要在管理基础、人文环境、物理环境等方面做出努力。

落地执行的行动包括关于人才保留的各项方案、措施，要符合企业的实际，要有相关的责任人负责落地操作。落实行动的执行人，包括企业的各级管理层，也包括HR（人力资源）。没有具体行动，一切关于人才保留的想法都是空谈。

阿里巴巴公司曾经召开过一个让国内很多企业想都没想过的会议——离职员工大会。这个离职员工大会聚集了 2 000 多位曾经在阿里服务过的员工，还有特意从美国赶过来的。

阿里巴巴为什么会有这样的魄力，因为阿里巴巴清醒地认识到，这个世界是不断发展变化的，人才的流动是永恒的，是正常的，没有哪个人会在一个公司待一辈子。即便是这个公司的创始人，也可能会因为种种原因，离开这个公司。尽管公司不可能一直留住人，却有可能留住心、留住资源——这比留住了人却留不住心要好得多。

在传统的农业时代，因为交通工具和劳动方式的限制，人们之间相互协作、贸易会受到很大的限制，所以在那个时代，以家庭为单位的小农经济、个体工商户之间协作和贸易非常普遍。

随着技术的不断发展，到了工业时代，出现了大规模人群聚在一起的集中化生产劳动，于是逐渐有了工厂、商场、酒店这类大规模的雇佣形态。

随着信息技术的不断发展，在移动互联网时代，人们的连接方式越来越灵活，在很多行业，人们创造价值的方式已经不仅仅是提供简单的体力劳动，而是贡献智力成果。这就给空间上的分散化劳动提供了可能性，也给公司和人才之间的协作关系创造了更多不同的可能性。

在这种情况下，如果企业还是抱着传统工业时代的思维，只想着怎么在"留住员工的人"这个问题上努力，企业能得到的最好的结局也只是获得一个比较低的员工离职率；但是如果企业能够接受人才的离职，并思考怎么留住人才的心、怎么能留住资源，企业可能反而会收获到越来越多的资源。

世界著名的咨询公司麦肯锡公司（McKinsey & Company）的许多业务都是由自己的前员工牵线搭桥的。麦肯锡公司把员工离职当成是"毕业离校"，他们为前员工建立了一个名叫"麦肯锡校友录"的信息库，麦肯锡会定期更新这些前员工的职业变动情况，与之保持良好的关系。

而这些离开麦肯锡的人，活跃在各行各业，成了不同领域的精英人才，其中有很多后来成为了 CEO（首席执行官）、高管、教授或政治家。他们会继续为老东家提供宝贵的信息、情报、人际关系，会直接或间接促成订单，为麦肯锡的发展做出了巨大的贡献。

麦肯锡公司没有留住这些离职员工的人，但是成功地留住了这些前员工的资源。而且通过这种方式，随着员工的不断离职，麦肯锡公司的资源反而越来越丰富。这么看来，很难讲麦肯锡公司员工的离职是一种损失。

离职后的优质人才同样是社会所需要的，当他们能够聚集在一起，必将产生具大的商业价值。国内的许多企业也组织了官方或非官方的离职员工联盟。比如，百度公司的"百老汇"、腾讯公司的"单飞企鹅俱乐部"和"南极圈"、美的公司的"北美洲"、南方报业集团的"南友圈"。

这些社群建立的初衷原本是为了联络感情，后来发现还可以嫁接资源，再后来，随着人数越来越多，逐渐形成了一个又一个很有特色的社群圈子。2014 年，"南极圈"的创始人甚至把"南极圈"注册成了公司。腾讯公司也把自己公司的很多活动向"南极圈"的成员倾斜，并且还投资了"南极圈"。

对于人才保留，企业要把思维从留人向留住资源转变。要把企业和人才之间的关系从"雇佣"向"结盟"转变，从"打工"向"交往"转变，把人才离职从"离职"向"暂别"转变。

企业要正确对待人才保留，与其用传统的思维、固执的心态、僵化的态度去看待人才的离职，不如接受这种流动，用更加开放的态度、更加包容的心态去激活离职员工这笔隐形的资产。

对待已经离职的人才，企业不必过分懊恼或自责。根据优秀公司的经验，HR 可以在 4 个方面做好工作，来留住已经离职的人才资源。

（1）建立离职人才的人才库，并且定期更新。离职人才的人才库可以分成不同的类别。对于重点人才，应当投入一定的时间重点关注。HR 要及时更新重点人才的联系方式、事业／职业动态等进展，以备企业需要时及时与重点离职人才取得沟通。

（2）与重点离职人才保持沟通，并且建立持续、良好的关系。HR 可以定期与重点离职人才电话联络，询问其当前工作状态，给予关心和问候。如果企业成本允许，可以定期向重点离职人才发放某项福利或纪念品。

（3）HR 可以与重点离职人才分享企业近期取得的发展与进步，寻找与其合作共赢的机会。企业与离职人才的合作机会不仅限于业务拓展层面，还包括人才介绍、资源引荐、学习交流等层面。

（4）对于有条件的企业，可以为在职或离职的人才打造创业孵化器，支持他们的创业活动。对于已经离职创业的人才，企业可以根据其创业进展情况以及与企业之间的关系，考虑投资控股或给予资源支持。

第7章

用数据提升薪酬
管理效能

有效运用数据，可以驱动薪酬管理的高效运转。对薪酬管理的数据分析能够帮助公司优化人力资源成本，从而更高效地运用有限的资金。本章将以 J 公司为例，介绍 3 种常见的薪酬管理中的分析方法，包括对考勤管理的分析、对薪酬发放的分析和对劳动效率改进的分析。

7.1 案例：上市公司考勤情况分析

笔者曾经参与过很多公司的薪酬设计项目，发现大多数公司在设计薪酬项目时，关注的第一类问题是薪酬水平应该怎么选择，不同岗位的薪酬结构应该怎么设计，薪酬应该怎么调整之类的问题。

然而，大多数公司都会忽略进行薪酬管理前的一个看起来很不起眼，却非常重要的基础问题，那就是考勤管理。笔者见过很多公司对员工的出勤管理很不严格，员工迟到、早退、翘班的情况很严重，但是公司却没有找到相应的管控方法，甚至在事前都没有关注过这类问题。

考勤是计算薪酬的重要依据。通过记录考勤，公司可以随时了解员工的上下班、加班、请假等出勤情况，便于公司根据生产经营情况调整劳动力的分配。考勤管理是维护公司劳动纪律管理最基本的工作，是薪酬管理的前端保障。

J公司在考勤管理分析方面，主要包括员工出勤率分析、人员系数分析以及排班对业绩的影响分析。

7.1.1 员工出勤率分析

员工的出勤率影响着员工的劳效和人工费用率。出勤率长期保持在较高水平的公司，员工的工作积极性往往也比较高。公司应当重视员工的出勤情况，努力提高员工的出勤率，降低员工的缺勤率。

员工出勤率的计算公式如下。

员工出勤率 = 实际出勤天数 ÷ 应出勤天数 ×100%。

与出勤率对应的，是员工的缺勤率。员工缺勤率的计算公式如下。

员工缺勤率 =（应出勤天数 - 实际出勤天数）÷ 应出勤天数 ×100%=1- 员工出勤率。

某月，某公司员工的应出勤天数是 20 天，某部门一共有张三、李四和王五 3 人，他们在该月的出勤天数分别是 10 天、15 天和 20 天，则员工出勤率的计算过程如下。

张三在该月的出勤率 =10÷20×100%=50%；

李四在该月的出勤率 =15÷20×100%=75%；

王五在该月的出勤率 =20÷20×100%=100%；

该部门在该月的出勤率 =（10+15+20）÷（20+20+20）×100%=75%；

张三在该月的缺勤率 =（20-10）÷20×100%=1-50%=50%；

李四在该月的缺勤率 =（20-15）÷20×100%=1-75%=25%；

王五在该月的缺勤率 =（20-20）÷20×100%=1-100%=0；

该部门在该月的缺勤率 =（20+20+20-10-15-20）÷（20+20+20）×100%=1-75%=25%。

除了运用天数计算员工的出勤率或缺勤率之外，也可以用小时数来计算。运用小时数计算员工出勤率或缺勤率的原理与运用天数计算员工出勤率或缺勤率的原理相同，就是把员工实际出勤天数换算成实际出勤小时数，把员工应出勤天数换算成应出勤小时数。运用小时数计算的员工出勤率或缺勤率比运用天数计算的更精确，当公司中存在比较多的非全日制用工（小时工）或员工出勤情况比较零散时，适合用小时数计算员工出勤率或缺勤率。

J 公司员工出勤率统计如表 7-1 所示。

表 7-1　J 公司员工出勤率统计

门店	上月曾在岗的员工数（含当月入职和已离职人员）	上月应出勤天数	上月合计总应出勤天数	上月实际总出勤天数	员工出勤率
A 店	102	21	2 034	1 742	85.64%
B 店	86	21	1 798	1 576	87.65%
C 店	79	21	1 549	1 392	89.86%
D 店	48	21	998	969	97.09%

（注：由于保留 2 位小数四舍五入，数据存在一定误差。）

在统计员工出勤率时要注意：对于当月入职的员工，当月的应出勤天数为正式入职日期到当月最后一天的天数减去这期间的法定休假日和公司规定的休假日；对于已经离职的员工，当月的应出勤天数为月初第一天到最后出勤日的天数减去这期间的法定休假日和公司规定的休假日。

所以在表 7-1 中，上月合计总应出勤天数并不等于上月曾在岗的员工数（含当月入职和已离职人员）和上月应出勤天数的乘积，而是上月所有曾在岗员工（含当月入职和已离职人员）的应出勤天数之和。

相同类别的门店之间，可以比较员工出勤率的高低。员工出勤率比较低的门店，应当查找和总结原因，向员工出勤率比较高的门店借鉴经验。

根据经验，公司出勤率比较低的原因通常包括以下几点。

（1）存在个别出勤率比较低的员工，这些员工的低出勤率不仅影响着公司整体的出勤率，还会影响公司的工作氛围。

（2）没有鼓励员工提高出勤率的制度和方法，员工的出勤率与员工的切身利益没有直接的关系。

（3）管理者在日常管理活动中，没有向员工强调按照规定出勤的重要性，没有引导员工重视出勤率。

为了鼓励员工提高出勤率，公司可以参考的做法如下。

（1）在每月应发的基本工资之外，公司可以增加员工的满勤津贴。满勤津贴不是根据"实际出勤天数 ÷ 满勤天数 × 应发的满勤津贴"折算，而是假如满勤，就全额发放，假如不满勤，哪怕离满勤只差 1 小时，也不发放。也就是只有两种情况，要么发，要么不发。

（2）把出勤率和员工的季度奖金或年终奖金挂钩。可以根据出勤率的百分比折算季度奖金或年终奖金，也可以定义当出勤率达到不同水平时，发放的季度或年终奖金有不同的比例。比如，公司可以规定，当员工的出勤率低于标准出勤率的 50% 时，不发季度奖金或年终奖金。

（3）把出勤率和员工的优秀评选挂钩。公司可以规定当员工出勤率低于一定标准时，没有资格参加优秀员工评选，甚至也可以更严格一些，直接规定出勤率不足 100% 的员工，就没有资格参加优秀员工评选。

除了以上 3 种方法之外，还有很多其他鼓励员工提高出勤率的方法，原则就是把出勤率和员工的切身利益相关联。出勤率与员工的切身利益之间的关联性越强，出勤率就越容易提高。

7.1.2 人员系数分析

很多人力资源管理者在做人力资源管理相关数据分析时，会有这样一个疑问：应该用什么样的方式计算人数？在计算每月人数时，应该用月初人数还是月末人数，或者用月初人数与月末人数的平均数？

不论用月初人数、月末人数还是月初与月末人数的平均数计算，似乎都不能准确表示当月的人数。因为当月人数是时段数据，当前人数是时点数据。对于时段数据，应当采用人员系数。

人员系数是根据员工的出勤情况计算的，能够更精确地表达员工的工作量、更准确地表示人数，是人力资源量化管理和数据分析中的重要概念。在人力资源管理数据分析发展比较完善的公司，一切与时段有关的人数指的都是人员系数，而不是某个时点的人数。

比如，在某个月，一名员工出满勤，表示这名员工该月的人员系数为 1。如果只出勤了一半的天数，则这名员工在该月的人员系数为 0.5。虽然从常理判断，人数的值不应该有 0.5 一说，但为了研究说明问题，对公司来说，这名员工在当月只出勤了一半的天数，确实是做了 0.5 个人的贡献，而不是 1 个人的贡献，相当于 0.5 个人（仅指数据分析层面）。

人员系数的计算公式与出勤率的计算公式类似，其计算公式如下。

人员系数 = 员工实际出勤天数 ÷ 员工应出勤天数。

人员系数的计算与出勤率的计算的不同之处有以下 3 点。

（1）在计算某个组织的人员系数时，员工应出勤天数指的是单个员工的应出勤天数，而不是组织内所有员工应出勤天数的总和。

（2）人员系数不需要乘 100%，一般不用百分比数据表示，而出勤率是用百分比数据表示的。

（3）可以计算一名员工的人员系数，但一般不应用一名员工的人员系数做分析，而是应用某个组织的人员系数做人力资源管理相关的数据分析。可以分析一名员工的出勤率，也可以分析某个组织的出勤率。

某月，某公司员工的应出勤天数是 20 天，某部门一共有张三、李四和王五 3 人，他们在该月的出勤天数分别是 10 天、15 天和 20 天。则人员系数的计算过程如下。

张三在该月的人员系数 =10÷20=0.5；

李四在该月的人员系数 =15÷20=0.75；

王五在该月的人员系数 =20÷20=1；

该部门在该月的人员系数 =0.5+0.75+1=2.25；

或者，该部门在该月的人员系数的计算方式也可以 =（10+15+20）÷20= 2.25。

在计算某段时间、某组织整体人员系数时，不需要关注这段时间组织内是否存在有过出勤但后来离职的员工，只需要把所有员工有过的出勤相加，除以这段时间一个员工的应出勤时间。

除了运用天数计算人员系数之外，也可以运用小时数计算人员系数。运用小时数计算人员系数的原理与运用天数计算人员系数的原理相同，就是把员工实际出勤天数换算成实际出勤小时数，把员工应出勤天数换算成应出勤小时数。运用小时数计算的人员系数比运用天数计算的更精确，当公司中存在比较多的非全日制用工（小时工）或员工出勤情况比较零散时，适合用小时数计算人员系数。

J 公司人员系数统计如表 7-2 所示。

表 7-2　J 公司人员系数统计

门店	当前人数	上月应出勤天数	上月所有员工实际出勤天数	上月人员系数	上月销售额（万元）	上月劳效（万元/月）	去年同期人员系数	去年同期销售额（万元）	去年同期劳效（万元/月）
A 店	97	21	1 742	82.95	481.11	5.8	85.82	480.59	5.6
B 店	79	21	1 576	75.05	412.78	5.5	76.21	411.53	5.4

门店	当前人数	上月应出勤天数	上月所有员工实际出勤天数	上月人员系数	上月销售额（万元）	上月劳效（万元/月）	去年同期人员系数	去年同期销售额（万元）	去年同期劳效（万元/月）
C店	71	21	1 392	66.29	324.82	4.9	64.38	328.34	5.1
D店	45	21	969	46.14	221.47	4.8	47.35	217.81	4.6

（注："人员系数"计算结果保留2位小数。）

从人员系数的计算结果能够看出，人员系数常常不是整数，一般保留小数点后不超过2位。J公司将人员系数设定为所有人力资源管理分析的基础，一切人力资源管理分析中用到的人数，都是指人员系数。

人员系数越小，产生的销售额越高，代表门店在用人方面的效率（劳效）越高。因此，门店应当关注人员系数的变化，追求在保证业绩水平的情况下，减小每月的人员系数，而不一定是减少人数。

一些没有运用过人员系数的公司，也许难以理解为什么减小每月的人员系数，不代表一定要减少人员。在这类公司当中，期望减少人数，往往指的是减少当前在岗的人员数量，而这实际上是不科学的。

比如，有的公司为了提高劳效、降低人力成本费用率，开始使用小时工。根据我国现行法律法规，小时工平均每天的工作时间不超过4小时，每周工作时间累计不超过24小时。当公司开始运用小时工时，在岗的人员数量可能会比原来的人员数量更多，但通过精细化排班之后，人员系数却有可能减小。

另外，对于一些出勤时间比较零散、拥有比较多处于假期的员工的公司来说也是同样的道理。这时候如果盲目追求减少在岗人数，很可能反而起不到提高劳效的作用。然而也应当注意，有时候盲目追求减小人员系数，可能会影响销售额，同样可能会降低劳效。

7.1.3　排班对业绩的影响分析

很多时候，员工的排班直接影响着公司的业绩。公司在给员工排班时，应当考虑不同时间段的工作量，根据需求的工作量，安排员工的上下班时间，把员工的上班时间安排在有工作量需求的时候。

J公司所在的超市零售业，顾客的数量（客流量）与员工的工作量呈正向变化关系。顾客数量越多，需求的员工人数也越多。在以服务为主的行业中都有这样的特点，如餐厅的服务员、银行办理业务的柜员、通信业线下营业厅中的柜员等。在服务行业，当员工的排班发生变化时，有可能直接影响公司的业绩。

笔者在检查J公司排班时，发现一家店的快餐品类岗位安排大部分员工的下班时间是17:00。而超市零售行业的顾客数量有个典型特点，就是每天到店购物的顾客数量会在每天11:00～12:00，以及17:00～18:00出现峰值。基于这个常识，笔者认为该店这个品类的排班是有问题的，可以进行改善。

改善排班的第一步很简单，就是将该品类相关岗位员工晚上的下班时间拖后2小时，改为19:00下班。相应地，将这些岗位员工的上班时间推后2小时，或者将午休时间推后2小时。让大部分员工的上班时间，覆盖门店中午和晚上客流量比较集中的时间段。

在进行了这项改变之后，笔者的团队观察该店快餐品类每天不同时间段的销售占比和客单价（顾客购买金额÷客流量）的变化情况，发现在18:00左右，快餐品类的销售占比和客单价有明显提高。

笔者的团队调取了实施这项改变前4周、改变周和改变后2周的数据，其中J公司某店快餐品类每天不同时间段的客流量占比如表7-3所示。

从表7-3中的数据能够看出，在实施改变排班后的两周，快餐品类每天18:00左右的客流量占比与改变排班前4周相比没有发生明显的变化。这说明该店快餐品类的客流量在这个时间段具有一定的稳定性，客流量没有因为改变排班发生明显的变化。

然而，在客流量没有发生明显变化的情况下，这个时间段的销售额占比却发生了比较大的变化。J公司某店快餐品类每天不同时间段的销售额占比如表7-4所示。

从表7-4中的数据能够看出，改变排班后的2周，18:00时间段的销售额占比比改变排班之前4周有了明显提高。之前4周在该时间段销售额占比的最低值为8.38%、最高值为9.83%。而在改变排班后2周，该时间段的销售额占比提高到10.24%和10.74%，平均值为10.49%，比原来的最低值提高了25.18%，比原来的最高值提高了6.71%。

能够印证这种变化的，还有客单价的变化。J公司某店快餐品类每天不同时间段的客单价如表7-5所示。

从表7-5中的数据能够看出，改变排班后2周，18:00时间段的客单价比改变排班之前4周有了明显提高。之前4周在该时间段客单价的最低值为13.05（元）、最高值为14.7（元）。而在改变排班后的2周，该时间段的客单价提高到15.67（元）和16.3（元），平均值为15.96（元），比原来的最低值提高了22.30%，比原来的最高值提高了8.57%。

销售占比和客单价的提升，得益于在改变排班之后，到快餐品类区域购买商品的顾客有了足够的服务人员和销售人员，从而提高了销售业绩，降低了商品滞销造成的损耗。改变排班，并没有增加员工的上班时间，却让员工的劳动更有成果，提高了员工的劳效。品类销售业绩提升之后，员工的月度绩效工资将会提高，员工的满意度也有所提高。

表 7-3 J公司某店快餐品类每天不同时间段的客流量占比

时间段	7:00	8:00	9:00	10:00	11:00	12:00	13:00	14:00	15:00	16:00	17:00	18:00	19:00	20:00	21:00
改变前4周	0.07%	2.03%	4.87%	9.23%	14.83%	12.42%	6.70%	6.63%	7.16%	9.09%	10.57%	8.66%	5.36%	2.37%	0.02%
改变前3周	0.04%	1.56%	4.95%	9.18%	16.42%	13.53%	6.05%	5.34%	6.29%	8.53%	10.25%	9.38%	6.06%	2.41%	0.01%
改变前2周	0.06%	1.69%	5.08%	8.82%	16.03%	14.35%	6.14%	5.37%	6.40%	8.29%	9.71%	9.58%	5.74%	2.72%	0.01%
改变前1周	0.06%	1.86%	4.84%	8.51%	15.95%	14.73%	5.17%	4.94%	6.08%	7.50%	9.84%	10.70%	6.50%	3.19%	0.12%
改变周	0.08%	1.91%	5.43%	8.84%	14.83%	14.04%	6.89%	6.08%	6.94%	7.32%	9.50%	9.68%	5.21%	2.96%	0.29%
改变后1周	0.07%	1.56%	5.57%	9.25%	15.97%	13.95%	5.87%	5.30%	6.10%	7.47%	10.01%	9.79%	5.99%	2.92%	0.20%
改变后2周	0.02%	1.86%	5.40%	9.16%	15.51%	13.63%	5.51%	5.01%	5.98%	8.26%	10.41%	9.94%	5.90%	3.22%	0.17%

（注：由于保留 2 位小数四舍五入，数据存在一定误差。）

表 7-4 J公司某店快餐品类每天不同时间段的销售额占比

时间段	7:00	8:00	9:00	10:00	11:00	12:00	13:00	14:00	15:00	16:00	17:00	18:00	19:00	20:00	21:00
改变前4周	0.05%	1.88%	5.99%	11.07%	13.67%	10.78%	6.64%	6.81%	7.47%	9.30%	10.06%	9.66%	4.64%	1.98%	0.00%
改变前3周	0.02%	1.71%	5.96%	10.59%	15.91%	11.86%	6.41%	5.73%	6.81%	8.67%	10.02%	8.65%	5.61%	2.05%	0.00%
改变前2周	0.02%	1.50%	6.38%	10.55%	15.46%	12.77%	6.00%	5.91%	6.78%	8.92%	9.51%	8.38%	5.09%	2.72%	0.01%
改变前1周	0.16%	1.94%	6.67%	10.25%	15.66%	12.05%	5.45%	5.49%	6.33%	8.23%	9.91%	9.83%	5.64%	2.32%	0.05%
改变周	0.04%	1.87%	7.48%	10.44%	14.30%	11.72%	6.88%	5.85%	7.25%	7.58%	9.90%	8.38%	5.98%	2.16%	0.16%
改变后1周	0.04%	1.52%	6.83%	11.51%	14.69%	11.12%	5.34%	5.37%	7.45%	7.61%	10.34%	10.24%	5.08%	2.74%	0.13%
改变后2周	0.01%	1.70%	7.03%	10.88%	14.95%	11.49%	5.40%	5.02%	6.08%	8.78%	10.23%	10.74%	4.99%	2.61%	0.09%

（注：由于保留 2 位小数四舍五入，数据存在一定误差。）

表 7-5 J公司某店快餐品类每天不同时间段的客单价

（单位：元／人）

时间段	7:00	8:00	9:00	10:00	11:00	12:00	13:00	14:00	15:00	16:00	17:00	18:00	19:00	20:00	21:00
改变前4周	12.34	15.53	20.62	20.10	15.45	14.54	16.61	17.21	17.47	17.15	15.96	14.70	14.51	14.03	2.05
改变前3周	7.38	15.44	17.02	16.32	13.71	12.40	14.98	15.19	15.33	14.38	13.82	13.05	13.09	12.03	5.50
改变前2周	4.71	13.33	18.90	18.01	14.52	13.40	14.72	16.57	15.94	16.20	14.74	13.18	13.34	15.05	6.60
改变前1周	36.57	15.05	19.90	17.40	14.17	11.81	15.25	16.04	15.03	15.85	14.53	13.27	12.51	10.51	6.55
改变周	8.55	15.92	22.45	19.22	15.70	13.60	16.27	15.67	17.02	16.86	16.98	14.10	18.69	11.90	8.88
改变后1周	8.76	14.62	18.39	18.65	13.78	11.94	13.62	15.18	18.30	15.27	15.48	15.67	12.71	14.06	9.55
改变后2周	6.71	13.85	19.65	17.93	14.54	12.73	14.79	15.11	15.36	16.03	14.83	16.30	12.75	12.23	7.99

（注：由于保留 2 位小数四舍五入，数据存在一定误差。）

通过合理排班，公司在没有付出更多成本的情况下，既能满足顾客的需求，让顾客获得更好的服务，又能满足业绩的需求，让销售额提高、损耗降低，还能满足员工的需求，让员工的收入提升，可谓一举三得。

7.1.4 异常考勤处理

公司要妥善处理员工的异常考勤情况。当员工出现异常考勤时，如果公司不重视，或者处理不善，有可能引发一系列的连锁反应，影响公司整体的出勤率。常见的员工异常考勤情况、应对方法及注意事项内容如下。

1. 员工休假

员工休假的类型可以分为正常休假、年休假、探亲假、婚假、丧假、事假、病假、产假、流产假、工伤假等。为了规范管理，除正常休假外，公司应当规定其他情况的休假必须填写请假单。

请假单原则上应在休假前填写，如果遇到特殊情况，必须在上班前以电话或短信的形式通知部门负责人，部门负责人明确表示同意后，由部门负责人指派其他人代走请假单程序。如果员工没有请假单，又没有出勤的，可以视为旷工。

年休假、探亲假、病假、婚假、产假、丧假等休假的规则，国家有相关法律法规的规定，公司应当参照国家的法律法规执行。在国家相关法律法规规定范围内的病假、婚假、产假、丧假等休假天数视同出勤。正常的婚假、病假、产假等假满结束后需要继续休假的，可以视为事假。

员工履行病假、婚假等请假手续前，必须及时提交相关的请假证明。比如在请婚假前，要向人力资源部提供结婚证；员工请病假，必须提供正规医院开具的病历和诊断证明。没有相关证据的请假，应当按事假处理。

对事假天数的审批，公司可以制定权限指引。比如某公司规定主管级有权审批 7 天以内的事假；经理级有权审批 14 天以内的事假；总监级有权审批 30 天以内的事假；副总经理级有权审批 60 天以内的事假；60 天以上的事假，必须由总经理审批。

需要注意的是，对于为避免审批权限的限制连续多次走请假单程序的事件应严肃处理，或者在制定考勤管理制度时直接规定当出现一段时间内的连续请假时，必须根据公司的权限指引履行请假手续。

2. 出差与外出

除了休假之外，员工的出差和平时的外出也是考勤比较容易出现异常的部分。

对于员工短期外出办事，应填写外出人员登记表，记录员工外出的日期、外出的事由、外出的具体时间段，由直属领导签字同意后，才可以执行。员工外出返回后，需要找相应的考勤管理人员确认，用打卡设备记录员工的外出时间和返回时间是最好的。

员工因工作需要出差的，必须提前填写出差申请单，填写清楚出差事由、出差期限、途经城市、预计费用等，并遵循公司的权限指引逐级审批。比如总监级以下人员出差，由上级领导审批；总监及总监以上级别人员出差，除了需要上级领导审批外，还需要总经理审批；到国外出差，全部由总经理审批。

出差申请单是核对考勤的要件，也可以作为出差报销结算的必备附件。如果出现紧急状况，没有提前履行出差审批手续的，出差前可以电话或短信的方式向相关领导请示，找他人代走手续。出差人员无法在预定期限返回的，必须向相关领导申请，请他人代走手续。

出差审批程序的规范性，直接涉及员工考勤管理。所以，对待出差的审批流程一定要严肃认真。员工没有履行出差必备的相关程序，不能算出差。如果有员工未履行出差审批程序私自出差，应当按旷工处理。

3.旷工

旷工是比较严重的考勤异常，是公司应当严厉杜绝的情况。

什么情况算旷工呢？

员工不上班就算旷工，不过除了这种情况外，还有很多其他情况也可以算旷工。比如员工请假、调休、出差、补休等行为未获得直属领导同意而直接不到公司上班的，或上班时间无正当理由擅自离岗的，包括不履行出差手续擅自出差的，都可以算旷工。另外，如果员工迟到和早退超出了一定的时间范围，比如迟到超过2个小时，也可以视为旷工。

当员工旷工时，公司应该怎么办呢？

一般来说，公司可以第一时间先电话联系员工，通知他尽快回到工作岗位。根据公司的劳动纪律和相关制度，如果员工旷工时间在一定天数内，或者公司联络不上员工时，公司可以依次向员工发放恢复上班通知函和解除劳动关系函。

7.2 案例：上市公司薪酬情况分析

薪酬是公司为员工付出的直接成本，应用薪酬不是"花钱"的艺术，而是"投资"的艺术。公司如何应用薪酬，决定了薪酬的使用效率。J公司每月对薪酬情况的分析主要包括薪酬发放情况分析、五险一金情况分析、人均工资情况分析、人工费用情况分析以及费用比率情况分析。

7.2.1 薪酬发放情况分析

薪酬发放情况分析是薪酬分析中最基本的一种分析。在薪酬发放情况分析中，最重要的3类信息分别是实发工资金额、实发工资人数和人均工资。通过对这类信息做同比或环比分析，公司能够看出每月工资发放的变化情况。

J公司每月薪酬发放情况分析如表7-6所示。

根据表7-6中的数据，能够看出月度实发工资和实发工资人数在环比或同比上的增加或减少情况。例如，B公司工资环比下降是因为11月的薪酬已经不包含高温补贴，而且新增加的员工本月出勤比较少，即使有国庆节工资翻倍，仍然导致人员增长工资反而环比下降了0.04%。

对于一个经营平稳的公司来说，由于节假日天数的不同和一些法定津贴发放时限规定的不同，每月的薪酬发放情况环比会随月份的变化而出现一定的变化，但这种变化的幅度一般不会太大。如果有环比超过10%的薪酬变化情况，尤其是当出现10%的薪酬增加时，公司就应当注意。

薪酬发放情况与同比数据之间的变化情况除了与人员数量的增长有关之外，还与员工薪酬的增长有关。在不同的分公司，实发工资的同比情况、实发工资人数的同比情况和人均工资的同比情况之间的比较能够反映出公司的经营管理情况。

A公司实发工资的人数与去年同期相比增长了12.09%，人均工资与去年同期相比增长了12.64%，这两项数据直接导致A公司实发工资与去年同期相比增长了26.25%。这说明A公司提高了员工的薪酬水平、增加了人数，造成了薪酬支出的较高增长。下一步应当分析A公司薪酬支出的增长有没有换来业绩的相应提升。

B公司实发工资人数与去年同期相比增长了3%，人均工资与去年同期相比却下降了0.67%，导致实发工资与去年同期相比增长了2.80%。这说明B公司没有提高员工的薪酬水平，但在人数上有小幅度增长，造成薪酬支出小幅度增长。不提高员工的薪酬水平，能够有效控制成本，但可能会降低员工的工作积极性。

C公司实发工资人数与去年同期相比下降了1.24%，人均工资与去年同期相比增加了10.73%，导致实发工资与去年同期相比增长了9.37%。这说明C

表7-6　J公司每月薪酬发放情况分析

分公司	实发工资（元）					实发工资人数（人）					人均工资（元/人）				
	20×2年11月	20×2年10月	环比	20×1年11月	同期比较	20×2年11月	20×2年10月	环比	20×1年11月	同期比较	20×2年11月	20×2年10月	环比	20×1年11月	同期比较
A	1 203 761	1 180 276	1.99%	953 505	26.25%	343	321	6.85%	306	12.09%	3 510	3 677	-4.54%	3 116	12.64%
B	2 205 375	2 206 236	-0.04%	2 145 323	2.80%	624	580	7.59%	603	3%	3 534	3 804	-7.10%	3 558	-0.67%
C	641 565	675 082	-4.96%	586 619	9.37%	159	161	-1.24%	161	-1.24%	4 035	4 193	-3.77%	3 644	10.73%

（注：保留2位小数。）

表 7-7 J公司每月五险一金发放情况分析

分公司	20×2年11月缴纳额（元）			20×2年10月缴纳额（元）			环比			20×1年11月缴纳额（元）			同比		
	五险	公积金	合计	五险	公积金	合计	五险	公积金	合计	五险	公积金	合计	五险	公积金	合计
A	531 991.43	197 200.48	729 191.91	532 281.10	197 262.88	729 543.98	-0.05%	0.05%	0.05%	458 315.59	188 872.48	647 188.07	16.08%	4.41%	12.67%
B	709 248.98	260 824.00	970 072.98	671 564.24	247 137.60	918 701.84	5.61%	5.54%	5.59%	628 776.35	252 588.80	881 365.15	12.80%	3.26%	10.06%
C	198 476.77	72 068.80	270 545.57	198 476.77	72 068.80	270 545.57	0.00%	0.00%	0.00%	182 597.49	72 294.40	254 891.89	8.70%	0.31%	6.14%

公司提高了员工的薪酬水平，但没有增加员工的人数，造成薪酬支出有所增长。当公司有序经营，利润平稳增长时，每年适度增加员工的薪酬，有助于鼓舞员工的士气、提高劳效。

假如，A、B、C 3 家子公司当前的经营业绩与去年同期相比平稳保持在增长 10% 的水平，在不考虑其他因素的情况下，从薪酬发放情况的分析看，C 公司是相对"最健康"的状况，A 公司和 B 公司都比较"不健康"。

7.2.2　五险一金情况分析

五险一金指的是五类社会保险（养老保险、医疗保险、失业保险、工伤保险、生育保险）和住房公积金。它是一种国家法定福利，公司应当及时、足额为员工缴纳五险一金。五险一金的变化情况一般与政策的变化、员工人数的变化、员工薪酬水平的变化、公司制度的变化等因素有关。

J 公司每月五险一金的发放情况分析如表 7-7 所示。

公司对每月发放五险一金情况进行分析的主要目的是发现异常，而不是通过少缴纳五险一金来减少成本。节省人力成本的方式有很多，鉴于五险一金的法定属性，不建议公司在减少员工的五险一金方面做文章。

7.2.3　人均工资情况分析

在每月薪酬发放情况分析中，有一项重要的信息是人均工资。人均工资的变化情况可以与销售额的变化情况和劳效的变化情况做比较。通过这种比较，J 公司能够看出哪些区域／分公司的人均工资存在问题。

J 公司对人均工资增长情况的分析如表 7-8 所示。

从表 7-8 中的数据能够看出，J 公司在 A、B、C、D 4 个区域中，员工人均基本工资的增长幅度是不同的。基本工资有所增长，代表着员工的无责任底薪增长。无责任底薪是一把双刃剑：一方面它能够给员工带来安全感；另一方面，员工付出更少的努力，也能够获得比原来更多的薪酬，它可能对员工激励起到反作用。

人均效益提成的变化与公司的效益提成制度和业绩有关。J 公司的效益提成制度中规定了效益提成与销售额相关。所以在表 7-8 中，人均效益提成比例与销售额的增长比例存在一定的相关性。人均应发工资和人均实发工资的差异主要来自员工薪酬中各类扣项（五险一金、个人所得税等项目）的差异。

在理想状态下，公司在增加员工的人均实发工资后，期望能够换来业绩的增长和劳效提高。然而，实际情况却不一定如公司所愿。通过人均工资与销售额、劳效的同比变化情况分析，公司能够快速发现问题，及时采取行动。

表 7-8   J 公司人均工资增长情况分析

区域	当前人数	去年人数	人均基本工资同比增长	人均效益提成同比增长	人均应发工资同比增长	人均实发工资同比增长	销售额同比增长	劳效同比增长
A	2 795	1 999	15.79%	39.49%	18.41%	17.40%	49.36%	6.82%
B	1 182	1 087	21.37%	-7.73%	17.74%	15.37%	-2.74%	-10.56%
C	270	259	25.35%	-49.06%	11.22%	18.88%	-24.27%	-27.36%
D	3 245	3 816	18.73%	-13.16%	12.81%	11.71%	-7.45%	8.84%

（注：由于保留 2 位小数四舍五入，数据存在一定误差。）

在 A 区域中，人均实发工资同比增长 17.40%，销售额同比增长 49.36%，超过人均实发工资的增长比率，这是比较理想的状态，也是公司希望看到的。虽然当前人数比去年同期人数增长的数量较多，但最终劳效依然同比增长 6.82%。A 区域的这种人均工资与销售额、劳效的同比增长结构整体上是比较健康的，是表 7-8 中的 4 个区域中最优秀的。

在 B 区域中，人均实发工资同比增长 15.37%，但是销售额却同比下降了 2.74%，这说明人均工资的增加并没有换来业绩的增长。同时，B 区域的人数与去年同期相比有所增加，加上销售额的降低，造成劳效同比降低 10.56%。B 区域的这种人均工资与销售额、劳效的同比增长结构很不健康。

在 C 区域中，人均实发工资同比增长 18.88%，但是销售额却同比下降了 24.27%，同样说明人均工资的增加并没有换来业绩的增长。同时，C 区域的人数与去年同期相比有所增加，加上销售额的降低，造成劳效同比降低 27.36%。C 区域的这种人均工资与销售额、劳效的同比增长结构非常不健康。

在 D 区域中，人均实发工资同比增长 11.71%，销售额同比下降了 7.45%，同样说明人均工资的增加并没有换来业绩的增长。但因为 D 区域的人数与去年同期相比有比较大幅度的降低，所以造成劳效同比增长了 8.84%。D 区域的这种人均工资与销售额、劳效的同比增长结构和 B 区域与 C 区域相比相对比较优秀，但仍然要注意提高业绩。

7.2.4　人工费用情况分析

人工费用不是工资的总和，它是公司所有人力资源相关费用在财务上的体现，包括基础工资、效益工资、加班工资、各类补贴、各类福利费、社会保险费、住房公积金、工会经费、职工教育经费及其他与公司用人相关的费用。

分析薪酬发放情况和人均实发工资，公司能够了解为员工发放的工资金额，结合薪酬调研的数据，可以判断员工的薪酬水平在市场上处在什么位置；分析人工费用的情况，公司能够了解实际上为员工支付了多少财务成本，结合公司当前的财务状况，可以判断在财务成本上，公司可以为员工继续付出或适当缩减多少。

J公司对人工费用情况的分析如表7-9所示。

从表7-9中的数据能够看出人工费用各项组成要素的占比情况。在20×2年1～6月，J公司的基础工资仅占人工费用总和的56%。也就是说，当J公司每月为员工支付56元的基本工资时，实际需要承担的人工费用为100元。

月人均人工费用与月人均工资不同，它是真实反映公司平均雇佣一名员工需要付出的财务成本。当公司计划增加或减少员工人数时，主要应参考的数据是月人均人工费用。

通过了解人均人工费用与同期相比的变化情况，公司能够判断人工费用的变化趋势。通过人均人工费用拆分成各项要素之后的变化情况，公司能够判断人工费用的变化主要体现在哪些项目上。对人工费用与同期相比变化比较多的项目，公司应当分析原因，做好管控。

人工费用中的职工教育经费，关系到员工的培训与发展，在经营业绩平稳的情况下，公司不应过分管控。如果公司的经营发展比较快，未来需要大批人才支持，这部分费用不但不应管控，反而应当有所增加。

在对人工费用各项组成要素的管控和分析中，基础工资、效益工资、加班工资、各类补贴、各类福利费这5个项目是公司应当重点关注的。J公司的企业文化强调绩效导向，追求快速发展，所以J公司管控人力成本的思路是减少基础工资的占比，增加效益工资的占比，控制加班工资和各类补贴的占比，对业绩优秀的员工，增加各类福利费的占比。

从表7-9中J公司人工费用各项目占比与同期的变化情况来看，效益工资的占比减少是公司不希望看到的。当然，这种情况与J公司的效益工资提成政策有一定关系。J公司的销售工资提成政策不仅与销售额的增长有关，还与销售预算达成情况有关。所以，宏观上占比减少，并不能说明问题，还需要做更微观的分析。

人工费用与同期相比有所增加并不一定是坏事，与人均工资的分析逻辑类似，单纯看人工费用与去年同期相比有所增加也许能够说明财务成本有所增加，但如果引入销售业绩的变化和劳效的变化，当销售业绩的增长率超过人工费用的增长率，同时劳效有所增加时，对公司来说，这时人工费用的增长应当是能够接受的。

7.2.5 费用比率情况分析

人工费用比率既可以表示一种费用率，也可以表示一种投资回报率。10%的人工费用率既可以表示产生100元的营业额，需要10元的人工费用投入，也可以表示公司投入10元的人工费用，能够换来100元的营业额。

通过对人工费用比率进行分析，能够看出公司在人力资本投资方面的投资回报率。人工费用比率越低，代表人力资本的投资回报率越高；人工费用比率越高，代表人力资本的投资回报率越低。

在不同的行业、不同的公司，人工费用率数据大小呈现出不同的特点。一般来说，技术密集型行业的人工费用率＞劳动密集型行业的人工费用率＞资金密集型行业的人工费用率；初创期和衰退期公司的人工费用率＞发展期公司的人工费用率＞成熟期公司的人工费用率；相同行业，大规模公司的人工费用率＞小规模公司的人工费用率；相同行业，业绩优异公司的人工费用率＞业绩较差公司的人工费用率。

J公司人工费用比率情况分析如表7-10所示。

从表7-10的数据中能够看出：虽然在1～6月，A、B、C、D 4个业态的人数同比都有所增长，但D业态的销售额同比增长比率大于人工费用额的同比增长比率，而且人工费用率同比有所下降，代表在人工费用方面的投资回报率有所提高，是公司期望见到的；A业态、B业态和C业态的销售额同比增长比率小于人工费用额的同比增长比率，而且人工费用率同比都有所提升，是公司不期望见到的。

人工费用率同比增长并不一定意味着公司在人力资源管理方面的失败，随着居民消费价格指数（consumer price index，CPI）的增长，公司每年都面临为员工涨薪的压力，这就造成了在人员不减少的情况下，公司的人工费用有逐年增加的趋势。

可市场竞争越来越激烈，公司的成本提升会带来各类生产资料的成本提升，这将进一步压缩公司的利润空间。所以就算公司维持现在的发展态势，人工费用率本身就有逐渐提高的趋势。公司能维持住人工费用率已经是一种进步，如果还能有所下降，通常代表着经营业绩的大幅增长或人力资源管理能力的较大改善。这也正迎合了常用来形容公司发展的一句话："逆水行舟，不进则退。"

表 7-9　J公司人工费用情况分析

项目	20×2年1~6月人工费（万元）	20×2年1~6月各项人工费占比	20×2年1~6月月均人数	20×2年1~6月月均人工费（元）	20×1年1~6月人工费（万元）	20×1年1~6月各项人工费占比	20×1年1~6月月均人数	20×1年1~6月月均人工费（元）	1~6月月均人均人工费同比增长
基础工资	36 572	56%	18 571	2 188	28 987	68%	16 628	1 937	13.0%
效益工资	6 023	9%	18 571	360	5 424	13%	16 628	362	-0.6%
加班工资	2 404	4%	18 571	144	1 795	4%	16 628	120	19.9%
各类补贴	1 598	2%	18 571	96	1 199	3%	16 628	80	19.3%
各类福利费	2 431	4%	18 571	145	2 016	5%	16 628	135	8.0%
社会保险费	10 857	17%	18 571	650	8 601	20%	16 628	575	13.0%
住房公积金	2 543	4%	18 571	152	1 897	4%	16 628	127	20.0%
工会经费	1 771	3%	18 571	106	1 426	3%	16 628	95	11.2%
职工教育经费	562	1%	18 571	34	364	1%	16 628	24	38.2%
其他人工费	62	0%	18 571	4	45	0%	16 628	3	23.4%
人工费用合计	64 823	100%	18 571	3 878	42 847	100%	16 628	3 458	12.1%

（注：由于保留1位小数四舍五入，数据存在一定误差）

表 7-10　J公司人工费用比率情况分析

业态	1~6月销售额（万元）	1~6月销售额同比增长	1~6月本期人工费用（万元）	1~6月人工费用额同比增长	1~6月人工费用率	1~6月人工费用率同比提升	1~6月人数	1~6月人数同比增长
A	271 415	10.08%	15 796	24.71%	5.82%	0.76%	6 005	24.57%
B	221 001	21.92%	18 607	33.79%	8.42%	0.88%	6 753	25.52%
C	113 641	29.19%	8 269	34.76%	7.28%	0.48%	3 249	22.57%
D	17 820	103.68%	1 760	85.38%	9.88%	-0.34%	760	56.88%

7.3 案例：上市公司劳效改进分析

如果要对人力资源管理指标的重要性进行排名，在最能够体现人力资源管理成效的指标当中，排在第一位的，应当是劳效。劳效直接从财务数据的角度反映了员工的工作成效，是每个公司都需要分析的人力资源管理数据。

7.3.1 劳效分析

J公司以月度为单位做劳效分析。由于不同月份之间的销售额存在一定的差距，用更长时期的销售额和人数来计算月度劳效会让数据结果更具说服力。为此，J公司采用的是前6个月的数据进行计算。

J公司劳效情况分析如表7-11所示。

表7-11　J公司劳效情况分析

业态	1~6月人均劳效	上年1~6月人均劳效	1~6月员工劳效同比增长	1~6月平效（元）	上年1~6月平效（元）	1~6月平效同比增长（元）	1~6月平效同比增长	1~6月人均看摊面积	上年1~6月人均看摊面积	1~6月人均看摊面积同比
A	5.18	5.85	-11.5%	1 121	1 036	85	8.2%	46	57	-11
B	3.7	3.82	-3.1%	1 164	1 125	39	3.5%	32	34	-2
C	4.03	3.9	3.3%	1 188	1 135	53	4.7%	34	34	0
D	3.01	2.18	38.1%	290	216	74	34.3%	104	101	3

（注：由于保留1位小数四舍五入，数据存在一定误差。）

表7-11的分析时间是7月，表中的人均劳效采用的是根据1~6月的销售数据和人员系数计算出的月度劳效。表中的平效指的是每平方米卖场面积产生的销售额。表中的人均看摊面积是用卖场的面积除以人员系数得到的。

从表7-11的数据中能够看出，A和B两个业态的劳效相比去年同期都有所下降。其中，A业态下降的幅度最大，达到11.5%。C和D两个业态的劳效相比去年同期有所上升，其中，D业态上升的幅度最大，达到38.1%。

从平效的数据能够看出，4个业态每平方米卖场面积的经营效率都在提高。因为卖场面积是固定的，提高主要来自经营业绩的提高。A业态虽然平效增长的额度最大，但因为自身的基数较大，所以在增长幅度方面小于D业态的增长幅度。

从人均看摊面积的数据能够看出，A和B两个业态的人均看摊面积有所下降，D业态的人均看摊面积有所提高。因为卖场面积是固定的，人均看摊面积提高的主要原因是人数的增长。而从劳效数据又能够看出，这种人数上的增长没有换来劳效的提高。

综合人均劳效、平效和人均看摊面积，能够推断出 A 和 B 两个业态的人数是存在冗余的，尤其是 A 业态，应当立即查找人员冗余的具体门店，控制人数。C 业态的发展比较平稳，应当继续保持。D 业态的发展比较迅速，可以考虑适当增加人员，进一步提高增长速度。

7.3.2 劳效改进流程

分析劳效是为了改进劳效。劳效的数据除了用来说明当前状态之外，更重要的是要通过对数据的比较，实施劳效改进，提高公司人力资源管理的成效。

J 公司劳效改进的流程如图 7-1 所示。

图 7-1 反映了 J 公司每开一家新店，从开业的人员配置到开始关注劳效的时间节点，以及发现劳效机会之后的改进措施。

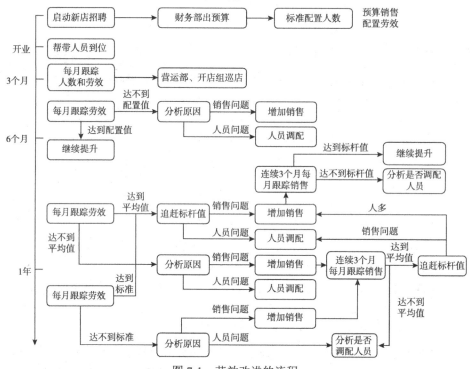

图 7-1 劳效改进的流程

在有了新店开业计划，开启人员招聘时，财务部要根据新店的销售预算，计算标准配置人数。为了给新店开业难以预期的人员流失做准备，人力资源部招聘的人员数量会比门店标准配置人数多 10% ~ 20%。在开业时，J 公司会要求其他已开业的门店派驻比较成熟的员工作为帮带人员。

新店开业 3 个月后，J 公司开始每月跟踪新店的人数和劳效。这时候，公司的运营部或开店组通过巡店，到门店现场查看人员配置情况和员工的工作状态，判断各部门的员工是否存在冗余。

在新店开业的 3 ～ 6 个月期间，J 公司将会根据门店的标准配置人数和预期的劳效，查看当前人员数量和劳效是否达到配置值。如果劳效达到配置值，则追求继续提升；如果劳效没有达到配置值，公司应分析原因。如果是销售问题，则公司应采取措施提高销售额；如果是人员问题，则公司应做相应的人员调配。

在新店开业的 6 个月之后，J 公司将会把新店的劳效数据纳入同类店的对比中，这时候的新店，被公司内部称为"不可比店"。"不可比"指的是没有去年同期的数据，不可做同比，但所有的不可比店可以相互对比劳效，形成劳效的淘汰值（25 分位值）、平均值（50 分位值）和标杆值（75 分位值）。根据门店劳效所处的位置，找到差距，然后制定方案，从而提升劳效。

在新店开业的 1 年之后，新店有了同比数据，成为"可比店"。这时候，可以仿照本书 2.1.3 人员配置管控中的内容，每月做人员劳效的分析及改进。低于劳效平均值的店，以劳效平均值为目标；高于劳效平均值、低于劳效标杆值的店，以劳效标杆值为目标；高于劳效标杆值的店，则要继续努力。

7.3.3　劳效分类对策

为了平衡人力资源管理成效和经营业绩成效，J 公司用劳效和平效两项数据把所有进入"可比店"的门店分成 9 类，如图 7-2 所示。

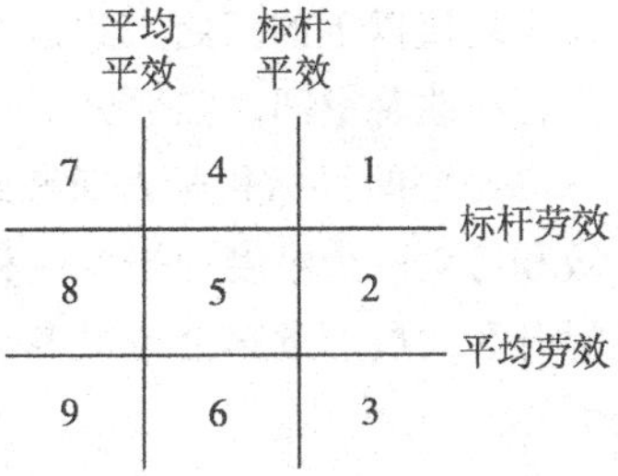

图 7-2 中的标杆和平均，分别指的是在同类门店中某门店处于 75 分位值和 50 分位值。之所以更强调标杆值和平均值，是期望低于平均值的店会以平均值为目标，高于平均值、低于标杆值的店会以标杆值为目标。

图 7-2　J 公司可比门店分类

第 1 类的店是优秀门店，指的是劳效大于标杆值、平效大于标杆值的店。这类店是其他店学习的榜样，但同样有进一步提升的空间。

第 2 类的店是劳效大于平均值但小于标杆值、平效大于标杆值的店。这类店有一定的减员空间，应当分析现有人员的能力素质，查找店内是否存在冗余的员工和效率低下的员工（绩效或能力评定为 D 的员工）。要注意评估这类店在减员之后是否会影响门店的销售。

第 3 类的店是劳效小于平均值、平效大于标杆值的店。这类店有比较大的减员空间，应当分析这类店中是否存在冗余的员工和效率低下的员工，也可能是店内员工的能力素质有问题。在减员时，更要注意是否会影响门店的销售。

第 4 类的店是劳效高于标杆值、平效低于标杆值但大于平均值的店。这类店在销售提升方面有一定的空间，应当分析平效达不到标杆值是否与缺人有关。如果有关，应适当增加人员；如果无关，应当查找销售额低的原因，提升销售额。

第 5 类的店是平效低于标杆值但大于平均值、劳效也低于标杆值但大于平均值的店。这类店在提升销售额和减少人员方面都有一定的空间，可以从这两个方面来查找问题、找到差距，并分别改善。

第 6 类的店是平效低于标杆值但大于平均值、劳效低于平均值的店。相比于销售问题，这类店的劳效问题更紧迫。这类店有一定的减员空间，可以按照第 3 类店的分析方法分析减员的可能性，同时要注意提升销售额。

第 7 类的店是平效低于平均值、劳效高于标杆值的店。这类店在销售上有很大的提升空间。这类店平效达不到平均值的原因很可能是缺人，应当重点分析，及时补充人员。如果与缺人无关，则要找到影响平效的真正原因，提高销售额。

第 8 类的店是平效低于平均值、劳效低于标杆值但大于平均值的店。这类店在销售上有比较大的提升空间，但同时也要注意劳效。

第 9 类的店是平效低于平均值、劳效也低于平均值的店。这类店在提升销售额和减少人员方面都有比较大的改善空间。

J 公司这种以平效和劳效两个维度的标杆值和平均值划分 9 宫格，做门店分类与分析，是一种追求业绩快速增长、效率快速提升、公司快速发展的方法。处在平均值以下的门店大约占 50%，低于标杆值的门店大约占 75%，这些店都被归为存在改善空间，需要分析和思考改进方法，寻求改善的门店类别。

必要的目标和压力能够产生前进的动力。如果按照同样的逻辑，J 公司以平效和劳效两个维度的平均值和淘汰值划分 9 宫格做门店分类与分析，则追求增长、提升和发展的意味会少很多，门店感受到的压力会比较小。

第 8 章

用数据提升绩效管理效能

绩效管理是一种能够帮助公司提升业绩的管理工具。有效地实施绩效管理并不是一件容易的事。很多公司想实施绩效管理却又不知道该从哪里入手。本章介绍了华为公司和阿里巴巴公司的绩效管理操作方法，并总结了各类岗位常用的绩效指标，供读者参考。

8.1 案例：华为公司的绩效管理

华为公司前任CEO任正非曾花费重金引入IBM的企业管理模式供内部学习。其中，帮助华为贯穿经营管理和人力资源管理的一种非常重要的管理模式，就是IBM的绩效管理模式。华为在学习了IBM的绩效管理模式之后，结合自身的文化和经营特点，形成了自身特有的绩效管理模式。

8.1.1 绩效管理由来

华为建立和完善绩效管理体系的全过程受IBM管理咨询的影响比较深。IBM已经有超过100年的历史，在这100多年的时间里，IBM的发展虽然起起伏伏，但是在大方向上却一直保持健康向上的持续发展趋势，品牌和业绩比较稳定，一直保持着世界先进的管理模式。

国内很多公司虽然发展势头迅猛，业绩增长速度较快，但公司的历史却不长，创始人的个人能力对公司经营发展的影响太大。很多公司在经历第一代创始人向第二代继任者转变时，会出现很多管理问题。所以，国内公司需要学习借鉴国际上比较成功、发展时间比较久远的公司的管理理念。

IBM的绩效管理强调高绩效文化，但也不是一开始就如此。IBM的创始人托马斯·沃森（Thomas J.Watson）最早把IBM的企业文化定义为"尊重个人"。在路易斯·郭士纳（Louis V. Gerstner）接任总裁之后，为了改善IBM当时的经营问题，逐渐把IBM的企业文化与绩效管理联系在一起，提出"高绩效文化"的企业文化理念。

高绩效文化强调员工"力争取胜、快速执行和团队精神"。IBM鼓励员工追求卓越，期望激发员工的潜能，达到高绩效。在IBM，一谈起绩效，员工经常说的一句话就是"让业绩'说话'（performance says）"。

为了贯彻这种高绩效文化，IBM的绩效管理体系是以一种被称为"个人绩效承诺"（personal business commitments，PBC）的项目为中心来开展和运作的。PBC是由工作成功的结果、成功的措施以及整个团队达成的目标3个部分组成的。

IBM的PBC具体可以分成3个层面。

1. 结果目标承诺，也叫赢的承诺（win）

IBM 鼓励员工赢得市场中的领先地位，强调保持较高的销售目标和市场占有率。每名员工在做绩效承诺时，必须要保持必赢的心态，发挥团队的优势，把能够通过个人的努力和团队的协作达到的结果层面的承诺列清楚。

2. 执行措施承诺（execute）

IBM 永远强调执行，认为只有承诺、目标和计划是远远不够的，更重要的是要坚决地执行。对计划执行的过程反映了员工的能力和素质水平，是员工自我管理和自我挑战的过程。通过执行，IBM 的业务流程也得到了进一步的强化。

3. 团队合作承诺（team）

团队协作让 IBM 内部能够相互沟通、共同进步，共同完成工作中的任务目标。IBM 矩阵式的组织管理模式就是为了更好地完成项目任务和团队协作而出现的。通过项目，将多个部门的人才资源整合到同一个项目组，充分发挥项目组的优势，充分利用资源。在项目中遇到困难，成员之间也可以相互帮助。IBM 的高绩效文化直接落实到了绩效管理的层面。IBM 的绩效管理做法又影响着高绩效文化。企业文化和绩效管理相互支持，相互推动。在这种背景之下，最终让绩效管理得以有效地推行和实施。

参考 IBM 的绩效管理理念，华为绩效管理层级关系的逻辑如图 8-1 所示。

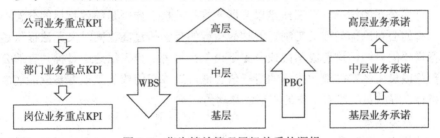

图 8-1　华为绩效管理层级关系的逻辑

华为绩效管理自上而下采取的是工作分解结构（work breakdown structure，WBS），将高层的目标分解到各级中层管理者分管的不同部门、不同团队中，再由中层管理者继续分解到员工的日常工作中，形成支持公司目标达成的各层级必须要有的工作目标和方向。

员工要支持中层管理者的目标，中层管理者要支持高层管理者的目标。华为参照 IBM 的 PBC，由各层级员工和上级管理者根据 WBS 的情况共同制定员工个人的 PBC。

华为各层级绩效评价的方式和周期如图 8-2 所示。

华为在进行绩效评价时，对不同层

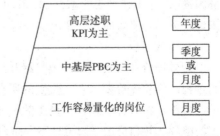

图 8-2　华为各层级绩效评价的方式和周期

级、不同岗位进行绩效评价的方式和周期是不同的。对高层管理者的绩效评价以述职为主，绩效评价的周期一般以年度为单位；对中层管理者和员工的绩效评价以 PBC 为主，绩效评价的周期一般以月度或季度为单位；对工作容易量化的岗位，绩效评价的周期以月度为主。

8.1.2 绩效管理程序

在绩效管理程序方面，华为采取了 4 步走的方式，分别是一开始的绩效目标制定，管理者对员工的绩效辅导，各岗位的绩效评价，员工绩效结果反馈，如图 8-3 所示。

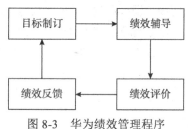

图 8-3 华为绩效管理程序

1. 目标制定

绩效目标的制定和分解是绩效管理的第一步，是根据公司的战略目标，将公司目标分解到部门，形成部门的目标和指标，再由部门分解到个人，形成个人的目标和指标。绩效指标分解是进行下一步绩效计划制订最关键、最核心的步骤，对绩效管理的成功实施具有极为重要的意义。

许多公司的绩效管理工作难以开展和推行的核心原因是绩效指标的分解不合理。有的公司给部门或员工制定的绩效指标的目标值过高，同时又无法提供达成目标需要的资源，这造成部门或员工不论怎么努力，也无法达成目标。有的公司给部门或员工制定的绩效指标的目标值过低，造成部门或员工很容易就能达成绩效指标，导致员工没有工作的积极性和动力。

2. 绩效辅导

结果来源于过程，绩效辅导是上级辅导下级共同达成计划和目标的最重要的过程，它可以帮助管理者判断员工行为上、目标上是否有与原计划偏离的情况。如果没有辅导和沟通，就不是绩效管理，绩效辅导是绩效管理的真正核心。

绩效管理中最常犯的错误是当绩效出现问题时，管理者首先从个人因素追究根由。通过绩效辅导过程中的诊断，管理者要明确员工的绩效问题到底是出在外部因素，还是出在员工的态度、知识、技能方面。管理者可以通过与员工共同研讨，来确定员工的绩效问题究竟出现在哪方面。

3. 绩效评价

绩效评价是公司根据绩效目标和绩效计划，对一段时间的绩效结果进行评价的过程。绩效评价要综合收集到的所有与考核相关的信息，结合对关键事件的记录，公正、相对客观地评价员工的绩效结果。管理者应根据绩效评价结果诊断员工的绩效，并和员工一起拟订下一阶段的绩效目标和计划。

绩效评价不是简单地给出评价结果。绩效评价是围绕业务进步、绩效提高等方面展开的，应将绩效评价视为一个管理过程，而不是单纯地追求评价结果本身。管理者在进行绩效评价时，不仅要看员工的目标是否达成，更要学会有技巧地告诉员工他的差距所在。毕竟，员工能力的成长是更加长期的收益，而绩效评价结果只是短暂的情况。

4. 绩效反馈

绩效反馈是管理者和员工围绕业务的进步、绩效的提高而展开的沟通反馈的过程。公司应将绩效结果反馈视作一项重要的管理过程，而不是单纯地追求反馈结果本身。许多公司绩效管理不成功的原因就是忽略了绩效反馈。

员工绩效评价结果出来后，有的管理者不愿意面对员工，不愿意与员工讨论他的态度和能力究竟存在哪些问题。这样做容易造成员工的迷茫和失落，不利于员工绩效的改善。

只有有效地应用绩效管理的评价结果才能真正发挥绩效管理的作用，从而帮助组织做出正确的决策，提高管理水平，提升员工素质，使组织和员工共同发展。如果绩效评价结果得不到有效利用，奖惩决策将无法做到公平、公正，奖惩措施对员工不具有说服力，势必会削减员工的士气，打击员工的积极性，降低工作效率。

8.1.3　个人绩效承诺

个人绩效承诺（PBC）指的是员工对绩效达成的个人承诺。个人绩效承诺反映了团队、结果与执行之间的紧密联系，体现了一种价值观和组织文化，强调了组织成员共同参与组织目标实现过程中承诺的重要性，也体现了绩效管理的核心思想。

PBC 是以一张表格体现出来的，但是它并不是一张考核表，它有自己的精神内涵。它的内涵主要体现在 3 个方面，分别是结果、执行和团队。这 3 个方面之间存在严密的逻辑关系。另外，PBC 本身就能够体现公司的价值观和企业文化。PBC 更强调承诺和参与的重要性，真正体现出了绩效管理的核心。

在 IBM，不论是高层管理者，还是基层员工，都在使用 PBC。华为实施绩效管理时，也学习 IBM 引入了 PBC，强调管理而不是考核，强调上下级之间的双向沟通而不是单向命令。

PBC 样表如表 8-1 所示。其中，"结果目标承诺"指的是在考核期内员工承诺本人能达到的绩效结果的目标，是员工准备"做什么"，准备"做到什么程度"。该项一般应有具体的衡量指标，说明程度以及何时完成。

制定"结果目标承诺"后，需要做以下检验。

（1）目标是否是结果导向的？

（2）目标是否是明确具体的？

（3）结果是否可以被衡量？

（4）是否包含时间因素？

（5）预定时间是否与企业、部门、团队目标达成一致？

（6）目标是否反映了需要完成的关键结果？

（7）目标是否伴随合适的难度水平？

（8）目标是否与员工的岗位和能力等级相匹配？

（9）所有员工的目标汇总后是否与组织目标吻合？

（10）目标是否反映了企业的价值观？

表 8-1　PBC 样表

姓名		工号		部门		职位	
考核期			年　　月　　日—		年　　月　　日		
岗位应有的 KPI							
计划栏：个人承诺	在考核期内，我郑重承诺						
	结果目标承诺						
	执行措施承诺						
	团队合作承诺						
					签字：日期：		
结果栏：个人承诺结果评估	结果目标完成情况						
	执行措施完成情况						
	团队合作完成情况						
					评估人签字：评估日期：		

"执行措施承诺"指的是为了达成结果目标承诺，员工准备执行哪些具体的措施或行动，是员工准备"如何做"。该项不一定需要有明确的衡量指标，可以是一种对过程的描述。进行评价时，主要看员工是否按照规范要求做。

制订 PBC 的主要目的是让上下级之间能够就目标达成的关键措施互相沟通、认真分析，充分考虑外部障碍和风险。因此，PBC 中的"执行措施承诺"并不需要将每一个目标都罗列出来，而是主要针对比较重要的、有难度的结果目标。

另外，"执行措施承诺"并不完全是具体的行动计划，而是实施行动计划的浓缩或者关键措施。那么，为了更好地实现目标，尤其是那些比较复杂的目标，有时候还需要一个更加详细、具体的绩效行动方案，那就是"个人绩效行动计划"，如表 8-2 所示。

表 8-2　个人绩效行动计划

序号	对应目标	行动步骤	所需资源	完成时间	监督人	监督时间	备注

"团队合作承诺"指的是为了保证部门或团队能够实现目标，员工在团队中协作、沟通、交流、参与、配合等方面的承诺，是员工准备"与谁做"。该项主要起一种导向和引导的作用，强调配合为主，不需要有非常明确的衡量指标。

8.1.4　绩效评价标准

华为刚开始运用 PBC 为不同岗位设计绩效目标和任务时，几乎完全采用了 IBM 关于 PBC 的方法论和评价方式。

比如，华为某工程师岗位的 PBC 模板如表 8-3 所示。

表 8-3　华为某工程师岗位的 PBC 模板

1 级分类		2 级分类		3 级分类				评价结果
项目	占比	项目	占比	项目				
结果目标承诺（win）	70%	工作计划完成率	40%	工作任务	工作计划	计划完成时间	实际完成时间	
		出现严重问题数	15%	负责工作出现严重问题的数量				
		问题解决率	15%	问题类型		计划问题解决率	实际问题解决率	
执行措施承诺（execute）	20%	流程遵从程度	7%	违规次数				
		规范符合程度	6%	违反次数				
		文档质量	7%	不符合点				
团队合作承诺（team）	10%	工作满意度	5%	得分情况				
		共享模块贡献度	5%	计划完成		实际完成		

从表 8-3 中能够看出，该岗位的 PBC 分成 3 个部分，分别是结果目标承诺、执行措施承诺和团队合作承诺。这 3 个部分又可以拆分成工作计划完成率、出现严重问题数、问题解决率、流程遵从程度、规范符合程度、文档质量、工作满意度、共享模块贡献度 8 个部分。根据重要程度，每个部分有不同的占比。根据侧重不同，每个部分有不同的评价标准，具体的评价依据如下。

（1）工作计划完成率是用来评估工作计划完成情况的，是评价的重要指标，其计算公式如下。

工作计划完成率 = 已经完成的计划量 ÷ 预计完成的计划量 ×100%

工作计划完成率的评价标准如表 8-4 所示。

表 8-4　工作计划完成率的评价标准

A	B	C	D
$X \geqslant 100\%$	$90\% \leqslant X < 100\%$	$85\% \leqslant X < 90\%$	$X < 85\%$

（2）出现严重问题数是用来评估员工主动发现问题、分析问题和解决问题的能力的。当员工主动发现问题，能够在开发阶段和验证阶段解决问题时，在产品的发布阶段才不会出现比较严重的问题。

出现严重问题数的评价标准如表 8-5 所示。

表 8-5　出现严重问题数的评价标准

A	B	C	D
开发阶段：1 验证阶段：0 发布阶段：0	开发阶段：2 验证阶段：1 发布阶段：0	开发阶段：3 验证阶段：2 发布阶段：0	开发阶段：> 3 验证阶段：> 2 发布阶段：≥ 1

（3）问题解决率。问题可以预测，员工有能力解决预期问题，把看到的、想到的问题都解决后，才可能在产品发布阶段不出现比较严重的问题。评估问题解决率，一方面是为了减少出现严重问题的概率，提高产品质量，另一方面是为了培养员工主动解决问题的能力。问题解决率的计算公式如下。

问题解决率 = 实际解决的问题数 ÷ 计划解决的问题数 ×100%

问题解决率的评价标准如表 8-6 所示。

表 8-6　问题解决率的评价标准

A	B	C	D
$X=100\%$	$90\% \leqslant X < 100\%$	$80\% \leqslant X < 90\%$	$X < 80\%$

（4）流程遵从程度。华为强调执行力，强调员工要遵从流程做事，对违规的情况，会给予扣分处理。

流程遵从程度的评价标准如表 8-7 所示。

表 8-7　流程遵从程度的评价标准（违规的次数）

A	B	C	D
$X=0$	$X=1$	$X=2$	$X > 2$

（5）规范符合程度包括国家法规、公司规范、部门规范和工作规范等一切规范。优秀的员工不仅要遵守规范，还要帮助公司制定规范。

规范符合程度的评价标准如表 8-8 所示。

表 8-8　规范符合程度的评价标准

A	B	C	D
完全符合，且参与规范建设	完全符合	违反 1 次	违反次数超过 1 次

（6）文档质量。评估文档质量，主要看员工相关文档与要求的不符合点数。只要存在不符合点，就有可能造成比较严重的问题，所以要把文档质量中的不符合点数控制在尽可能低的水平。

文档质量的评价标准如表 8-9 所示。

表 8-9　文档质量的评价标准（不符合点数）

A	B	C	D
$X=1$	$X=2$	$X=3$	$X>3$

（7）工作满意度。这里的工作满意度指的是项目经理对员工的满意度，由项目经理打分。

工作满意度的评价标准如表 8-10 所示。

表 8-10　工作满意度的评价标准

A	B	C	D
100%	$85\% \leqslant X < 100\%$	$70\% \leqslant X < 85\%$	$X < 70\%$

（8）共享模块贡献度。对共享模块的贡献程度体现了员工对团队的贡献，这项指标主要以贡献次数来评价。

共享模块贡献度的评价标准如表 8-11 所示。

表 8-11　共享模块贡献度的评价标准（贡献次数）

A	B	C	D
3	2	1	0

对员工的 PBC 评价，要描述员工的关键事件，形成 PBC 关键事件记录，如表 8-12 所示。

表 8-12　员工 PBC 关键事件记录

编号	关键事件具体描述	对组织的具体贡献	能够说明的评价项目
1			
2			
3			

8.1.5 绩效承诺发展

随着PBC在华为的应用和发展，华为根据自身的实际情况，在PBC方法论原理的基础上，做出了一定的改变，把PBC当中的结果目标承诺、执行措施承诺、团队合作承诺改成了业务目标（business goals）、员工管理目标（management goals，为管理者专有）和个人发展目标（development goals）。

所以华为后来的绩效管理方法中的PBC与IBM原本的PBC的含义是不同的。华为新的PBC对业务目标、员工管理目标和个人发展目标的定义如下。

1. 业务目标

业务目标指的是符合公司战略和部门策略的各类目标，一般指的是关键绩效指标和关键工作任务。业务目标是为了实现公司的战略而设置的，可以通过对战略目标的层层分解获得。业务目标的设置数量一般为5～10个。

2. 员工管理目标

员工管理目标是针对管理者设计的目标，它是用来反映管理者能够有效管理团队，并能够帮助下属员工脱颖而出的目标。设置员工管理目标的目的是强化团队建设，促进员工成长。员工管理目标的设置数量一般为2～4个。

3. 个人发展目标

个人发展目标主要是指员工实现个人职业发展计划和能力发展计划的目标，它是帮助员工实现业务目标或管理目标的一种方式，是引导员工不断提高个人能力的一种方法。个人发展目标的设置数量一般为2～4个。

实施调整之后，华为新的PBC样表如表8-13所示。

表8-13 华为新的PBC样表

姓名		直属上级			
当前岗位		职等职级			
所在部门		填表日期			
业务目标（business goals）					
序号	关键绩效指标／关键任务	目标值	衡量标准	数据来源	权重	得分
1						
2						
3						
4						
5						
业务目标得分						

员工管理目标（management goals）					
序号	目标设定	衡量标准	数据来源	权重	得分
1					
2					
3					
员工管理目标得分					
个人发展目标（development goals）					
序号	目标设定	衡量标准	数据来源	权重	得分
1					
2					
3					
个人发展目标得分					
个人绩效承诺总得分					

8.2 案例：阿里巴巴公司的绩效管理

2016年3月9日，阿里巴巴西溪园区报告厅内，800余名入职一年以内的新员工参加了一堂名为"百阿（百年阿里）必修课"的公开大课，另外有1 500余名新员工通过阿里巴巴的内网学习平台在线听课。

以下为会议节选内容。

我们这家公司走的路线也很独特。阿里巴巴诞生在中国，但阿里巴巴不仅仅是一家中国的公司。人家问阿里巴巴是哪个国家的公司，我回答，我们的股东来自世界各地。我跟大家讲，阿里巴巴虽然诞生在中国，但它是全球化的公司。

阿里巴巴的KPI（关键绩效指标）考核是很令人讨厌的。每个人都恨KPI，但如果没有KPI、没有结果导向、没有效率意识、没有组织意识、没有管理意识，那么所有的理想都是空话，我们就会变成一个胡说八道的梦想者。

每个人都愿意停留在理想中，但没有约束就是空想。天下没有完美的组织。为什么？很简单：想要走得快，那就一个人走；想要走得远，那就一群人一起走。要一群人一起走，就一定要有组织。

8.2.1 绩效管理的特点

阿里巴巴绩效管理体系的基本理念和框架借鉴自通用电器公司（General

Electric Company）。2001 年，在国际企业管理领域有 25 年经验，在美国通用电气公司工作达 15 年的关明生加盟阿里巴巴，帮助阿里巴巴打造了一套与国际接轨的绩效管理体系，奠定了阿里巴巴绩效管理的基础。

在这个基础上，阿里巴巴根据自己的风格，形成了自身的特点，阿里巴巴自身的特点如下。

1. 坚持高绩效文化

为了实现企业快速发展，阿里巴巴的绩效目标普遍是比较高的，员工要达成绩效目标比较困难。要让企业使命和商业现实相结合，阿里巴巴需要快速发展壮大，需要迅速形成影响力，以构建理想的商业模式。要实现企业理想，需要更高的追求和更远大的目标。

2. 引入价值观考核

阿里巴巴采取价值观和业绩并重的双轨制绩效考核体系。价值观决定了公司的初心，决定了公司未来如何延续统一的行事风格。阿里巴巴坚信价值观的力量，把企业价值观纳入绩效考核的范围，对价值观的考核和对业绩的考核同等重要（各占 50% 左右），通过绩效考核让价值观得到落地和延续。

3. 东西方管理智慧合璧

阿里巴巴把东方智慧和西方管理理念相结合：该强硬的地方强硬，比如绩效考核的强制排序；该温柔的地方温柔，比如给员工提供更多的工作权限和资源支持。同时为了强调人的成长与发展，阿里巴巴引入了政委体系，在绩效管理的过程中，不仅重视达成业绩目标，更持续关注员工能力的发展。

4. 强调管理者的作用

阿里巴巴的绩效管理特别强调管理者在整个绩效管理过程中的作用，强调上级对下级的评价，而不是让 HR 对员工评价。这其实是对绩效管理追根溯源的正确认识和正确做法，可如今很多公司把绩效管理丢给了人力资源部，变成了由 HR 评价员工，这也正是这些公司绩效管理推行不下去的原因之一。

5. 全员相互评价

很多公司对员工的评价只来源于团队管理者一个人，可是有时候员工的实际工作状态是多维度的。一个人对员工的评价往往是不完整、不客观的，所以员工之间的互评就显得非常必要。对员工的评价不应该只有直属上级打分，其他人也可以给员工打分。上级对员工的评价是随时记录的，甚至会记录下具体事件，即便换主管，也能够看到对员工之前的评价。

阿里巴巴对业绩的绩效考核模式是 KPI 模式。阿里巴巴一直认为绝大部分工作是可以量化的，每个员工都应当有自己的 KPI，每个团队也应当有自己的 KPI。KPI 会变成团队共同奋斗的目标和资源调配的指导。

对于阿里巴巴的绩效管理，也有一些不同的声音。有人认为把价值观和业绩相结合的绩效考核方式，对于创业初期进入公司的老员工来说是有效的，但是随着阿里巴巴的极速扩张，对那些表面上认同阿里巴巴文化但骨子里却不以为然的员工，可能并不适用。

另外，对于绩效管理，有的员工也有一些不同的看法。阿里巴巴希望员工为企业的使命、愿景、价值观和梦想去奋斗，而不是完全为了完成KPI任务而努力，更不应该是为了奖金而努力，但有的员工却不这样想。

有一位阿里巴巴的前员工曾写过一篇题为"KPI心理学"的文章，文章指出了阿里巴巴KPI的弊病，文章内容如下。

阿里巴巴集团大部分的员工，每季或每半年都要接受一次的KPI考核，看看他绩效如何。关于用KPI来考核，许多员工其实都有一些负面的看法，而管理层也知道采用KPI有时候会有负面效果，但在没有更好的方法之前，我们还是仰赖KPI。

我已经到阿里巴巴的支付宝上班一年多了，对于KPI，我有4阶段的心理变化，值得描述一下。

刚进公司时，我对KPI的重视程度是70%。大多数的时间，我做的事都是KPI设定的任务，有些事情，虽然不是KPI关注的任务，但只要对公司有利，我依然会去做。这是第一阶段。

后来，我对KPI的重视程度降低到30%。大多数的时间，我做的事都是对公司有益处的事，至于是不是KPI的重点我就比较不在乎了。这是第二阶段，也是对公司最好的阶段。

接着，我发现做正确的事会导致自己的KPI不好，无法升迁，于是我开始变成100% KPI导向。只要不是KPI的内容，我就不愿意做。这是第三阶段。公司把一个员工逼到这个阶段，是很可悲的，对公司也是一种伤害。

第三个阶段不会持续太久，就会立刻进入第四个阶段：对KPI重视程度为0%。这表示对于自己在这家公司的前途已经不在乎，准备开始另找工作了。我现在正在第四阶段，至于会不会有第五阶段，我就不知道了。

8.2.2　绩效管理的原则

阿里巴巴的绩效管理期望让企业文化这个根能够扎得更深，让业务这个苗能够长得更好，让员工这个本能得到发展，最终通过业务、文化、员工去实现阿里巴巴的使命、愿景和价值观。

阿里巴巴的绩效管理采取的是SMARTER原则，是在目标管理的SMART原则基础上进行的调整和延伸。

（1）具体的（specific）：具体列明需要达到的关键结果。

（2）可衡量的（measurable）：关键指标必须是可衡量的。如果确实不适用量化衡量的方法，则应可以通过观察对相关行为进行判断。

（3）可实现的（achievable）：目标应具有一定的挑战性，同时员工也能有机会控制目标的达成。

（4）具相关性的（relevant）：目标应与企业战略、经营目标、部门职责等相关联。

（5）有时限的（timely）：必须明确指出要求目标完成的时限。

（6）可执行的（executive）：目标可以通过完成某些任务反映出来。

（7）有结果的（result）：能够通过某种方法考核出最后的结果。

阿里巴巴的绩效评价方式可分成两种，都和职级有关：对于 M3 或 P8 级别及以下的员工，实行通关制，也就是季度考核、年度总分将依据员工 4 个季度的平均分和价值观改进趋势，得到通关结果；对 M4 或 P9 级别及以上的员工，不执行通关制，而采用述职制为主要评价方式，直接打总分。

阿里巴巴职级与绩效考评方式的对应关系如表 8-14 所示。

表 8-14　阿里巴巴职级与绩效考评方式的对应关系

级别	级别	职级名称
P1、P2	—	通关制
P3	—	
P4	—	
P5	—	
P6	M1	
P7	M2	
P8	M3	
P9	M4	述职制
P10	M5	
P11	M6	
P12	M7	
P13	M8	
P14	M9	

8.2.3　价值观评分

在阿里巴巴，价值观是决定一切的准绳，如何招聘人，如何培养人，如何考核人，都坚决彻底地遵照这个准绳。阿里巴巴的价值观有 6 项，阿里人给这 6 项价值观取了一个武侠世界般的独特名字——六脉神剑。

从 2005 年到 2019 年，阿里巴巴的 6 项价值观一直是：客户第一、团队合作、拥抱变化、诚信、激情、敬业。其中，最重要的价值观是"客户第一"，点明了阿里巴巴的方向；"团队合作""拥抱变化"是企业层面做事的原则，"诚信""激情""敬业"是员工个人层面做人的原则。

到 2019 年 9 月 10 日，阿里巴巴在成立 20 周年之际，公布了新的 6 项价值观，被称为"新六脉神剑"。这 6 项新的价值观分别如下。

（1）客户第一，员工第二，股东第三。

（2）因为信任，所以简单。

（3）唯一不变的是变化。

（4）今天最好的表现是明天最低的要求。

（5）此时此刻，非我莫属。

（6）认真生活，快乐工作。

阿里巴巴价值观的评分方式分成自评和他评，先由员工自评，然后由员工的上级评分，之后与人力资源部一起对分歧进行沟通，并对没有做好的地方进行分析。沟通的环节在价值观考核的过程中尤为重要。

阿里巴巴价值观最终的评价结果分成 A、B、C 3 类。A 类代表员工能够和团队融为一体，能够成为杰出的榜样，受到广泛的好评，属于标杆型人才；B 类代表员工符合阿里巴巴价值观的要求，是一个合格的"阿里人"；C 类代表员工缺乏基本的素质和要求，不符合阿里巴巴价值观，根据程度不同，需要改进甚至离开。

阿里巴巴的管理者对员工价值观的评分一般可以分成 6 步。

（1）功夫用在平常，管理者在日常工作中要关注细节，对员工细小的行为，注意观察和记录。当观察到员工某一种行为时，判断该行为属于哪一种价值观在哪个级别的表现。如果对员工某个行为的判断有困惑，可以在了解清楚行为背景的情况下，找再上一级的管理者或者 HR 讨论。

（2）在对价值观评分的时候，要将行为拆分成 6 项价值观中的某一项，并针对该项查找等级得分。

（3）针对每一条价值观，比较不同员工的评分，并查看评分结果的合理性。

（4）当 6 条价值观全部完成评分后，再次比较不同的员工的评分，查看评分结果的合理性。

（5）准备和员工沟通，在沟通之前，提前准备沟通过程中可能会遇到的问题，如果和员工沟通比较困难，可以找再上一级的管理者或者 HR 讨论。

（6）与员工对话，实施反馈，注意过程中要坚定立场。提供客观明确的信息，包括时间、地点、事件、评论。要表明自己的态度，并允许员工反驳并听取其意见。

8.2.4 绩效管理的要求

阿里巴巴的绩效管理对团队管理者有一定的要求。阿里巴巴有一句土话，叫"团队 leader（负责人）要既当爹，又当妈；要上得厅堂，下得厨房"。"当爹"指的是要做好业务，"当妈"指的是要带好团队；"上得厅堂"指的是要关注长期利益，"下得厨房"指的是要抓住短期利益，如图 8-4 所示。

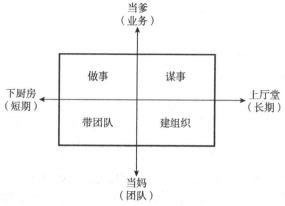

图 8-4　阿里巴巴的绩效管理对团队管理者的要求

很多企业在创业初期，管理者"当爹"（做好业务）的能力比较强，非常关注个人业务成绩的提升，重视绩效结果；"下厨房"（抓住短期利益）的能力也比较强，对领导提出的指令有很强的执行力，有时候加班加点、任劳任怨。

可是随着企业的发展，对管理者"当妈"（带好团队）的能力和"上厅堂"（关注长期利益）的能力要求越来越高。

"上厅堂"在"当爹"的部分是"谋事"，在阿里巴巴内部，也被叫作"画图"，就是说管理者要具备战略规划的能力，能规划出团队的"作战"策略和计划；"上厅堂"在"当妈"的部分是"建组织"，即团队规模变大了，已经不是当初几个人的小团队，想形成一个长期发展的组织，要搭班子，分层级，做到分工明确、流程清晰，要培养出一批会带团队的人，否则企业发展必然会遇到瓶颈。

作为阿里巴巴的团队管理者，在绩效管理过程中必须要做的工作包括以下内容。

（1）定目标：团队管理者要为团队明确目标和方向，通过共同的目标凝心聚气，增强团队凝聚力。

（2）要结果：对待下属不软弱，一切以结果"说话"，以企业大局为重，不纵容庸才，不养闲人。

（3）管过程：注重绩效过程管控，外部状况出现变化时及时调整目标，团队成员出现问题时及时纠偏。

（4）有氛围：明确团队内部规则，打造专属的团队氛围，增强团队士气，奖优罚劣。

当管理者能够做好业务、带好团队、关注长期利益、抓住短期利益的时候，企业就会呈现出上层管理者不断强调企业的顶层目标，中基层管理者承接顶层目标、设置 KPI 目标，并不断调整变化，员工关注自己的目标并做好执行的局面。

所以，做好阿里巴巴绩效管理的前提是团队管理者需要具备一定的素质和能力，其中包括要具备"既当爹，又当妈，上得厅堂，下得厨房"的能力。当管理者把这 4 个角色平衡好的时候，才能真正把绩效管理工作做好，让企业保持活力。

8.2.5　绩效结果分类

阿里巴巴对员工绩效结果的分类采取的是强制排序法和强制分布法的结合。

强制排序法又叫强制排列法，是一种生活中比较常见的、简单易行的辅助性综合绩效评价方法。这种方法通常是上级或者评价人对下级或者被评价人工作表现的优劣顺序，从第一名到最后一名进行的强制排序。

强制分布法也叫强迫分配法或硬性分布法。与强制排序的方式不同，这种方法是对被评价人进行分类。人为地设置出几个分类，把被评价人按照不同的绩效、行为、态度、能力等标准归到不同的类别。

通用电气公司的"活力曲线"，就将所有员工分成 3 类。活力曲线中员工类别和比例如表 8-15 所示。

表 8-15　活力曲线中员工类别和比例分布

分类	A 类	B 类	C 类
占比	20%	70%	10%

阿里巴巴同样采用"活力曲线"的方式对员工进行强制分类。阿里巴巴内部有个"林子与鸟"的理论，意思是林子大了，什么鸟都有。阿里巴巴认为人和人之间是有差异的，希望通过这种差异，对人才进行区分，分出优劣。同时通过这种方式，激励员工进步，帮助员工达到更高的目标。

刚开始推行时，对于 10 人以上的团队，阿里巴巴采取的是 20% 最好、70% 合格和 10% 较差的排布比例，后来逐渐演变成 30% 最好、60% 合格和 10% 较差的排布比例。不论是"271"还是"361"，强制排序和强制分布的内核原理没有变化。

这种绩效考核原理在很多其他企业中也在应用，同时也广受争议。有人说，如果员工的业绩和能力事实上并不符合企业预想的分布规律，比如有的部门 80% 的员工的绩效和能力都非常优秀，那么采用这种方法将会遭到员工的排斥，同时，评价的客观性和准确度也会大打折扣。

阿里巴巴的绩效得分排布分成 6 档，如表 8-16 所示。

表 8-16　阿里巴巴绩效得分排布

分数	代表含义	所占比例
3	不合格	10%
3.25	需要提高	
3.5	符合预期	60%
3.75	部分超过预期	
4	持续一贯超过预期	30%
5	杰出	

因为设置了高绩效目标，在阿里巴巴取得高绩效得分的难度是比较大的。在阿里巴巴，有句话叫"没有拿过3.25的人生是不完整的"。这句话其实是一句略带玩笑和鼓励的话，意思是在阿里巴巴，绩效评价标准很高，拿到3.25分是正常的，要坦然接受，敢于面对。

要拿到3.75分，意味着员工要付出比常人更多的努力，而且要取得一定成果；要拿到4分，意味着员工不仅要付出努力，取得成果，还要突破常规，有一定的创造性；要拿到5分，在努力和创新的同时，员工还要对企业、对社会有比较积极和长远的贡献。在阿里巴巴，几乎没有人能拿到5分。

8.3　常见岗位的量化绩效指标

本节主要介绍公司中常见岗位的量化绩效指标。读者朋友们在阅读和应用本节内容时须注意，由于行业不同、规模不同、时期不同，企业对不同部门、不同岗位设置的量化绩效指标应当有所不同。

比如，运营类岗位或客服类岗位，在传统零售业、互联网行业和生产制造业3类行业中的岗位名称可能相同，但是岗位的工作内容和职责却可能完全不同，3个行业中对应的量化绩效指标更是截然不同。

由于行业类型繁杂，本书内容有限，无法在书中做到全行业、全岗位指标全收录。为便于不同行业读者查找，本节内容按照岗位类别划分，列出同一岗位职能类别下，常见行业中常用到的量化绩效指标。

本节所提供的量化绩效指标仅作为启发思路的参考，建议在实际应用时不要照搬硬套。

8.3.1　总经理岗位量化绩效指标库

总经理是企业日常经营管理中的最高管理职位，主要职责包括制订和实施企业总体战略与年度经营计划；建立健全企业的管理体系与组织结构；主持企业的日常经营管理工作，实现企业经营管理目标和发展目标等。

总经理岗位的量化绩效指标设置应当主要包含企业经营管理的最终结果，可以参考表8-17。

表 8-17　总经理岗位量化绩效指标参照

绩效指标	指标定义	参考指标来源
主营业务收入完成率	（考核期内的实际业务收入 ÷ 考核期内的目标业务收入）×100%	财务部
主营业务增长率	（考核期末的主营业务收入 ÷ 前一考核期末的主营业务收入 -1）×100%	财务部

绩效指标	指标定义	参考指标来源
利润总额完成率	（考核期内的实际利润÷考核期内的目标利润）×100%	财务部
利润增长率	（考核期末的利润总额÷前一考核期末的利润总额−1）×100%	财务部
净资产收益率	（考核期末的净利润总额÷净资产）×100%	财务部
年度战略计划完成率	（考核期内年度战略计划实际完成项目数量÷年度战略计划应完成项目数量）×100%	总经办
融资计划完成率	（考核期内实际完成融资额÷考核期内融资目标额）×100%	财务部
市场占有率	（考核期内销售额÷考核期内整个行业销售总额）×100%	第三方权威机构
品牌市场价值增长率	（考核期末的品牌价值÷前一考核期末的品牌价值−1）×100%	第三方权威机构
顾客满意度	（考核期内对企业满意的顾客数量÷考核期内全部被调查顾客的数量）×100%	第三方权威机构

8.3.2　高管岗位量化绩效指标库

高管岗位包括常务副总经理、分管业务的副总经理、总经理助理等。

高管类岗位的主要职责包括协助总经理制订并实施企业战略、经营计划等政策方略，实现企业的经营管理目标及发展目标等。

高管岗位的量化绩效指标可以参考表8-18。

表 8-18　高管岗位量化绩效指标参照

绩效指标	指标定义	参考指标来源
主营业务收入完成率	（考核期内的实际业务收入÷考核期内的目标业务收入）×100%	财务部
主营业务增长率	（考核期末的主营业务收入÷前一考核期末的主营业务收入−1）×100%	财务部
利润总额完成率	（考核期内的实际利润÷考核期内的目标利润）×100%	财务部
利润增长率	（考核期末的利润总额÷前一考核期末的利润总额−1）×100%	财务部
净资产收益率	（考核期末的净利润总额÷净资产）×100%	财务部
总资产周转率	（考核期内销售收入÷考核期末总资产）×100%	财务部
成本费用利润率	（考核期末利润总额÷考核期内成本费用总额）×100%	财务部
年度战略计划完成率	（考核期内年度战略计划实际完成项目数量÷年度战略计划应完成项目数量）×100%	总经办
新业务拓展完成率	（考核期内实际完成新业务量÷考核期内目标新业务量）×100%	财务部

绩效指标	指标定义	参考指标来源
融资计划完成率	（考核期内实际完成融资额 ÷ 考核期内融资目标额）×100%	财务部
市场占有率	（考核期内销售额 ÷ 考核期内整个行业销售总额）×100%	第三方权威机构
品牌市场价值增长率	（考核期末的品牌价值 ÷ 前一考核期末的品牌价值-1）×100%	第三方权威机构
顾客满意度	（考核期内对企业满意的顾客数量 ÷ 考核期内全部被调查顾客的数量）×100%	第三方权威机构
顾客投诉率	（考核期内的顾客投诉次数 ÷ 考核期内的交易笔数）×100%	客户服务部
培训计划完成率	（考核期内实际完成培训的数量 ÷ 培训计划中的培训数量）×100%	人力资源部
核心员工流失率	[考核期内离职的核心员工数量 ÷（考核期内离职的核心员工数量＋考核期末仍在职的核心员工数量）]×100%	人力资源部
员工流失率	[考核期内离职的员工数量 ÷（考核期内离职的员工数量＋考核期末仍在职的员工数量）]×100%	人力资源部

8.3.3　产品销售类岗位量化绩效指标库

产品销售类岗位主要包括销售总监、销售经理、销售专员、销售代表、业务员等。

产品销售类岗位的主要职责包括：制定并推进实施全面的销售战略、销售方案，有效地管理客户；建立、维护、扩大销售终端，完成分销目标、分销计划等。

产品销售类岗位的量化绩效指标可以参考表8-19。

表8-19　产品销售类岗位量化绩效指标参照

绩效指标	指标定义	参考指标来源
销售收入完成率	（考核期内的实际销售收入 ÷ 考核期内的目标销售收入）×100%	财务部
销售收入增长率	（考核期末的销售收入 ÷ 前一考核期末的销售收入 -1）×100%	财务部
毛利率完成率	（考核期内的实际毛利率 ÷ 考核期内的目标毛利率）×100%	财务部
销售费用率	（考核期内的销售费用 ÷ 考核期内的销售收入）×100%	财务部
货款回收率	（考核期内实际回收货款额 ÷ 考核期内应回收货款额）×100%	财务部
坏账率	（考核期内的坏账损失 ÷ 考核期内主营业务收入）×100%	财务部
新业务拓展完成率	（考核期内实际完成新业务量 ÷ 考核期内目标新业务量）×100%	财务部

绩效指标	指标定义	参考指标来源
新产品销售收入占比	（考核期内新产品销售收入÷考核期内总销售收入）×100%	财务部
新增客户数量完成率	（考核期内实际新增客户数量÷考核期内目标新增客户数量）×100%	营销部
销售合同履约率	（考核期内实际履约的销售合同数量÷考核期内签订的销售合同总数量）×100%	营销部
客户保留率	（考核期内继续合作的客户数量÷考核期开始前的客户数量）×100%	营销部
市场占有率	（考核期内销售额÷考核期内整个行业销售总额）×100%	第三方权威机构
顾客满意度	（考核期内对企业满意的顾客数量÷考核期内全部被调查顾客的数量）×100%	第三方权威机构
销售资料归档率	（考核期内实际归档的销售资料数量÷考核期内应归档的销售资料数量）×100%	档案室
培训计划完成率	（考核期内实际完成培训的数量÷培训计划中的培训数量）×100%	人力资源部
核心员工流失率	[考核期内离职的核心员工数量÷（考核期内离职的核心员工数量＋考核期末仍在职的核心员工数量）]×100%	人力资源部
员工流失率	[考核期内离职的员工数量÷（考核期内离职的员工数量＋考核期末仍在职的员工数量）]×100%	人力资源部

8.3.4 市场营销类岗位量化绩效指标库

市场营销类岗位按职级划分，可以分成营销总监、市场总监、营销经理、市场经理、营销专员、市场专员等；按照岗位类别划分，可以分成营销策划、市场拓展、品牌推广、产品促销、市场调研等。

市场营销类岗位的主要职责包括规划、制定并推进市场营销战略与策略，实现企业各项年度经营指标；组织制订市场规划、市场策略与产品拓展；制订、实施各项市场调研计划以及市场调研项目，为相关部门人员提供所需的市场信息支持；拟订并实施促销方案，监督实施各项促销活动，进行促销效果评估等。

市场营销类岗位的量化绩效指标可以参考表8-20。

表8-20 市场营销类岗位量化绩效指标参照

绩效指标	指标定义	参考指标来源
销售收入完成率	（考核期内的实际销售收入÷考核期内的目标销售收入）×100%	财务部
销售收入增长率	（考核期末的销售收入÷前一考核期末的销售收入－1）×100%	财务部

绩效指标	指标定义	参考指标来源
毛利率完成率	（考核期内的实际毛利率÷考核期内的目标毛利率）×100%	财务部
营销费用率	（考核期内的营销费用÷考核期内的销售收入）×100%	财务部
营销计划完成率	（考核期内实际完成营销计划项目数量÷考核期内营销计划应完成项目数量）×100%	营销部
市场推广计划完成率	（考核期内实际完成的市场推广计划项目数量÷考核期内市场推广计划应完成项目数量）×100%	营销部
客户保留率	（考核期内继续合作的客户数量÷考核期开始前的客户数量）×100%	营销部
市场占有率	（考核期内销售额÷考核期内整个行业销售总额）×100%	第三方权威机构
品牌市场价值增长率	（考核期末的品牌价值÷前一考核期末的品牌价值-1）×100%	第三方权威机构
顾客满意度	（考核期内对企业满意的顾客数量÷考核期内全部被调查顾客的数量）×100%	第三方权威机构
市场资料归档率	（考核期内实际归档的市场资料数量÷考核期内应归档的市场资料数量）×100%	档案室
培训计划完成率	（考核期内实际完成培训的数量÷培训计划中的培训数量）×100%	人力资源部
核心员工流失率	[考核期内离职的核心员工数量÷（考核期内离职的核心员工数量+考核期末仍在职的核心员工数量)]×100%	人力资源部
员工流失率	[考核期内离职的员工数量÷（考核期内离职的员工数量+考核期末仍在职的员工数量)]×100%	人力资源部

8.3.5 运营管理类岗位量化绩效指标库

运营管理类岗位按岗位等级划分，可以分成运营总监、运营经理、运营主管、运营专员等；按照岗位类别划分，可以分成产品运营、内容运营、用户运营、活动运营等。

运营管理类岗位的主要职责包括策划并推进企业的业务运营战略、流程与计划，组织协调企业各部门执行、实现企业的运营目标，负责日常经营行为及业务、财务等运营流程的相互衔接、执行、协调和监督等。

运营管理类岗位的量化绩效指标可以参考表8-21。

表 8-21　运营管理类岗位量化绩效指标参照

绩效指标	指标定义	参考指标来源
销售收入完成率	（考核期内的实际销售收入÷考核期内的目标销售收入）×100%	财务部
销售收入增长率	（考核期末的销售收入÷前一考核期末的销售收入-1）×100%	财务部
营运计划完成率	（考核期末实际完成的项目数量÷考核期计划完成的项目数量）×100%	人力资源部
运营成交率	（考核期内运营产生的销售收入÷考核期内总销售收入）×100%	财务部
运营客户增长比率	（考核期内运营工作产生的客户增长数量÷考核期内总客户增长数量）×100%	市场部
运营客单价	考核期内运营工作的成交金额÷成交人数	财务部
用户浏览量增长率	（考核期内用户浏览量÷上一考核期用户浏览量-1）×100%	信息部
客户停留时长增长率	（考核期内客户停留时长÷上一考核期停留时长-1）×100%	信息部
客户保留率	（考核期内继续合作的客户数量÷考核期开始前的客户数量）×100%	营销部
市场占有率	（考核期内销售额÷考核期内整个行业销售总额）×100%	第三方权威机构
顾客满意度	（考核期内对企业满意的顾客数量÷考核期内全部被调查顾客的数量）×100%	第三方权威机构
营运资料归档率	（考核期内实际归档的营运资料数量÷考核期内应归档的营运资料数量）×100%	档案室
培训计划完成率	（考核期内实际完成培训的数量÷培训计划中的培训数量）×100%	人力资源部
核心员工流失率	[考核期内离职的核心员工数量÷（考核期内离职的核心员工数量+考核期末仍在职的核心员工数量）]×100%	人力资源部
员工流失率	[考核期内离职的员工数量÷（考核期内离职的员工数量+考核期末仍在职的员工数量）]×100%	人力资源部

8.3.6　技术研发类岗位量化绩效指标库

技术研发类岗位一般包括技术总监、技术工程师、研发工程师、技术助理、研发助理等。

技术研发类岗位的主要职责包括主持企业研发与技术管理工作，规划企业的技术发展路线与新产品开发，实现企业的技术创新目标，组织研制、设计、开发新产品及更新换代产品，提供技术支持等。

技术研发类岗位的量化绩效指标可以参考表 8-22。

表 8-22 技术研发类岗位量化绩效指标参照

绩效指标	指标定义	参考指标来源
技术创新使材料消耗降低率	（1-改进后工序材料消耗÷改进前工序材料消耗）×100%	财务部
技术改造费用率	（考核期内技术改造实际发生费用÷考核期内销售收入）×100%	财务部
研发成本费用率	（考核期内实际发生的研发费用÷考核期内销售收入）×100%	财务部
新产品利润贡献率	（考核期内新产品利润总额÷考核期内的总利润额）×100%	财务部
技术改进项目完成率	（考核期内实际完成的技术改进项目数量÷计划在考核期内完成的技术改进项目数量）×100%	技术研发部
研发项目完成率	（考核期内实际完成的研发项目数量÷计划在考核期内完成的研发项目数量）×100%	技术研发部
科研项目申报计划完成率	（考核期内实际申报的科研项目计划数量÷计划在考核期内申报的科研项目数量）×100%	技术研发部
科研成果转化率	（考核期内实际转化成科研成果的项目数量÷考核期内运行的所有科研项目数量）×100%	技术研发部
技术研发资料归档率	（考核期内实际归档的技术研发资料数量÷考核期内应归档的技术研发资料数量）×100%	档案室
实验事故发生率	（考核期内实际发生的实验事故次数÷考核期内的实验次数）×100%	安环部
顾客满意度	（考核期内对企业满意的顾客数量÷考核期内全部被调查顾客的数量）×100%	第三方权威机构
技术问题引起的顾客投诉率	（考核期内因技术问题引起的顾客投诉次数÷考核期内的交易笔数）×100%	客户服务部
技术创新使标准工时降低率	（1-改进后的标准工时÷改进前的标准工时）×100%	人力资源部
技术研发服务满意度	（对技术研发服务满意的顾客数量÷全部被调查顾客的数量）×100%	人力资源部
外部学术交流次数完成率	（考核期内实际参与外部学术交流的次数÷考核期内计划参与外部学术交流的次数）×100%	人力资源部
内部技术培训完成率	（考核期内实际完成内部培训的次数÷考核期内计划完成内部培训的次数）×100%	人力资源部
核心员工流失率	[考核期内离职的核心员工数量÷（考核期内离职的核心员工数量+考核期末仍在职的核心员工数量）]×100%	人力资源部
员工流失率	[考核期内离职的员工数量÷（考核期内离职的员工数量+考核期末仍在职的员工数量）]×100%	人力资源部

8.3.7 工艺设计类岗位量化绩效指标库

工艺设计类岗位一般包括工艺总监、工艺工程师、工艺员、工艺助理等。

工艺设计类岗位的主要职责包括设计和改进产品的工艺方案，设计和改进产品的工艺流程，解决产品生产中的工艺问题等。

工艺设计类岗位的量化绩效指标可以参考表8-23。

表 8-23　工艺设计类岗位量化绩效指标参照

绩效指标	指标定义	参考指标来源
工艺改进成本降低率	（1-改进后的生产工艺成本÷改进前的生产工艺成本）×100%	财务部
产品质量合格率	（考核期内生产的全部合格产品数量÷考核期内生产的产品总数量）×100%	质量管理部
产品废品率	（考核期内生产的废品数量÷考核期内生产的产品总数量）×100%	质量管理部
产品工艺设计完成率	（考核期内实际完成产品工艺设计数量÷考核期内计划完成产品工艺设计数量）×100%	工艺管理部
工艺文件归档率	（考核期内实际归档的工艺文件资料数量÷考核期内应归档的工艺文件资料数量）×100%	档案室/机要室
顾客满意度	（考核期内对企业满意的顾客数量÷考核期内全部被调查顾客的数量）×100%	第三方权威机构
工艺使标准工时降低率	（1-改进后的标准工时÷改进前的标准工时）×100%	人力资源部
劳动生产率	考核期内的产值÷考核期内从业人员平均人数	人力资源部
培训计划完成率	（考核期内实际完成培训的数量÷培训计划中的培训数量）×100%	人力资源部
核心员工流失率	[考核期内离职的核心员工数量÷（考核期内离职的核心员工数量+考核期末仍在职的核心员工数量）]×100%	人力资源部
员工流失率	[考核期内离职的员工数量÷（考核期内离职的员工数量+考核期末仍在职的员工数量）]×100%	人力资源部

8.3.8 客户服务类岗位量化绩效指标库

客户服务类岗位一般包括客服总监、客服经理、客服主管和客服专员等。

客户服务类岗位的主要职责包括帮助客户了解企业的基本信息；定期进行客户联系；定期进行客户回访，建立客户回访档案；按照企业要求提供客户服务；传达客户的投诉、意见及建议；从客服角度提出企业运营或管理问题的改进建议等。

客户服务类岗位的量化绩效指标可以参考表8-24。

表 8-24　客户服务类岗位量化绩效指标参照

绩效指标	指标定义	参考指标来源
客服费用率	（考核期内实际产生的客服费用额÷考核期内企业的管理费用总额）×100%	财务部
客户意见处理及时率	（考核期内客户意见得到及时处理的数量÷考核期内全部的客户意见数量）×100%	客户服务部
客户意见反馈及时率	（考核期内客户意见得到及时反馈的数量÷考核期内全部的客户意见数量）×100%	客户服务部
客户投诉解决满意度	（考核期内客户投诉被解决并得到客户满意的数量÷考核期内客户投诉总数量）×100%	客户服务部
客户回访率	（考核期内实际回访客户数量÷考核期内应回访客户数量）×100%	客户服务部
大客户走访率	（考核期内走访的大客户数量÷考核期内走访的全部客户数量）×100%	客户服务部
大客户流失率	（考核期内流失的大客户数量÷考核期初的大客户数量）×100%	营销部
顾客满意度	（考核期内对企业满意的顾客数量÷考核期内全部被调查顾客的数量）×100%	第三方权威机构
内部协作满意度（内部客户）	（考核期内对客户服务部门满意的内部客户数量÷考核期内全部被调查的内部客户数量）×100%	人力资源部
培训计划完成率	（考核期内实际完成培训的数量÷培训计划中的培训数量）×100%	人力资源部
核心员工流失率	[考核期内离职的核心员工数量÷（考核期内离职的核心员工数量＋考核期末仍在职的核心员工数量）]×100%	人力资源部
员工流失率	[考核期内离职的员工数量÷（考核期内离职的员工数量＋考核期末仍在职的员工数量）]×100%	人力资源部

8.3.9　生产管理类岗位量化绩效指标库

生产管理类岗位一般包括生产总监、生产经理、厂长、副厂长、车间主任等。

生产管理岗位的主要职责包括组织执行企业下达的生产经营计划；保质保量地完成生产任务，确保安全文明生产；督导日常生产活动；发现问题时采取有效措施，确保生产线正常运转；协助企业项目开发、研制产品；建立健全规范的质量管理体系等。

生产管理类岗位的量化绩效指标可以参考表 8-25。

表 8-25　生产管理类岗位量化绩效指标参照

绩效指标	指标定义	参考指标来源
生产成本费用率	（考核期内的生产成本÷考核期内的销售收入）×100%	财务部

绩效指标	指标定义	参考指标来源
工艺改进成本降低率	（1-改进后的生产工艺成本÷改进前的生产工艺成本）×100%	财务部
生产计划完成率	（考核期内实际完成的生产计划数量÷考核期内应完成的生产计划数量）×100%	生产计划部
产品质量合格率	（考核期内生产的全部合格产品数量÷考核期内生产的产品总数量）×100%	质量管理部
产品废品率	（考核期内生产的废品数量÷考核期内生产的产品总数量）×100%	质量管理部
生产现场违规率	（考核期内检查发现生产现场违规次数÷考核期内检查次数）×100%	质量管理部
生产设备利用率	（考核期内实际有效利用的生产设备数量÷考核期内全部的生产设备数量）×100%	设备管理部
生产设备完好率	（考核期内完好的生产设备÷考核期内全部生产设备）×100%	设备管理部
生产安全事故发生率	（考核期内实际发生的生产安全事故数量÷考核期内实际生产天数）×100%	安环部
顾客满意度	（考核期内对企业满意的顾客数量÷考核期内全部被调查顾客的数量）×100%	第三方权威机构
劳动生产率	考核期内的产值÷考核期内从业人员平均人数	人力资源部
工伤发生率	（考核期内发生工伤的人数÷考核期内从业人员的平均人数）×100%	人力资源部
员工满意度	（对企业满意的员工数量÷全部被调查员工的数量）×100%	人力资源部
培训计划完成率	（考核期内实际完成培训的数量÷培训计划中的培训数量）×100%	人力资源部
核心员工流失率	[考核期内离职的核心员工数量÷（考核期内离职的核心员工数量＋考核期末仍在职的核心员工数量）]×100%	人力资源部
员工流失率	[考核期内离职的员工数量÷（考核期内离职的员工数量＋考核期末仍在职的员工数量）]×100%	人力资源部

8.3.10　生产调度类岗位量化绩效指标库

生产调度类岗位一般包括生产计划员、生产调度员、生产统计员等。

生产调度类岗位的主要职责包括协调生产过程、生产流程，保证生产活动正常运行；按主进度计划安排流水线的工作进度；按程序变化或其他因素的变化调整生产计划；协助生产管理人员解决产品线冲突等。

生产调度类岗位的量化绩效指标可以参考表8-26。

表 8-26　生产调度类岗位量化绩效指标参照

绩效指标	指标定义	参考指标来源
生产计划及时率	（考核期内实际按期规划出的生产计划数量 ÷ 考核期内应完成的生产计划数量）×100%	直属上级
生产计划完成率	（考核期内实际完成的生产计划数量 ÷ 考核期内应完成的生产计划数量）×100%	直属上级
生产计划平衡率	（考核期内紧急和重要的订单得到及时处理的数量 ÷ 考核期内紧急和重要订单的总数量）×100%	直属上级
生产信息反馈及时率	（考核期内按期向相关部门反馈生产信息的次数 ÷ 考核期内应反馈生产信息的次数）×100%	直属上级
生产部门费用控制率	（考核期内生产部门实际产生费用 ÷ 考核期内生产产值）×100%	财务部
生产调度满意度（内部客户）	（考核期内对生产调度满意的内部客户数量 ÷ 考核期内全部被调查的内部客户数量）×100%	人力资源部

8.3.11　媒介推广类岗位量化绩效指标库

媒介推广类岗位一般包括媒介推广总监、传媒推广经理、传媒专员等。

媒介推广岗位的主要职责包括把握媒体动向，协调维护媒体关系，完成推广计划等。

媒介推广类岗位的量化绩效指标可以参考表 8-27。

表 8-27　媒介推广类岗位量化绩效指标参照

绩效指标	指标定义	参考指标来源
宣传文案计划完成率	（考核期内实际完成的宣传文案数量 ÷ 考核期内应完成的宣传文案数量）×100%	直属上级
产品文宣发布及时率	（考核期内按期完成的产品文宣发布数量 ÷ 考核期内应完成的产品文宣发布数量）×100%	直属上级
媒介投放计划完成率	（考核期内实际完成的媒介投放数量 ÷ 考核期内计划完成的媒介投放数量）×100%	直属上级
媒介渠道开发完成率	（考核期内实际完成的媒介渠道开发数量 ÷ 考核期内计划完成的媒介渠道开发数量）×100%	直属上级
媒介推广满意度（内部客户）	（考核期内对媒介推广满意的内部客户数量 ÷ 考核期内全部被调查的内部客户数量）×100%	人力资源部
培训计划完成率	（考核期内实际完成培训的数量 ÷ 培训计划中的培训数量）×100%	人力资源部
员工流失率	[考核期内离职的员工数量 ÷（考核期内离职的员工数量 + 考核期末仍在职的员工数量）]×100%	人力资源部

8.3.12　企划广告类岗位量化绩效指标库

企划广告类岗位一般包括企划总监、企划经理、策划总监、活动策划、广告策划等。

企划广告类岗位的主要职责包括组织开展广告策划，广告创意设计，发展企业品牌，宣传建设企业形象，推广企业产品等。

企划广告类岗位的量化绩效指标可以参考表8-28。

表 8-28　企划广告类岗位量化绩效指标参照

绩效指标	指标定义	参考指标来源
企划计划完成率	（考核期内企划计划实际完成数量÷考核期内企划计划应完成数量）×100%	总经办
策划方案完成率	（考核期内实际完成的策划方案数量÷考核期内应完成的策划方案数量）×100%	总经办
企划方案成功率	（考核期内通过的企划方案数量÷考核期内提交的企划方案数量）×100%	总经办
销售业务增长率	（考核期内广告企划带来的销售业务增加额÷上一考核期广告企划带来的销售业务增加额）×100%	财务部
广告投放有效率	（考核期内广告费用增长额÷考核期内因广告投放增加的利润额）×100%	财务部
危机事件公关及时率	（考核期内及时处理和公关危机事件的次数÷考核期内发生危机事件的次数）×100%	总经办
危机事件公关有效率	（考核期内有效解决危机事件的次数÷考核期内发生危机事件的次数）×100%	总经办
企划费用控制率	（考核期内实际花费的企划费用÷考核期内计划的企业费用）×100%	总经办
外部单位满意度	（考核期内外部单位或媒体对企业满意的数量÷考核期内全部参与调查的外部单位或媒体数量）×100%	第三方权威机构
广告企划满意度（内部客户）	（考核期内对广告企划满意的内部客户数量÷考核期内全部被调查的内部客户数量）×100%	人力资源部
培训计划完成率	（考核期内实际完成培训的数量÷培训计划中的培训数量）×100%	人力资源部
员工流失率	[考核期内离职的员工数量÷（考核期内离职的员工数量+考核期末仍在职的员工数量）]×100%	人力资源部

8.3.13　美编文案类岗位绩效量化指标库

美编文案类岗位一般包括网络编辑、平面设计、美工编辑、视觉处理、文案写作等。

美编文案类岗位的主要职责包括做好企业日常宣传、策划设计制作，文案编写，广告平面设计、制作及其他图文处理，企业宣传资料的设计、制作与创新，协助其他部门人员顺利完成设计及美学方面的工作等。

美编文案类岗位的量化绩效指标可以参考表 8-29。

表 8-29 美编文案类岗位量化绩效指标参照

绩效指标	指标定义	参考指标来源
美编设计及时率	（考核期内实际按期完成美编设计的数量÷考核期内应完成美编设计的数量）×100%	直属上级
文案设计有效率	（考核期内文案带来的用户数量÷考核期内用户增加总数量）×100%	网络信息部
美编设计作品满意度	（考核期内外部单位或顾客对企业美编设计作品满意的数量÷考核期内全部参与调查的外部单位或顾客数量）×100%	第三方权威机构
美编设计满意度（内部客户）	（考核期内对美编设计满意的内部客户数量÷考核期内全部被调查的内部客户数量）×100%	人力资源部
文案设计满意度（内部客户）	（考核期内对文案设计满意的内部客户数量÷考核期内全部被调查的内部客户数量）×100%	人力资源部

8.3.14 产品设计类岗位绩效量化指标库

产品设计类岗位一般包括产品总监、产品经理、产品专员、设计专员等。

产品设计类岗位的主要职责包括实施产品的研发和测试，进行产品的设计和修正，保证产品的成本控制和量产能力，保证产品能够满足用户和市场的需求等。

产品设计类岗位的量化绩效指标可以参考表 8-30。

表 8-30 产品设计类岗位量化绩效指标参照

绩效指标	指标定义	参考指标来源
设计计划完成率	（考核期内设计实际完成的项目数量÷考核期内计划完成的设计项目数量）×100%	设计包装部
产品设计方案一次性通过率	（考核期内一次性通过的产品设计方案÷考核期内提交审核的设计方案总数）×100%	设计包装部
设计差错率	（考核期内设计出差错的次数÷考核期内设计次数）×100%	设计包装部
产品设计水平顾客满意度	（考核期内对产品设计满意的顾客数量÷考核期内全部被调查顾客的数量）×100%	客户服务部
准时交货率	（考核期内准时交货数量÷考核期内应交货订单数量）×100%	营销部
设计资料存档率	（考核期内实际归档的设计资料数量÷考核期内应归档的设计资料数量）×100%	档案室
培训计划完成率	（考核期内实际实施培训的数量÷培训计划中的培训数量）×100%	人力资源部
员工流失率	[考核期内离职的员工数量÷（考核期内离职的员工数量＋考核期末仍在职的员工数量）]×100%	人力资源部

8.3.15 产品包装类岗位绩效量化指标库

产品包装类岗位一般包括产品包装设计经理、包装设计专员、包装实施人员等。

产品包装类岗位的主要职责包括设计产品的包装；降低包装成本；保证包装成品的整洁、美观；按照包装质量要求，进行操作；设计和运行包装工艺流程；保证产品质量等。

产品包装类岗位的量化绩效指标可以参考表 8-31。

表 8-31 产品包装类岗位量化绩效指标参照

绩效指标	指标定义	参考指标来源
包装计划完成率	（考核期内包装入库产品数量÷考核期内生产总数量）×100%	生产计划部
包装成本降低率	（考核期内包装成本降低额÷考核期内包装成本预算额）×100%	财务部
包装水平顾客满意度	（考核期内对包装水平满意的顾客数量÷考核期内全部被调查顾客的数量）×100%	客户服务部
包装品合格率	（考核期内抽检包装合格的产品数量÷考核期内抽检产品总数量）×100%	质量管理部
包装资料存档率	（考核期内实际归档的包装资料数量÷考核期内应归档的包装资料数量）×100%	档案室
培训计划完成率	（考核期内实际完成培训的数量÷培训计划中的培训数量）×100%	人力资源部
员工流失率	[考核期内离职的员工数量÷（考核期内离职的员工数量+考核期末仍在职的员工数量）]×100%	人力资源部

8.3.16 采购供应类岗位量化绩效指标库

采购供应类岗位一般包括采购总监、采购经理、采购助理、采购专员、供应商管理专员等。

采购供应类岗位的主要职责包括制订、组织、协调企业或所属部门的采购计划；达成企业所期望的货物种类、库存和利润目标；调查、分析和评估市场以确定客户需要和采购时机；拟订和执行采购战略；根据产品的价格、促销、产品分类和质量，有效地管理特定货品的计划和分配；处理当地供应商关系；尽可能减少流通环节等。

采购供应类岗位的量化绩效指标可以参考表 8-32。

表 8-32 采购供应类岗位量化绩效指标参照

绩效指标	指标定义	参考指标来源
成本降低目标达成率	（考核期内成本实际降低率÷考核期内成本目标降低率）×100%	财务部

绩效指标	指标定义	参考指标来源
采购资金节约率	（1-实际采购物资资金÷预算采购物资资金）×100%	财务部
采购计划完成率	（考核期内采购计划完成项目数÷考核期内计划完成的项目数）×100%	仓储部
采购到货及时率	（考核期内按时完成的订单数÷考核期内采购订单总数）×100%	仓储部
采购订单差错率	（考核期内数量或质量有问题的采购金额÷考核期内采购总金额）×100%	质量管理部
采购质量合格率	（考核期内采购物资合格数÷考核期内采购物资总数）×100%	质量管理部
供应商履约率	（考核期内供应商履约合同数÷考核期内订立合同总数）×100%	采购部
供应商开发计划完成率	（考核期内实际完成的供应商开发数量÷计划在考核期内完成的供应商开发数量）×100%	采购部
采购安全事故发生率	（考核期内实际发生的采购安全事故次数÷考核期内的采购笔数）×100%	安环部
采购部门用户满意度（内部客户）	（考核期内对采购部门满意的内部客户数量÷考核期内全部被调查的内部客户数量）×100%	人力资源部
培训计划完成率	（考核期内实际完成培训的数量÷培训计划中的培训数量）×100%	人力资源部
核心员工流失率	[考核期内离职的核心员工数量÷（考核期内离职的核心员工数量＋考核期末仍在职的核心员工数量）]×100%	人力资源部
员工流失率	[考核期内离职的员工数量÷（考核期内离职的员工数量＋考核期末仍在职的员工数量）]×100%	人力资源部

8.3.17 质量体系类岗位量化绩效指标库

质量体系类岗位一般包括质量认证经理、质量认证助理、质量认证专员等。

质量体系类岗位的主要职责包括完成企业的质量体系认证，质量体系换证审核，质量体系复审检查，内部质量体系检查等。

质量体系类岗位的量化绩效指标可以参考表 8-33。

表 8-33　质量体系类岗位量化绩效指标参照

绩效指标	指标定义	参考指标来源
质量体系工作及时率	（考核期内及时完成质量体系认证工作次数÷考核期内应完成质量体系认证工作的次数）×100%	质量管理部
内部质量体系检查计划完成率	（考核期内实际完成内部质量体系检查的次数÷考核期内计划完成内部质量体系检查工作的次数）×100%	质量管理部

绩效指标	指标定义	参考指标来源
质量体系认证一次性通过率	（考核期内质量体系认证一次性通过次数÷考核期内质量体系认证次数）×100%	质量管理部
产品免检认证通过率	（考核期内通过免检认证的产品总数÷考核期内申请产品免检的次数）×100%	质量管理部
质量文件保存率	（考核期内实际归档的质量文件数量÷考核期内应归档的质量文件数量）×100%	档案室
培训计划完成率	（考核期内实际完成培训的数量÷培训计划中的培训数量）×100%	人力资源部
员工流失率	[考核期内离职的员工数量÷（考核期内离职的员工数量＋考核期末仍在职的员工数量）]×100%	人力资源部

8.3.18 质量检测类岗位量化绩效指标库

质量检测类岗位一般包括质检经理、质检主管、质检员等。

质量检测类岗位的主要职责包括制定并实施产品质量控制方案；协助生产部门实现所管辖产品的质量目标；完成日常质量检验、质量监控及结果上报工作；监控工艺状态，对工艺参数的改变对产品的影响进行认定，并论证设定的合理性；根据企业整体质量状况设计质量控制方案；监控产品全程质量；定期评估解决的工艺或控制方案；制定产品质量检验标准和产品信息反馈、统计流程；处理客户反馈，依据反馈改善质量控制；总结产品质量问题并推动相关部门及时解决；主持来料检验及出货评审工作等。

质量检测类岗位的量化绩效指标可以参考表8-34。

表8-34　质量检测类岗位量化绩效指标参照

绩效指标	指标定义	参考指标来源
质量检测工作及时率	（考核期内及时完成质检工作次数÷考核期内应完成质检工作的次数）×100%	质量管理部
产品质量合格率	（考核期内合格产品数÷考核期内产品总数）×100%	质量管理部
产品免检认证通过率	（考核期内通过免检认证的产品数÷考核期内申请产品免检的次数）×100%	质量管理部
产品质量问题引起的顾客投诉率	（考核期内因为产品质量问题引起的顾客投诉次数÷考核期内的交易笔数）×100%	客户服务部
产品质量投诉率	（考核期内客户投诉次数÷考核期内产品出货总批次数）×100%	售后服务部
客户投诉改善率	（考核期内客户投诉后改善的件数÷考核期内客户投诉件数）×100%	售后服务部

绩效指标	指标定义	参考指标来源
培训计划完成率	（考核期内实际完成培训的数量÷培训计划中的培训数量）×100%	人力资源部
员工流失率	[考核期内离职的员工数量÷（考核期内离职的员工数量＋考核期末仍在职的员工数量）]×100%	人力资源部

8.3.19　安环管理类岗位量化绩效指标库

安环管理岗位一般包括安环总监、安环经理、安环科长、安全管理员、安全巡视员等。

安环管理类岗位的主要职责包括贯彻、执行国家有关安全生产的方针、政策、法令、法规，对员工进行安全思想教育和安全技术知识教育；组织编制企业安全生产管理制度，审查设备操作规程；组织编制安全技术措施计划，提出安全技术措施方案；组织企业日常安全检查和安全大检查，实施事故隐患整改方案；协助和督促相关部门对查出的隐患制定整改与防范措施；参与新建、改建、扩建、大修项目及技术措施工程的设计审查；负责企业锅炉和压力容器的安装、使用、检验的安全监督检查工作等。

安环管理类岗位的量化绩效指标可以参考表 8-35。

表 8-35　安环管理类岗位量化绩效指标参照

绩效指标	指标定义	参考指标来源
安全检查工作执行率	（考核期内实际执行安全检查工作项目的数量÷考核期内计划执行安全检查工作项目的数量）×100%	总经办
设备检查工作执行率	（考核期内实际执行设备检查工作项目的数量÷考核期内计划执行设备检查工作项目的数量）×100%	总经办
环境检查工作执行率	（考核期内实际执行环境检查工作项目的数量÷考核期内计划执行环境检查工作项目的数量）×100%	总经办
安环设备检查整改率	（考核期内实际执行安环设备检查后发现问题并整改的数量÷考核期内实际执行安环设备检查后发现问题的数量）×100%	总经办
安全宣传教育执行率	（考核期内实际实施安全教育培训的参与人数÷考核期内计划实施安全教育培训的参与人数）×100%	人力资源部
安全责任书签订率	（考核期内实际签订安全责任书的人数÷考核期内企业总人数）×100%	人力资源部
一般安全事故发生率	（考核期内一般安全事故的发生次数÷考核期内企业运营天数）×100%	人力资源部
重大安全事故发生率	（考核期内重大安全事故的发生次数÷考核期内企业运营天数）×100%	人力资源部

绩效指标	指标定义	参考指标来源
一般环境事故发生率	（考核期内一般环境事故的发生次数÷考核期内企业运营天数）×100%	人力资源部
重大环境事故发生率	（考核期内重大环境事故的发生次数÷考核期内企业运营天数）×100%	人力资源部
员工工伤发生率	（考核期内发生工伤的人数÷考核期内员工总数）×100%	人力资源部
员工流失率	[考核期内离职的员工数量÷（考核期内离职的员工数量+考核期末仍在职的员工数量）]×100%	人力资源部

8.3.20　人力资源管理类岗位量化绩效指标库

人力资源管理类岗位按照岗位等级划分，可以分为人力资源总监、人力资源经理、人力资源主管、人力资源专员岗位；按照分管模块划分，一般包括招聘、培训、薪酬、绩效、员工关系等模块的各类岗位。

人力资源管理类岗位的主要职责包括规划、指导、协调企业的人力资源管理与组织建设，最大限度地开发人力资源，促进企业经营目标的实现和长远发展；协助制定、组织实施企业人力资源战略，建设发展人力资源各项构成体系，为实现企业经营发展战略目标提供人力保障；完成人力资源日常性事务工作等。

人力资源管理类岗位的量化绩效指标可以参考表 8-36。

表 8-36　人力资源管理类岗位量化绩效指标参照

绩效指标	指标定义	参考指标来源
人工费用率	（考核期内人工费用总额÷考核期内销售收入）×100%	财务部
人力资源管理费用率	（考核期内人力资源管理费用总额÷考核期内全部管理费用总额）×100%	财务部
薪酬福利奖金差错率	（考核期内薪酬福利计算出现差错的次数÷考核期内全部薪酬福利计算次数）×100%	审计部
人力资源计划完成率	（考核期内实际完成的人力资源计划数量÷考核期内计划完成的人力资源计划数量）×100%	人力资源部
招聘满足率	（考核期内实际招聘人数÷考核期内计划招聘人数）×100%	人力资源部
培训计划完成率	（考核期内实际完成培训的数量÷培训计划中的培训数量）×100%	人力资源部
绩效考核计划完成率	（考核期内实际完成绩效考核项目的数量÷考核期内绩效考核计划总数量）×100%	人力资源部
员工任职资格达标率	（考核期内任职资格达标的员工数量÷考核期内全体员工数量）×100%	人力资源部
员工投诉解决及时率	（考核期内能够及时解决员工投诉的次数÷考核期内员工投诉的次数）×100%	人力资源部

绩效指标	指标定义	参考指标来源
劳动争议解决及时率	（考核期内能够及时解决劳动争议的次数 ÷ 考核期内劳动争议的次数）×100%	人力资源部
人力资源满意度（内部客户）	（考核期内对人力资源部满意的内部客户数量 ÷ 考核期内全部被调查的内部客户数量）×100%	人力资源部
核心员工流失率	[考核期内离职的核心员工数量 ÷（考核期内离职的核心员工数量 + 考核期末仍在职的核心员工数量）]×100%	人力资源部
员工流失率	[考核期内离职的员工数量 ÷（考核期内离职的员工数量 + 考核期末仍在职的员工数量）]×100%	人力资源部
员工敬业度	（考核期内敬业度达标的员工数量 ÷ 考核期内员工总数量）×100%	人力资源部
员工满意度	（对企业满意的员工数量 ÷ 全部被调查员工的数量）×100%	人力资源部
人力资源档案存档率	（考核期内实际归档的人力资源文件数量 ÷ 考核期内应归档的人力资源文件数量）×100%	档案室

8.3.21　培训讲师类岗位量化绩效指标库

培训讲师类岗位一般包括专职培训讲师、兼职培训讲师。专职培训讲师又可以分成初级培训讲师、中级培训讲师、高级培训讲师和资深培训讲师等岗位。

培训讲师岗位的主要职责包括查找培训需求，制订培训计划，开发培训课程；按计划实施培训，协助培训的组织和实施，以达到所拟定的培训目标；协助培训部门负责人做好培训部门的日常事务性工作等。

培训讲师类岗位的量化绩效指标可以参考表 8-37。

表 8-37　培训讲师类岗位量化绩效指标参照

绩效指标	指标定义	参考指标来源
培训计划完成率	（考核期内实际完成培训的数量 ÷ 培训计划中的培训数量）×100%	人力资源部
培训学员满意度	（考核期内对培训满意的参训学员人数 ÷ 考核期内全部被调查参训学员人数）×100%	人力资源部
培训后学员知识达标率	（考核期内培训后学员参加考试合格的学员人数 ÷ 考核期内培训学员总人数）×100%	人力资源部
培训后学员行为改善率	（考核期内培训后学员行为明显改善的学员人数 ÷ 考核期内培训学员总人数）×100%	人力资源部
培训后学员绩效改变率	（考核期内培训后学员绩效明显改善的学员人数 ÷ 考核期内培训学员总人数）×100%	人力资源部
培训讲师满意度（内部客户）	（考核期内对培训讲师满意的内部客户数量 ÷ 考核期内全部被调查的内部客户数量）×100%	人力资源部
培训档案存档率	（考核期内实际归档的培训文件数量 ÷ 考核期内应归档的培训文件数量）×100%	档案室

8.3.22　财务会计类岗位量化绩效指标库

财务会计类岗位如果按照岗位职级划分一般可以分为财务总监、财务经理、财务主管、财务专员等岗位；如果按照职能划分，一般可以分成财务、预算、会计、应收账款、成本控制、财务分析、税务、出纳等岗位。

财务会计类岗位的主要职责如下。

（1）负责企业财务预决算、财务核算、会计监督和财务管理工作；组织协调、指导监督财务部日常管理工作，监督执行财务计划，完成企业财务目标。

（2）建立完善全面的预算计划并协助控制计划的执行，完成预算指标。

（3）制订全面的成本控制计划，向管理层提供成本信息和改进意见。

（4）分析、研究会计数据，准备财务报告，向管理层提供财务信息。

（5）管理企业应收账款，向相关部门提供应收账款信息。

（6）分析、研究会计数据，准备财务报告，向管理层提供财务信息。

（7）分析、研究资本市场与企业财务信息，提供研究报告。

（8）办理企业与税务相关的各种业务，确保企业税务目标的实现。

（9）做好货币资金、应收 / 应付票据、税款的收付及记账、结账工作等。

财务会计类岗位的量化绩效指标可以参考表 8-38。

表 8-38　财务会计类岗位量化绩效指标参照

绩效指标	指标定义	参考指标来源
财务费用率	（考核期内财务费用总额 ÷ 考核期内销售收入）×100%	第三方审计报告
现金流完成率	（考核期末现金流 ÷ 现金流目标）×100%	第三方审计报告
财务报告差错率	（考核期内财务报告出现差错的份数 ÷ 考核期内财务报告总份数）×100%	审计部
现金收支准确率	（考核期内现金收支出现差错的次数 ÷ 考核期内现金收支总次数）×100%	审计部
资金收支准确率	（考核期内资金收支出现差错的次数 ÷ 考核期内资金收支总次数）×100%	审计部
账务报告及时率	（考核期内及时提交财务报告的次数 ÷ 考核期内应提交财务报告的次数）×100%	总经办
企业预算完成率	（1- 实际完成预算超出截止时间的天数 ÷ 完成预算应耗费的天数）×100%（最小值为 0）	总经办
财务资料存档率	（考核期内实际归档的财务文件数量 ÷ 考核期内应归档的财务文件数量）×100%	档案室
培训计划完成率	（考核期内实际完成培训的数量 ÷ 培训计划中的培训数量）×100%	人力资源部
核心员工流失率	[考核期内离职的核心员工数量 ÷（考核期内离职的核心员工数量＋考核期末仍在职的核心员工数量）]×100%	人力资源部
员工流失率	[考核期内离职的员工数量 ÷（考核期内离职的员工数量＋考核期末仍在职的员工数量）]×100%	人力资源部

8.3.23　投资融资类岗位量化绩效指标库

投资融资类岗位如果按照岗位职级划分，一般可以分为投融资总监、投融资经理、投融资主管和投融资专员；如果按照职能划分，一般可以分成资金、投资、融资等岗位。

投资融资类岗位的主要职责如下。

（1）编制企业资金预算、筹集、流动计划，检查核实资金使用情况，向管理层提供相关信息。

（2）设计、评估投资项目和投资方案，拟订实施计划和行动方案，向管理层提出建议。

（3）组织协调、拓展融资渠道，设计融资方案，完成融资计划、融资目标。

投资融资类岗位的量化绩效指标可以参考表 8-39。

表 8-39　投资融资类岗位量化绩效指标参照

绩效指标	指标定义	参考指标来源
融资成本率	（考核期内实际融资成本÷考核期内融资额）×100%	第三方审计报告
融资计划完成率	（考核期内实际完成融资计划的项目数量÷考核期内融资计划项目总数量）×100%	财务部
投资计划完成率	（考核期内实际完成投资计划的项目数量÷考核期内投资计划项目总数量）×100%	财务部
资金使用目标完成率	（考核期内实际完成资金使用目标的项目数量÷考核期内资金使用目标计划项目总数量）×100%	财务部
投资融资资料存档率	（考核期内实际归档的投资融资文件数量÷考核期内应归档的投资融资文件数量）×100%	档案室
培训计划完成率	（考核期内实际完成培训的数量÷培训计划中的培训数量）×100%	人力资源部
核心员工流失率	[考核期内离职的核心员工数量÷（考核期内离职的核心员工数量＋考核期末仍在职的核心员工数量）]×100%	人力资源部
员工流失率	[考核期内离职的员工数量÷（考核期内离职的员工数量＋考核期末仍在职的员工数量）]×100%	人力资源部

8.3.24　证券事务类岗位量化绩效指标库

证券事务类岗位一般包括董事会秘书、证券事务代表、证券助理等。

证券事务类岗位的主要职责包括沟通和联络企业和相关当事人与证券交易所及其他证券监管机构；处理企业信息披露事务，督促企业制定并执行信息披露管理制度和重大信息的内部报告制度；组织召开企业股东大会、董事会、监事会；管理董事会各专门委员会会议文件；跟踪和落实三会的决议、决定等。

证券事务类岗位的量化绩效指标可以参考表 8-40。

表 8-40　证券事务类岗位量化绩效指标参照

绩效指标	指标定义	参考指标来源
对外信息披露及时率	（考核期内按规定及时披露信息次数÷考核期内应披露信息次数）×100%	总经办
对外信息披露准确率	（考核期内对外披露信息无误的次数÷考核期内披露信息次数）×100%	总经办
上市融资计划完成率	（考核期内实际上市完成融资计划的项目数量÷考核期内计划完成上市融资计划项目数量）×100%	财务部
企业三会及时率	（考核期内按计划企业三会次数÷考核期内三会召开次数）×100%	总经办
企业三会完备率	（考核期内企业三会符合规定项目数÷考核期内企业三会的必备的项目总数）×100%	总经办
股东意见反馈及时率	（考核期内对股东意见能够及时反馈数量÷考核期内股东意见总数量）×100%	总经办
股东满意度	（对证券事务类岗位满意的股东数量÷股东总数量）×100%	总经办

8.3.25　设备维修类岗位量化绩效指标库

设备维修类岗位一般包括设备经理、设备维修员、设备管理员等。

设备维修类岗位的主要职责包括定期检查企业各类设备，定期保养、维护和管理企业的各类设备，及时修复企业出问题的设备等。

设备维修类岗位的量化绩效指标可以参考表 8-41。

表 8-41　设备维修类岗位量化绩效指标参照

绩效指标	指标定义	参考指标来源
万元产值维修费用	（考核期内的维修费用总额÷考核期内的总产值）×100%	财务部
单位产量维修费用	（考核期内的维修费用总额÷考核期内的总产量）×100%	财务部
外委维修费用率	（考核期内委托第三方维修的费用额÷考核期内全部的设备维修费用额）×100%	财务部
设备故障停机率	[考核期内因故障停机的小时数÷（考核期内正常开机小时数＋考核期内因故障停机的小时数）]×100%	生产管理部
设备维修计划完成率	（考核期内实际设备维修完成数量÷考核期内设备维修计划完成数量）×100%	设备管理部
设备保养计划完成率	（考核期内实际设备保养完成数量÷考核期内设备保养计划完成数量）×100%	设备管理部

绩效指标	指标定义	参考指标来源
设备购置计划 完成率	（考核期内实际设备购置完成量÷考核期内设备购置计 划完成数量）×100%	设备管理部
设备维护保养 及时率	（考核期内及时完成维护保养的设备数÷考核期内应维 护保养的设备数）×100%	设备管理部
设备完好率	（考核期内设备完好台数÷考核期内设备总台数）×100%	设备管理部
设备档案归档率	（考核期内实际归档的设备档案文件数量÷考核期内应 归档的设备档案文件数量）×100%	档案室
培训计划完成率	（考核期内实际完成培训的数量÷培训计划中的培训数 量）×100%	人力资源部
员工流失率	[考核期内离职的员工数量÷（考核期内离职的员工数 量＋考核期末仍在职的员工数量）]×100%	人力资源部

8.3.26 软件开发类岗位量化绩效指标库

软件开发类岗位一般包括互联网产品经理、软件开发员、程序员、编程人员等。

软件开发类岗位的主要职责包括制订和落实企业信息技术建设的总体规划及本部门的工作计划,落实企业互联网产品规划,协助企业软件的开发、选型和运维,负责基础程序的编写等。

软件开发类岗位的量化绩效指标可以参考表8-42。

表8-42　软件开发类岗位量化绩效指标参照

绩效指标	指标定义	参考指标来源
网络信息费用率	（考核期内网络信息费用总额÷考核期内全部管理费用 总额）×100%	财务部
互联网产品计划 完成率	（考核期内实际完成互联网产品计划项目数÷考核期内 计划完成的互联网产品项目数）×100%	总经办
信息化建设计划 达成率	（考核期内实际完成项目数量÷考核期内计划完成项目 数量）×100%	总经办
软件开发计划 完成率	（考核期内实际完成的软件开发项目数量÷考核期内计 划完成的软件开发项目数量）	总经办
系统运行完好率	（考核期内系统正常运行时数÷考核期内系统运行的总 时数）×100%	网络信息部
信息技术资产 完好率	（考核期内信息技术相关资产盘点数量结果÷考核期内 账面数量结果）×100%	财务部
信息系统故障排除 及时率	（考核期内及时排除信息系统故障次数÷考核期内信息 系统发生故障次数）×100%	网络信息部
信息系统维护 及时率	（考核期内及时维护信息系统次数÷考核期内计划维护 信息系统的次数）×100%	网络信息部

绩效指标	指标定义	参考指标来源
网站维护及时率	（考核期内及时维护网站次数÷考核期内计划维护网站的次数）×100%	网络信息部
数据库维护及时率	（考核期内及时维护数据库的次数÷考核期内计划维护数据库的次数）×100%	网络信息部
网络安全事故发生率	（考核期内网络安全事故发生次数÷考核期内总天数）×100%	网络信息部
软件开发用户满意度（内部客户）	（考核期内对软件开发部门满意的内部客户数量÷考核期内全部被调查的内部客户数量）×100%	人力资源部
培训计划完成率	（考核期内实际完成培训的数量÷培训计划中的培训数量）×100%	人力资源部
核心员工流失率	[考核期内离职的核心员工数量÷（考核期内离职的核心员工数量＋考核期末仍在职的核心员工数量)]×100%	人力资源部
员工流失率	[考核期内离职的员工数量÷（考核期内离职的员工数量＋考核期末仍在职的员工数量)]×100%	人力资源部

8.3.27 硬件维护类岗位量化绩效指标库

硬件维护类岗位一般包括信息部经理、网络管理员、硬件管理员等。

硬件维护类岗位的主要职责包括企业硬件的维护，办公耗材的管理，硬件成本管控，硬件管理，机房维护，项目硬件的评审和验收等。

硬件维护类岗位的量化绩效指标可以参考表8-43。

表8-43　硬件维护类岗位量化绩效指标参照

绩效指标	指标定义	参考指标来源
计算机维修费用率	（考核期内计算机维修费用总额÷考核期内全部管理费用总额）×100%	财务部
硬件资产完好率	（考核期内硬件相关资产盘点数量结果÷考核期内账面数量结果）×100%	财务部
计算机设备故障排除及时率	（考核期内及时排除计算机设备故障次数÷考核期内计算机设备发生故障次数）×100%	网络信息部
计算机设备维护保养及时率	（考核期内及时维护保养计算机设备次数÷考核期内计划维护保养计算机设备次数）×100%	网络信息部
计算机设备采购计划完成率	（考核期内实际采购数量÷考核期内计划采购数量）×100%	网络信息部
硬件维护用户满意度（内部客户）	（考核期内对硬件维护部门满意的内部客户数量÷考核期内全部被调查的内部客户数量）×100%	人力资源部
培训计划完成率	（考核期内实际完成培训的数量÷培训计划中的培训数量）×100%	人力资源部

绩效指标	指标定义	参考指标来源
核心员工流失率	[考核期内离职的核心员工数量÷（考核期内离职的核心员工数量＋考核期末仍在职的核心员工数量）]×100%	人力资源部
员工流失率	[考核期内离职的员工数量÷（考核期内离职的员工数量＋考核期末仍在职的员工数量）]×100%	人力资源部

8.3.28　审计类岗位量化绩效指标库

审计类岗位一般包括审计经理、审计主管、审计专员等。

审计类岗位的主要职责包括制订并实施审计计划，开展并完成企业各项经营、财务审计及专项审计并形成各类审计报告，监督、检查企业制度的落实情况。

审计类岗位的量化绩效指标可以参考表8-44。

表8-44　审计类岗位量化绩效指标参照

绩效指标	指标定义	参考指标来源
审计计划完成率	（考核期内实际完成的审计报告项目数÷考核期内计划完成的审计报告项目数）×100%	总经办
审计报告及时率	（考核期内实际按期完成的审计报告数量÷考核期内应按期完成的审计报告数量）×100%	总经办
监督工作执行率	（考核期内实际完成的监督项目数÷考核期内应完成的监督项目数）×100%	总经办
审计资料存档率	（考核期内实际归档的审计文件数量÷考核期内应归档的审计文件数量）×100%	档案室
培训计划完成率	（考核期内实际完成培训的数量÷培训计划中的培训数量）×100%	人力资源部
核心员工流失率	[考核期内离职的核心员工数量÷（考核期内离职的核心员工数量＋考核期末仍在职的核心员工数量）]×100%	人力资源部
员工流失率	[考核期内离职的员工数量÷（考核期内离职的员工数量＋考核期末仍在职的员工数量）]×100%	人力资源部

8.3.29　法务类岗位量化绩效指标库

法务类岗位一般包括法律事务经理、法律事务主管、法律事务专员、法律顾问、企业律师等。

法务类岗位的主要职责包括指导和管理企业法务实践，处理企业法律问题，维护企业法律权益，为企业人员提供法律咨询和指导，确保企业各运营环节、相关部门人员依法办事、不触犯法律等。

法务类岗位的量化绩效指标可以参考表8-45。

表 8-45　法务类岗位量化绩效指标参照

绩效指标	指标定义	参考指标来源
合同审核及时率	（考核期内实际按期完成的合同审核数量÷考核期内应按期完成的合同审核数量）×100%	总经办
法务咨询及时率	（考核期内实际按期完成的法务咨询数量÷考核期内应按期完成的法务咨询数量）×100%	总经办
合同审核质量	（考核期内审核合格的合同数量÷考核期内所有审核的合同数量）×100%	总经办
应诉案件处理率	（考核期内实际处理的应诉案件÷考核期内所有的应诉案件）×100%	总经办
应诉案件成功率	（考核期内应诉案件的成功率÷考核期内所有的应诉案件）×100%	总经办
维权行动及时率	（考核期内按期进行维权的案件÷考核期内所有应当维权的案件）×100%	总经办
维权结果成功率	（考核期内维权案件成功率÷考核期内所有应当维权的案件）×100%	总经办
内部协作满意度（内部客户）	（考核期内对法务部门满意的内部客户数量÷考核期内全部被调查的内部客户数量）×100%	人力资源部
法务档案存档率	（考核期内实际归档的法务档案数量÷考核期内应归档的法务档案数量）×100%	档案室
培训计划完成率	（考核期内实际完成培训的数量÷培训计划中的培训数量）×100%	人力资源部
核心员工流失率	[考核期内离职的核心员工数量÷（考核期内离职的核心员工数量＋考核期末仍在职的核心员工数量)]×100%	人力资源部
员工流失率	[考核期内离职的员工数量÷（考核期内离职的员工数量＋考核期末仍在职的员工数量）]×100%	人力资源部

8.3.30　店经理岗位量化绩效指标库

店经理岗位一般包括直营店店长、加盟店店长、大卖场店长、综合超市店长、便利店店长等。

店经理岗位的主要职责包括组织、安排、管理店内的销售等日常工作；洞察周边市场环境，带领团队及时调整销售策略；在权限范围内协调门店的内外部关系；带领团队完成销售目标等。

店经理岗位的量化绩效指标可以参考表 8-46。

表 8-46　店经理岗位量化绩效指标参照

绩效指标	指标定义	参考指标来源
销售收入完成率	（考核期内的实际销售收入÷考核期内的目标销售收入）×100%	财务部
销售收入增长率	（考核期末的销售收入÷前一考核期末的销售收入 -1)×100%	财务部

绩效指标	指标定义	参考指标来源
毛利率完成率	（考核期内的实际毛利率÷考核期内的目标毛利率）×100%	财务部
顾客满意度	（考核期内对门店满意的顾客数量÷考核期内全部被调查顾客的数量）×100%	第三方权威机构
店损耗控制率	（考核期内门店各类损耗的金额÷考核期内实际销售收入）×100%	财务部
店费用控制率	（考核期内的店费用÷考核期内实际销售收入）×100%	财务部
店利润达成率	（考核期内的实际利润÷考核期内的目标利润）×100%	财务部
客流量增长率	（考核期内客流量÷上一考核期客流量-1）×100%	财务部
客单价	考核期内实际销售收入÷考核期内顾客数量	财务部
培训计划完成率	（考核期内实际完成培训的数量÷培训计划中的培训数量）×100%	人力资源部
核心员工流失率	[考核期内离职的核心员工数量÷（考核期内离职的核心员工数量+考核期末仍在职的核心员工数量）]×100%	人力资源部
员工流失率	[考核期内离职的员工数量÷（考核期内离职的员工数量+考核期末仍在职的员工数量）]×100%	人力资源部

8.3.31　导购类岗位量化绩效指标库

导购类岗位一般包括导购经理、导购主管、商场导购员、超市理货员、网络导购等。

导购类岗位的主要职责包括维护企业形象，用心接待顾客，介绍产品信息，引导和协助顾客购买，完成销售目标，清点、维护、展示产品等。

导购类岗位的量化绩效指标可以参考表8-47。

表8-47　导购类岗位量化绩效指标参照

绩效指标	指标定义	参考指标来源
销售收入完成率	（考核期内的实际销售收入÷考核期内的目标销售收入）×100%	财务部
销售收入增长率	（考核期末的销售收入÷前一考核期末的销售收入-1）×100%	财务部
产品损耗控制率	（考核期内产品损耗的金额÷考核期内实际销售收入）×100%	财务部
客流量增长率	（考核期内客流量÷上一考核期客流量-1）×100%	财务部
客单价	考核期内实际销售收入÷考核期内顾客数量	财务部
对导购人员的顾客投诉率	（考核期内对导购人员的顾客投诉次数÷考核期内的交易笔数）×100%	客户服务部

绩效指标	指标定义	参考指标来源
顾客满意度	（考核期内对导购人员满意的顾客数量÷考核期内全部参与调查的顾客数量）×100%	网络信息部或第三方权威机构
培训计划完成率	（考核期内实际完成培训的数量÷培训计划中的培训数量）×100%	人力资源部
员工流失率	[考核期内离职的员工数量÷（考核期内离职的员工数量＋考核期末仍在职的员工数量）]×100%	人力资源部

8.3.32　收银类岗位量化绩效指标库

收银类岗位一般包括收银经理、收银主管、收银员等岗位。

收银类岗位的主要职责包括及时准确收取现金，登记入账金额，款项日清日结，及时向财务部报账等。

收银类岗位的量化绩效指标可以参考表8-48。

表8-48　收银类岗位量化绩效指标参照

绩效指标	指标定义	参考指标来源
收银效率	（考核期内按销售计算收银速度达标小时数÷考核期内工作总小时数）×100%	网络信息部
收银准确率	（考核期内收银出错次数÷考核期内交易笔数）×100%	网络信息部
收银流程规范率	（考核期内检查收银规范次数÷考核期内所有检查次数）×100%	直属上级
账务报表及时率	（考核期内按时上报报表的次数÷考核期内应上报报表次数）×100%	财务部
解决顾客问题满意度	（考核期内解决顾客问题并得到客户满意的数量÷考核期内全部收银接到的客户投诉数量）×100%	客户服务部
对收银人员的顾客投诉率	（考核期内对收银人员的顾客投诉次数÷考核期内的交易笔数）×100%	客户服务部
顾客满意度	（考核期内对收银人员满意的顾客数量÷考核期内全部参与调查的顾客数量）×100%	网络信息部或第三方权威机构
培训计划完成率	（考核期内实际完成培训的数量÷培训计划中的培训数量）×100%	人力资源部
员工流失率	[考核期内离职的员工数量÷（考核期内离职的员工数量＋考核期末仍在职的员工数量）]×100%	人力资源部

8.3.33　物流类岗位量化绩效指标库

物流类岗位一般包括物流经理、物流主管、物流专员、物流调度等。

物流类岗位的主要职责包括组织和管理企业物流工作，实现物流顺畅；规划、设计物流方案；保证货物 100% 准确及时送达目的地，按质按量供应物资；合理控制物流成本；不断提升客户服务质量等。

物流类岗位的量化绩效指标可以参考表 8-49。

表 8-49　物流类岗位量化绩效指标参照

绩效指标	指标定义	参考指标来源
物流货损率	（考核期内运输过程货损金额 ÷ 考核期内运输货品总额）×100%	财务部
单位物流成本降低率	（考核期内单位物流成本降低额 ÷ 考核期内标准单位物流成本）×100%	财务部
运输计划完成率	（考核期内实际运输产品数量 ÷ 考核期内计划运输产品数量）×100%	仓储物流部
运输计划及时率	（考核期内按要求时间及时运输的产品数量 ÷ 考核期内应运输的产品数量）×100%	仓储物流部
物流车辆完好率	（考核期内完好的车辆 ÷ 考核期内总运输车辆）×100%	仓储物流部
物流现场管理合格率	（考核期内物流现场管理检查合格次数 ÷ 考核期内物流现场管理检查次数）×100%	质量管理部
培训计划完成率	（考核期内实际完成培训的数量 ÷ 培训计划中的培训数量）×100%	人力资源部
员工流失率	[考核期内离职的员工数量 ÷（考核期内离职的员工数量 + 考核期末仍在职的员工数量）]×100%	人力资源部

8.3.34　仓储类岗位量化绩效指标库

仓储类岗位一般包括仓库主管、仓库管理员等岗位。

仓储类岗位的主要职责如下。

（1）组织和指导材料、成品入库、仓储、出库等环节的工作。

（2）定期编制产品入库、出库及库存台账，送生产部和财务部。

（3）根据企业的生产销售能力，确定原材料及产品的标准库存量。

（4）管理进出库货物，如质量检验与核对、商品码放等。

（5）核对货物的入库凭证，清点入库货物，与送货员办理交接手续。

（6）安排货物的存放地点，登记保管账和货位编号。

（7）按照销售情况调整、控制库存数量，及时配货。

（8）完成与货物的进出库、存储相关的日常事务性工作，以达到库存管理目标。

（9）及时与生产部和市场部沟通，保证生产用原材料的库存供给和市场部发送产品所需的库存供给；

（10）定期编制采购物品的入货台账、退货台账及库存台账，报送财务部和生产部。

仓储类岗位的量化绩效指标可以参考表 8-50。

表 8-50　仓储类岗位量化绩效指标参照

绩效指标	指标定义	参考指标来源
库存货损率	（考核期内库存货损金额÷考核期内平均的库存总额）×100%	财务部
盘点账实差异率	（考核期内盘点出错的品种数÷考核期内仓库品种平均数）×100%	财务部
单位库存成本降低率	（考核期内单位库存成本降低额÷考核期内标准单位库存成本）×100%	财务部
物资入库差错率	（考核期内入库差错次数÷考核期内入库总次数）×100%	仓储物流部
物资出库差错率	（考核期内出库差错次数÷考核期内出库总次数）×100%	仓储物流部
仓库设备完好率	（考核期内仓库完好的设备总数÷考核期内仓库设备总数）×100%	设备管理部
仓库记录完整率	（考核期记录的所有入库出库记录÷考核期内实际发生的入库出库记录）×100%	仓储物流部
仓库现场管理合格率	（考核期内仓库现场管理检查合格次数÷考核期内仓库现场管理检查次数）×100%	质量管理部
培训计划完成率	（考核期内实际完成培训的数量÷培训计划中的培训数量）×100%	人力资源部
员工流失率	[考核期内离职的员工数量÷（考核期内离职的员工数量＋考核期末仍在职的员工数量）]×100%	人力资源部

8.3.35　配送类岗位量化绩效指标库

配送类岗位一般包括配送经理、配送主管、物流配送员、快递员、外卖送餐员等。

配送类岗位的主要职责包括把物品及时、准确地送到客户手中，保证客户的满意等。

对配送类岗位的量化绩效指标可以参考表 8-51。

表 8-51　配送类岗位量化绩效指标参照

绩效指标	指标定义	参考指标来源
配送任务完成率	（考核期内实际配送任务数量÷考核期内应配送任务数量）×100%	客服部
配送任务及时率	（考核期内按要求时间及时配送的任务数量÷考核期内应配送任务数量）×100%	客服部
配送过程货损率	（考核期内配送过程引起的物资损失金额÷考核期内配送的物资总金额）×100%	财务部

绩效指标	指标定义	参考指标来源
日配送效率提升率	（考核期内日均配送数量÷上一考核期日均配送数量）×100%	网络信息部
对配送人员的顾客投诉率	（考核期内顾客投诉配送人员的次数÷考核期内的交易笔数）×100%	客户服务部
顾客满意度	（考核期内对配送满意的顾客数量÷考核期内全部参与调查的顾客数量）×100%	网络信息部或第三方权威机构
培训计划完成率	（考核期内实际完成培训的数量÷培训计划中的培训数量）×100%	人力资源部
员工流失率	[考核期内离职的员工数量÷（考核期内离职的员工数量＋考核期末仍在职的员工数量）]×100%	人力资源部

8.3.36　行政类岗位量化绩效指标库

行政类岗位一般包括行政经理、行政主管、行政文员、行政助理等。

行政类岗位的主要职责包括规划、指导、协调企业行政服务支持等各项工作，组织企业各类会议，提供员工衣食住行等各类保障等。

行政类岗位的量化绩效指标可以参考表8-52。

表8-52　行政类岗位量化绩效指标参照

绩效指标	指标定义	参考指标来源
行政费用率	（考核期内实际产生的行政费用额÷考核期内企业的总管理费用额）×100%	财务部
办公用品费用率	（考核期内办公费用额÷考核期内实际发生的行政费用额）×100%	财务部
行政工作计划完成率	（考核期内行政工作计划实际完成的项目数量÷考核期内行政工作计划应完成的项目数量）×100%	行政办公室
行政工作流程执行率	（考核期内行政工作流程有效执行的次数÷考核期内行政工作流程执行检查次数）×100%	行政办公室
行政办公设备完好率	（考核期内完好的行政办公设备数量÷考核期内行政办公设备总数量）×100%	行政办公室
员工满意度	（对企业满意的员工数量÷全部被调查员工的数量）×100%	人力资源部
车辆调度投诉率	（考核期内车辆调度问题被投诉的次数÷考核期的总天数）×100%	人力资源部
行政工作满意度（内部客户）	（考核期内对行政部门满意的内部客户数量÷考核期内全部被调查的内部客户数量）×100%	人力资源部
培训计划完成率	（考核期内实际完成培训的数量÷培训计划中的培训数量）×100%	人力资源部
员工流失率	[考核期内离职的员工数量÷（考核期内离职的员工数量＋考核期末仍在职的员工数量）]×100%	人力资源部

8.3.37 前台类岗位量化绩效指标库

前台类岗位一般包括前台经理、前台主管、前台等。

前台类岗位的主要职责包括来访客户的引导和接待，电话的转接，报纸、文书、信息等的传达，员工外出的登记，协助安排会务，提供前台服务等。

前台类岗位的量化绩效指标可以参考表 8-53。

表 8-53　前台类岗位量化绩效指标参照

绩效指标	指标定义	参考指标来源
来访人员接待及时率	（考核期内来访人员得到马上接待次数÷考核期内来访人员总数）×100%	直属上级
信息传达及时率	（考核期内前台及时传达的信息数÷考核期内应传达信息数）×100%	直属上级
文书送达及时率	（考核期内前台及时传达的文书数÷考核期内应传达文书数）×100%	直属上级
电话转接及时率	（考核期内电话得到马上转接的次数÷考核期内电话来访总次数）×100%	直属上级
前台作业环境合格率	（考核期内前台作业环境检查合格次数÷考核期内前台作业环境检查次数）×100%	直属上级
外出登记完整率	（考核期人员外出登记次数÷考核期内外出总人数）×100%	直属上级
内部协作满意度（内部客户）	（考核期内对前台部门满意的内部客户数量÷考核期内全部被调查的内部客户数量）×100%	人力资源部
对前台人员的投诉率	（考核期来访人员对前台人员的投诉次数÷考核期内来访人员总数）×100%	客户服务部
培训计划完成率	（考核期内实际完成培训的数量÷培训计划中的培训数量）×100%	人力资源部
员工流失率	[考核期内离职的员工数量÷（考核期内离职的员工数量＋考核期末仍在职的员工数量）]×100%	人力资源部

8.3.38 司机类岗位量化绩效指标库

司机类岗位一般包括车队长、司机管理人员、商务车司机、长途司机、货运司机、出租车司机等。

司机类岗位的主要职责包括所辖线路或区域内的乘客或货物的运输，保证运输的及时性，提供优质的服务，做好车辆维护等。

对司机类岗位的量化绩效指标可以参考表 8-54。

表 8-54　司机类岗位量化绩效指标参照

绩效指标	指标定义	参考指标来源
车辆检修和维护及时率	（考核期内实际按时检修和维护车辆的次数÷考核期内应当进行车辆检修和维护的次数）×100%	直属上级
车辆外部卫生保持率	（考核期内按时完成车辆外部清洗次数÷考核期内应当完成车辆外部清洗次数）×100%	直属上级
车辆内环境保持合格率	（考核期内车辆内部环境整洁检查合格次数÷考核期内车辆内部环境检查次数）×100%	直属上级
证件审核及时率	（考核期内实际按时审核证件的次数÷考核期内应当按时审核证件次数）×100%	直属上级
交通违章发生率	（考核期内发生交通违章的次数÷考核期内出车次数）×100%	直属上级
交通事故发生率	（考核期内发生交通事故的次数÷考核期内出车次数）×100%	直属上级
对司机的投诉率	（考核期内对司机的投诉次数÷考核期内司机的出车次数）×100%	客户服务部
乘客满意度	（考核期内对司机满意的乘客数量÷考核期内全部参与调查的顾客数量）×100%	网络信息部或第三方权威机构
培训计划完成率	（考核期内实际完成培训的数量÷培训计划中的培训数量）×100%	人力资源部
员工流失率	[考核期内离职的员工数量÷（考核期内离职的员工数量＋考核期末仍在职的员工数量）]×100%	人力资源部

8.3.39　厨师类岗位量化绩效指标库

厨师类岗位一般包括行政总厨、厨师长、厨师、厨师学徒等。

厨师类岗位的主要职责包括厨房生产量预测；制定和落实控制措施，使餐品质量、分量始终保持一致；不断提高餐品质量；控制成本；不断研发新的餐品；不断提高顾客满意度等。

厨师类岗位的量化绩效指标可以参考表 8-55。

表 8-55　厨师类岗位量化绩效指标参照

绩效指标	指标定义	参考指标来源
销售收入完成率	（考核期内的实际销售收入÷考核期内的目标销售收入）×100%	财务部
销售收入增长率	（考核期末的销售收入÷前一考核期末的销售收入－1）×100%	财务部
毛利率完成率	（考核期内的实际毛利率÷考核期内的目标毛利率）×100%	财务部
新餐品开发率	（考核期内实际新开发的餐品数量÷考核期内计划新开发的餐品数量）×100%	人力资源部

绩效指标	指标定义	参考指标来源
餐品质量合格率	（考核期内餐品质量检查合格次数÷考核期内餐品检查次数）×100%	直属上级
食材验收检查合格率	（考核期内检查食材验收情况合格次数÷考核期内食材验收检查次数）×100%	直属上级
后厨作业环境合格率	（考核期内后厨作业环境检查合格次数÷考核期内后厨检查次数）×100%	直属上级
餐品口味合格率	（考核期内餐品口味检查合格次数÷考核期内餐品口味检查次数）×100%	直属上级
厨师仪容仪表合格率	（考核期内厨师仪容仪表检查合格次数÷考核期内厨师仪容仪表检查次数）×100%	直属上级
顾客满意度	（考核期内对菜品满意的顾客数量÷考核期内全部参与调查的顾客数量）×100%	第三方权威机构
培训计划完成率	（考核期内实际完成培训的数量÷培训计划中的培训数量）×100%	人力资源部
员工流失率	[考核期内离职的员工数量÷（考核期内离职的员工数量+考核期末仍在职的员工数量）]×100%	人力资源部

8.3.40　后勤类岗位量化绩效指标库

后勤类岗位一般包括宿舍管理员、卫生清洁员、食堂管理员等。

后勤类岗位的主要职责包括管理企业的后勤服务工作，为企业提供后勤保障等。

后勤类岗位的量化绩效指标可以参考表 8-56。

表 8-56　后勤类岗位量化绩效指标参照

绩效指标	指标定义	参考指标来源
后勤现场作业达标率	（考核期内后勤现场作业达标次数÷考核期内后勤现场作业检查次数）×100%	质量管理部
后勤费用率	（考核期内实际发生的后勤费用额÷考核期内企业的管理费用总额）×100%	财务部
后勤工作计划完成率	（考核期内后勤工作计划实际完成的项目数量÷考核期内后勤工作计划应完成的项目数量）×100%	行政办公室
后勤投诉率	（考核期内后勤部门被投诉的次数÷考核期的总天数）×100%	人力资源部
后勤满意度（内部客户）	（考核期内对后勤部门满意的内部客户数量÷考核期内全部被调查的内部客户数量）×100%	人力资源部
培训计划完成率	（考核期内实际完成培训的数量÷培训计划中的培训数量）×100%	人力资源部
员工流失率	[考核期内离职的员工数量÷（考核期内离职的员工数量+考核期末仍在职的员工数量）]×100%	人力资源部

第**9**章

用数据提升员工
关系管理效能

管理能力更强调规则建设，组织能力更强调关系建设。员工关系管理是一种组织管理，不仅涉及管理人与人的关系，还涉及管理人与财的关系、人与物的关系以及人与组织的关系等。本章以 G 公司为例，介绍在员工关系管理中，员工敬业度的调研分析方法、工伤的统计分析方法和风险量化的方法。

9.1 案例：上市公司员工敬业度调查分析

对员工满意度的调查和分析是很多公司都会做的一种人力资源管理数据调查统计形式，然而员工敬业度调查却是被许多公司忽略的。员工敬业度与员工满意度的含义不同，它是员工对公司的归属感、对工作的积极性和对岗位的责任感。

员工的满意度能够提升员工的敬业度，但提升员工的满意度却不是增加员工敬业度的唯一方式。员工的敬业度与员工的目标和价值观有很大关系，有的员工期望在职业上获得比较好的发展，有的员工期望薪酬有所增加，还有的员工期望生活和工作获得平衡。当员工的期望得到满足时，员工的满意度和敬业度都将会提高。

公司期望发展，期望核心竞争力获得提高，这就需要根据市场状况调整自身的组织方式。当公司的期望获得满足时，公司会获得成功，这时候，员工会达到对公司的高贡献度。

笔者的团队每年会帮助 G 公司实施一次员工敬业度调查，通过员工敬业度调查，获取员工敬业度的数据信息，查找在员工敬业度调查中表现出来的比较薄弱的环节，从而采取相应的行动计划，提高员工敬业度。

9.1.1 员工敬业度调查问卷

笔者的团队对 G 公司进行员工敬业度调查时，参考了盖洛普（Gallup）员工敬业度调查的方法论，将员工敬业度的调查问卷分成了 12 个问题，每个问题的最高分为 5 分，最低分为 1 分。G 公司员工敬业度调查问卷如表 9-1 所示。

表 9-1　G 公司员工敬业度调查问卷

序号	问题	完全同意	比较同意	一般	不太同意	完全不同意
1	我很清楚公司对我工作的具体要求	5	4	3	2	1
2	我身边有做好我的工作所需要的全部资源	5	4	3	2	1
3	我每天都有机会做我擅长做的工作	5	4	3	2	1
4	在过去的 7 天之内，我曾经因为工作出色而受到了表扬	5	4	3	2	1
5	我的上级领导和周围的同事关心我的个人情况	5	4	3	2	1
6	我的上级领导和周围的同事鼓励我的个人发展	5	4	3	2	1

序号	问题	完全同意	比较同意	一般	不太同意	完全不同意
7	我的意见在工作中能够受到重视	5	4	3	2	1
8	我因为公司的目标或使命而感觉到自己工作的重要性	5	4	3	2	1
9	我的同事们都在努力完成高质量的工作	5	4	3	2	1
10	公司中有 1 位同事是我最要好的朋友	5	4	3	2	1
11	在过去的 6 个月里，公司有人曾经和我谈起过我的进步	5	4	3	2	1
12	在过去的 1 年里，我有机会在工作中获得学习和成长	5	4	3	2	1
其他方面的意见和建议： 非常感谢您参与调查，祝您工作顺利，万事如意！						

问卷中的 12 个问题对应着公司 4 种不同的关注领域，分别是员工的基本需求、管理层对员工的支持、员工的团队协作和员工的发展问题，对应情况如表 9-2 所示。

表 9-2　员工敬业度调查问卷与关注领域的对应情况

序号	问题	关注领域
1	我很清楚公司对我工作的具体要求	员工的基本需求
2	我身边有做好我的工作所需要的全部资源	
3	我每天都有机会做我擅长做的工作	管理层对员工的支持
4	在过去的 7 天之内，我曾经因为工作出色而受到了表扬	
5	我的上级领导和周围的同事关心我的个人情况	
6	我的上级领导和周围的同事鼓励我的个人发展	
7	我的意见在工作中能够受到重视	员工的团队协作
8	我因为公司的目标或使命而感觉到自己工作的重要性	
9	我的同事们都在努力完成高质量的工作	
10	公司中有 1 位同事是我最要好的朋友	
11	在过去的 6 个月里，公司有人曾经和我谈起过我的进步	员工的发展问题
12	在过去的 1 年里，我有机会在工作中获得学习和成长	

根据对员工敬业度的调查结果，公司可以把员工分成 3 类，分别是敬业员工、从业员工和怠工员工。

敬业度比较高的员工是敬业员工，这类员工的工作效率比较高，对公司比较忠诚，愿意在公司长期工作，有责任意识和主人翁意识，工作环境提供的大部分条件都能满足其工作需求。

敬业度处在中等水平的是从业员工，这类员工虽然有一定的工作效率，但是对公司不够忠诚，缺乏认同感和责任意识，容易缺勤，工作环境提供的条件只能满足其部分的工作需求。

敬业度比较低的是怠工员工，这类员工的工作效率比较低，对公司不忠诚，对公司不满意，同时还可能会散布不满情绪，工作环境提供的条件基本不能满足其工作需求。

9.1.2 员工敬业度调研步骤

笔者的团队每次对 G 公司进行员工敬业度调查项目的步骤大体可以分成 3 个阶段，分别是项目的准备阶段、实施阶段和评估阶段。

1. 准备阶段

在项目的准备阶段，比较关键的工作内容如下。

（1）确定接受调查的人员范围。为了获得同比数据，接受员工敬业度调查的人员范围一旦确定，不应随意变更。

（2）进行敬业度调查的问卷设计。调查问卷中的 12 个问题比较经典，一般不会变更，但可以根据公司需要，增加一些新的调查问题。为保证问卷调查效果，在设计调查问卷时，调查问题的数量不宜过多，加上原来的 12 个问题，一般最多不宜超过 24 个问题。

（3）制定问卷调查的行动方案。公司在实施问卷调查的时候，应采取最简便的发放和收集问卷的方法，既要保证员工清楚填写调查问卷的正确方法，又不能因为填写问卷影响员工的正常工作。

（4）确定参与调查项目的工作人员。实施问卷调查离不开工作人员的付出，公司在选择实施项目的工作人员时，应尽量寻找工作能力强、有责任心的工作人员。

2. 实施阶段

在项目的实施阶段，比较关键的工作内容如下。

（1）开始实施敬业度调查。敬业度调查项目的工作人员根据事先制定的行动方案实施员工敬业度调查，推进项目的实施进度。

（2）解答来自员工的疑问。在实施敬业度调查的过程中，员工可能会存在一些疑问，工作人员应当及时解答员工的疑问。

（3）进行数据的分类统计。员工敬业度调查的 12 个问题，每个问题都具有一定的代表性，公司应分别统计其分值大小，而不是直接计算总分。

3. 评估阶段

在项目的评估阶段，比较关键的工作内容如下。

（1）按时间维度对敬业度进行对比分析。对于员工敬业度的调查结果，公司可以对比历年同期的变化情况。根据变化情况，找出员工敬业度的变化趋势，进一步分析变化趋势产生的原因，聚焦问题所在，根据问题采取相应的行动方案。

（2）按部门维度对敬业度进行对比分析。不同部门或团队的员工的敬业度结果通常是不同的。对于员工敬业度比较低的部门或团队，应当对比敬业度比较高的兄弟部门或团队，查找本部门或团队员工敬业度低的主要原因，制定并实施相应的行动方案。

（3）行动方案的跟踪落实。根据针对员工敬业度结果分析而制定的行动方案，方案中的责任人应做好落实工作。敬业度调查项目的工作人员应阶段性跟踪责任人的行动，做好对行动落实情况的评估工作。

9.1.3 员工敬业度和贡献度分类模型

高敬业度的员工不一定能够为公司带来更高的贡献度，敬业度是员工个体的主观努力，贡献度是公司层面的客观评价。如果单纯研究员工的敬业度，有可能不能直接体现出员工对公司的价值。要体现出员工对公司的价值，还要看员工对公司的贡献度。

绩效评价结果就是员工对公司的贡献度的一种体现，除此之外，公司可以以部门为单位，通过强制排序法或强制分步法，直接评价不同员工对公司的贡献度大小。

根据员工敬业度和贡献度的不同，公司可以把所有员工分成 5 类，如图 9-1 所示。

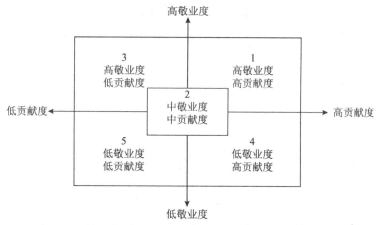

图 9-1　员工敬业度和贡献度分类模型

1. 高敬业度，高贡献度

这类员工是公司的明星员工，公司应当重点关注他们。对于这类员工，公司可以给他们提供更多的薪酬奖励、更多样的福利选择和更广阔的职业发展空间，进一步提高他们的敬业度和贡献度，让他们为公司承担更大的责任，创造更大的价值。

2. 中敬业度，中贡献度

这类员工是公司的骨干力量，他们可能勤勤恳恳，但业绩平平。对于这类员工，公司可以了解他们的需求，首先尝试提高他们的敬业度，当他们的敬业度提高之后，看他们的贡献度是否得到提高。如果贡献度没有提高，可以进一步对他们实施培训。

3. 高敬业度，低贡献度

这类员工拥有比较高的敬业度，却没有较高的贡献度。产生这种情况的原因可能是员工的能力水平较差，这时候公司可以对他们进行能力培训；可能是员工所在的岗位不利于其发挥能力，这时候公司可以对他们实施调岗；可能是员工所处的环境让其难以发挥能力，这时候公司可以帮员工创造更好的环境；可能是员工没有足够的资源，这时候公司可以为员工提供资源。

4. 低敬业度，高贡献度

这类员工的高贡献度并没有受低敬业度的干扰，这可能是因为这类员工的能力比较强，如果提高他们的敬业度，可能会提高他们的贡献度；也可能是因为贡献度评价本身有问题，对这类岗位所在的员工来说不需要付出努力，自然就能获得高贡献度；还可能是因为贡献度评估的标准存在问题，员工的实际贡献度并不高，评价结果却是较高的。

5. 低敬业度，低贡献度

对于这类员工，公司可以审视员工的低贡献度与低敬业度之间是否存在联系。如果低贡献度是由低敬业度引起的，可以设法提高员工的敬业度；如果低贡献度与低敬业度没有联系，公司可以在必要的培训后，调换岗位或进行汰换。

9.1.4 提高员工敬业度的方法

提高员工敬业度既是一项系统的工程，又是一项持续的工作，还是一项需全员参与的活动。提高员工敬业度不是通过一两个部门或者一两个管理者的努力就能够实现的，要想提高员工的敬业度，需要公司各层级管理者和员工本人的共同努力。

1. 高层管理者

对高层管理者来说，要做好"CASE"，这是由 4 个英文关键词的首字母组成的词。这 4 个英文关键词的含义分别如下。

Community，表示高层管理者要在公司中创造团体意识，强调团队精神。

Authentic，表示高层管理者的个人行为和管理行为传达的信息要真实有效。

Significance，表示高层管理者要能够帮助员工建立和寻找工作的意义。

Excitement，表示高层管理者要能够让员工为工作感到兴奋。

在英文中，"CASE"这个单词本身的含义可以是"事件/事情"。在提高员工敬业度方面，这个词恰好体现了高层管理者对待这件事的基本态度——高层管理者要重视员工敬业度，要把提高员工敬业度提上日程，要把提高员工敬业度当成一件专门的事情来做，而不是无视它的存在。

2. 中层管理者

对中层管理者来说，要做好"CARE"，这也是由 4 个英文关键词的首字母组成的词。这 4 个英文关键词的含义分别如下。

Coach，表示中层管理者要担任好员工的教练角色，成为员工的绩效教练和职业发展教练，帮助员工提升绩效水平的同时，帮助员工实现个人发展。

Align，表示中层管理者要像一只指南针一样校准员工的行为，当发现员工做出不利于公司和岗位的行为时，中层管理者要及时帮助员工做出调整。

Recognize，表示中层管理者要有能力识别团队中的优秀员工，要不吝惜对优秀员工的表扬，及时表达对员工贡献的认可。

Engage，表示中层管理者不仅要能够评估自己的敬业度，更要评估团队的敬业度；要能通过评估自己和团队当前的敬业度，找到在员工敬业度方面存在的问题，并及时改正。

在英文中，"CARE"这个单词本身的含义可以是"关心／关怀"。在提高员工敬业度方面，这个词恰好体现了中层管理者对待这件事的基本态度——中层管理者要关心员工的发展，关心员工的绩效，关心员工的敬业度。中层管理者在日常工作中真诚地关心员工会对员工的敬业度有最直接的影响，能够有效提升员工的敬业度。

3. 基层员工

对基层员工来说，要做好"ACT"，这同样是由 3 个英文关键词的首字母组成的词。这 3 个英文关键词的含义分别如下。

Assess，表示员工要能够明确自己的价值观，找到个人的职业发展期望，确定自己的目标，并能够定义和评估个人的成功。

Communicate，表示员工在工作中要与上级保持充分的沟通，当员工在工作中遇到问题时，对绩效有异议时，或者对个人发展有想法时，都要及时与上级沟通，保持上下级之间信息的透明化，避免出现信息不对称的情况。

Take action，表示员工要为了个人的发展和岗位的绩效而不断采取行动。

在英文中，"ACT"这个单词本身的含义可以是"行动／行为"。在提高员工敬业度方面，这个词恰好体现了员工对待这件事的基本态度——员工要积极主动采取行动，而不是坐等来自管理者的指令。主动沟通也是一种积极的行动，当员工发现问题时，要及时主动与管理者沟通，也可以申请资源或主动寻求来自管理者的支持和帮助。

9.2　案例：上市公司工伤情况分析

工伤不仅会给员工的身心造成伤害，还会给员工的家庭造成负面影响，同时有可能给公司带来巨大的经济损失。公司不希望员工发生工伤，可以通过采取措施,对工伤进行管控。G公司以月度为单位,分析和统计公司员工发生工伤的情况,并通过分析,降低工伤发生的概率。

9.2.1 工伤情况统计

公司在统计工伤情况时,除了要记录工伤人员的姓名、工伤发生的时间、工伤发生的地点之外,还要记录清楚工伤发生的具体经过,以及是否需要进行伤残等级鉴定。G公司对员工工伤情况的统计如表9-3所示。

表9-3 G公司工伤情况统计

序号	子公司名称	工伤人员姓名	发生时间	发生地点	发生工伤经过	鉴定等级
1	C公司	杨××	20××-01-11	机加车间	机加车间车工班长,1月11日加班生产车轴时被铁屑割伤,左手中指屈股腱断裂	等待鉴定
2	B公司	由××	20××-04-12	1车间	在成型工序脱芯时,脱模块滑落,导致左手无名指夹伤,诊断为无名指骨裂	
3	A公司	刘×	20××-04-30	红绿灯路口	4月30日00:40左右,刘忠下班,开车去父母家,走到红绿灯与另一车相撞	
4	A公司	张××	20××-05-04	1车间	5月4日18:30左右,在车间处理缠辊的丝,左手无名指不小心被挤伤	等待鉴定
5	A公司	刘×	20××-05-09	3车间	5月9日20:40,在卸6号机织物时,被气胀轴砸到左脚趾,诊断为第一趾骨折	
6	A公司	付××	20××-06-02	物料场	检查车间到仓库沿途管廊,往回走时,上台阶不小心脚扭了,骨折	等待鉴定
7	B公司	李××	20××-07-04	2车间	在车间清理辊时,没按规定操作,导致手被卷入辊中,右手小拇指和食指粉碎性骨折	等待鉴定
8	C公司	庞××	20××-07-19	3车间	在抛光车间检验18 T釜部件,在放倒部件过程中部件滑动手失控导致部件砸在右脚上,造成右脚第一趾粉碎性骨折,第二、三趾粉碎性骨折,经调查,事故发生时未穿劳保鞋	等待鉴定
9	C公司	翟××	20××-08-13	2车间	在2车间引丝架安装过程中,不慎从架子坠落,将胸部摔伤,当时未在意,至8月23日仍未好转,后去医院拍片发现右侧第8肋骨裂纹骨折	等待鉴定
10	A公司	徐××	20××-11-18	8车间	在退丝棚剪丝后准备将丝系在一起,剪刀掉地上,一边将丝拉紧,由于分神右手食指末节被丝勒断	等待鉴定

对每次工伤情况的统计是工伤分析需要的底层数据，这就要求对工伤情况的记录要客观，记录的信息要尽量详尽。

9.2.2　工伤汇总分析

在完成对工伤情况的统计之后，G公司每月会分析不同年份的工伤变化情况。这种变化一方面显示了G公司对工伤的管控结果，另一方面能显示未来年份工伤可能的发展趋势。

G公司工伤情况的汇总如表9-4所示。

表9-4　G公司工伤情况汇总

子公司	年份	工伤总数	因生产或操作事故引起的工伤数	伤残鉴定评级工伤数	公司因工伤赔付金额（万元）
A	20×1年	9	7	3	3.5
	20×2年	7	6	2	7.3
	20×3年	7	6	3	8.4
B	20×1年	8	6	1	8.6
	20×2年	7	5	1	6.9
	20×3年	14	11	6	12.5
C	20×1年	5	5	2	5.7
	20×2年	7	6	3	3.9
	20×3年	4	3	3	4.8

工伤发生的概率与公司总人数和从事危险岗位的人员数量有很大的关系。

对于子公司中，总人数和从事生产岗位的人员数量存在较大差异的公司，可以比较发生工伤总数和公司总人数的比率关系，以及发生工伤总数和从事生产岗位的人员数量的比率关系。比率越大，代表该子公司工伤的管控结果越差。

从表9-4的数据能够看出，A公司和C公司从20×1年到20×3年，对工伤总数和因生产或操作事故引起的工伤数的管控比较到位，数值相对比较稳定，说明两家子公司对工伤数量的管控有一定成效。

在3年内所有发生的工伤总数中，A公司和C公司因生产或操作事故引起的工伤数在工伤总数中的占比比B公司更大，而且发生工伤后需要进行伤残鉴定的工伤数在工伤总数中的占比也比较大。说明如果A公司和C公司能改善员工生产或操作过程中的安全问题，发生工伤的概率将会大大降低。

B公司发生工伤的总数在20×3年出现了比较大的增长，在因生产或操作事故引起的工伤数方面同样有了比较大的增长，而且需要进行伤残鉴定评级的工伤数也比较多。这说明B公司对工伤数量的管控结果比较差，工伤引起的后果比较严重，需要仔细分析每一起工伤发生的原因，及时采取行动措施，降低再次发生工伤的概率。

一般来说，工伤发生的数量越少，公司因工伤赔付的金额也会越少，但因为工伤的严重程度不同，两者之间并没有必然的联系。有时候，公司发生工伤的数量并不多，却会出现公司工伤赔付金额比较高的情况。

有的公司会计算平均每起工伤的赔付金额，就是用当年公司因工伤赔付的总金额除以当年工伤发生总数。这个数据可以作为参考，但并不具备比较强的可比性和分析价值，不能把这个数据作为考核依据。

9.2.3 如何减少工伤

要想有效减少公司工伤事故的发生，人力资源管理者可以从以下环节入手。

1. 完善劳保用品管理

公司要给存在受伤风险的岗位的员工发放劳动保护用品，发放劳动保护用品的标准不得低于国家相关法律法规中规定的标准。公司给员工提供的劳动保护用品是公司提供的劳动条件，是公司和员工双方劳动关系组成的要素之一。

2. 强化员工的培训教育

公司可以通过强化员工的教育培训，通过思想教育类培训和操作技能类培训提高全员的安全意识，并通过实际的安全事故警醒员工，以及总结安全事故的教训。

公司需要重点把握以下几种类型的培训。

（1）新员工入职时的安全培训。

（2）特殊岗位或特种作业岗位的安全培训。

（3）部门内部自发组织的安全培训。

（4）企业定期集体组织的安全培训。

3. 规范作业流程

公司可以通过查找员工作业动作中的安全隐患，形成受伤风险较大的岗位的标准化作业程序。通过清单式管理法，建立受伤风险较大的岗位的作业清单，规范、固化员工的作业流程。通过标准化作业流程，把安全隐患降到最低。

4. 定期进行检查

公司负责安全的部门要每天进行安全检查，对安全隐患比较大的区域要重点检查。公司也可以定期组织内部的安全大检查，可以鼓励部门内部进行安全自查，当发现存在安全隐患的环境或问题之后，及时做出改正。

5. 设立安全管理员

公司可以让不同岗位相对比较优秀的员工轮流做兼职安全管理员，有条件的公司也可以设立全职的安全管理员。兼职和全职的安全管理员的主要职责是在日常的工作中查找安全隐患问题，及时修正。

6. 合理实施赏罚

公司可以在定期的检查和自查中找到安全管理优秀或较差的团队和个人，优秀的可以给予奖励,较差的应当给予相应的惩罚。赏罚可以和某种积分挂钩,也可以和工资或奖金挂钩,还可以与员工福利挂钩。

7. 安全责任评优

公司的安全管理不仅可以与绩效、薪酬挂钩,还可以与员工荣誉挂钩。公司可以设定全年未出任何安全事故的部门或个人才有年终评优的机会,或者才有岗位晋升、学习、获得某种荣誉的机会等。

9.3 案例:风险量化的方法

工伤的发生是因为存在风险,要想减少工伤的发生,应当设法降低公司经营管理过程中的风险。在公司经营管理的过程中,风险是无处不在的。公司中的风险,其实是能够被量化的,通过识别风险、评估风险、量化风险,人力资源管理者能够帮助公司降低风险。

9.3.1 风险量化的3个维度

风险量化,既不是客观上的量化,也不是绝对的量化,而是在一定的规则之下实现的量化。在某个场景、某个规则之内,风险量化的数据成立,离开了具体的场景和规则,风险量化后的数据会变成一个没有意义的数字。

比如,在某公司定义的规则内,A事件的风险系数是50。然而到了另一家公司,面对同样的A事件,这个风险系数将会失去意义。因为在这家公司,有不同的场景和规则。在这家公司的具体场景和规则之下,A事件的风险系数可能会变成500。所以,风险量化的关键在于如何定义风险量化的规则系统。这一点,不同的公司也许有完全不同的定义。

G公司对风险量化的方式,是在识别风险源之后,把风险按照可能性、频繁度和后果划分成3个维度,并将3个维度分别量化赋分。通过对这3个维度的综合分析和计算,得出风险等级。

1. 可能性

可能性指的是风险源转化为事故的概率大小。概率越大,风险源转化为事故的可能性越大;概率越小,风险源转化为事故的可能性越小。

2. 频繁度

频繁度指的是在一定时间内,风险源出现的次数。有时候,虽然风险源转化为事故的概率比较低,但当频繁度足够大时,风险依然可能比较大。

3. 后果

后果指的是一旦发生风险之后,产生的结果。后果本身并不代表风险大小,有的风险发生的可能性极小，但是一旦发生，后果就比较严重，比如火灾。

G公司对风险发生的可能性、频繁度和后果的评分定义如表9-5所示。

表9-5 G公司对风险发生的可能性、频繁度和后果的评分定义

风险发生的可能性		风险发生的频繁度		风险发生的后果	
分值	状态	分值	状态	分值	状态
10	极为可能	10	每天不定时连续发生	100	群死群伤
6	很有可能	6	每天工作时间内发生	40	数人死亡
3	可能，但非经常	3	大约每周发生一次	15	一人死亡
1	可能性较小，若发生属于意外	2	大约每月发生一次	7	出现重伤
0.5	不太可能，但可以设想	1	大约每季度发生一次	3	出现残疾
0.2	几乎不可能	0.5	大约每年或更长时间发生一次	1	有人受伤
0.1	完全不可能				

G公司计算风险等级的公式如下。

风险等级分值 = 可能性分值 × 频繁度分值 × 后果分值。

比如，当发现某风险发生的可能性分值是3，频繁度分值是2，后果分值是7时，风险等级分值为3×2×7=42。

9.3.2 风险量化的5个等级

G公司把风险定位在3个维度上之后，根据风险发生的可能性、频繁度和后果，能够计算出风险值。但只有风险值，并不能说明风险的严重程度，还需要对风险发生后的结果进行等级划分。

G公司风险等级得分与风险程度的对应关系如表9-6所示。

表9-6 G公司风险等级得分与风险程度的对应关系

风险等级分值	风险等级	代表的风险程度及对策
大于320	重大风险	极其危险，坚决停止作业，立即整改，整改完成前不得恢复作业
161～320	较大风险	高度危险，停止作业，立即整改，整改过程中视情况恢复作业
71～160	一般风险	明显危险，需要整改，视情况可以不停止作业
20～70	较低风险	一般危险，需要引起注意，可以在作业过程中整改
小于20	低风险	危险较小，能够接受

当G公司发现的风险源分值处在不同等级时，要根据表9-6中其代表的风险等级和风险程度，及时采取相应对策。对风险等级较高的风险源，公司要越重视；对风险等级比较低的风险源，公司也要注意。

当遇到风险等级分值达到160以上、风险等级在较大风险及以上的风险源，

要立即停止作业，立即整改；当遇到风险等级分值在 20～160、风险等级在较低或一般的风险源，要引起重视，可以考虑一边整改一边作业；当遇到风险等级分值在 20 以下、风险等级较低的风险源，可以考虑接受这种风险，或者换句话说，认为这种风险源是安全的。

9.3.3 风险量化评估样表

G 公司致力于把所有生产环节的风险等级分值控制在 70 以内，为此，G 公司要求安环部门每月进行一次风险量化评估。根据安环部门对所有风险源的评估打分，按照风险等级分值由高到低的先后顺序采取整改行动。

G 公司安环部门根据风险评估,确定风险管控的优先级顺序和行动方案如表 9-7 所示。

表 9-7　G 公司确定风险管控的优先级顺序和行动方案

序号	可能的风险源 / 危害因素	可能发生的事故类别	风险等级评估				现有的控制方式 / 整改方案	责任人	完成时间
			可能性	频繁度	后果	风险等级			

表 9-7 不仅可以作为安环部门检查生产部门风险源的工具表，也可以作为生产部门自查风险源的工具表。生产部门对一线生产环境的了解往往比安环部门对一线生产环境的了解更深，当生产部门重视风险管控，学会自我查找风险源的时候，可能比安环部门查找到的风险源更多。

另外，生产部门最了解生产作业流程，很多生产过程中的危险，实际上发生在不规范的生产作业流程中。如果生产部门能够定期对生产作业流程中的每个行为动作做一次风险量化评估，对帮助管控公司的风险效果更佳。

经过工作自查，生产部门能在生产现场发现更多的风险源。要控制这些风险源，需要一定的时间和相应的方案，也需要有做事的先后顺序。这就需要生产部门在识别风险源之后，根据风险等级，制定对应的控制方式或整改方案。

当然，除了生产环节之外，还可以运用这套风险量化和改进方法查找、评估和量化全公司所有岗位、所有工作流程中的风险源和风险等级分值，并同样进行相应的改进行动，帮助公司在各方面降低风险。

结语　相同的数据，不同的结论

在前言中，笔者提到了一句经典的管理土话——数据会说话。数据不是活物，当然自己不会说话，数据是靠运用数据的人来"说话"的。人们根据情况分析数据，形成方案，得出结论，然后发声。然而，相同的数据被不同的人运用的时候，很可能会得到不同的结论。

有一个《射雕英雄传》版本的荒岛卖鞋故事，故事的大意是这样的：郭靖和杨康被成吉思汗派去桃花岛从事射雕牌运动鞋的市场拓展工作。郭靖和杨康一上桃花岛就惊讶地发现，这里的居民不论男女老少全都光着脚，没有一个人是穿鞋的。

杨康一看这个场面，倒吸了一口凉气，说："这下完了，这里根本没市场！"

可郭靖却不这么想，他掏出手机给成吉思汗打了个电话汇报。面对桃花岛这个空白的市场，郭靖在电话里说："桃花岛人口众多，但信息闭塞。现在全岛居民，全部光脚。在运动鞋市场上没有任何竞争对手，这是一片茫茫的蓝海，市场将被我们独霸！真是可喜呀！"

这时候，在一旁的杨康听不下去了，抢过郭靖的电话说："成吉思汗大人，别听郭靖瞎嚷嚷！这个市场虽然没有竞争，但是这并不代表一定是蓝海。在竞争的大背景下，这么轻而易举地让我们找到了蓝海，您觉得可能吗？难道阿迪、耐克这些国际巨头会发现不了？我看肯定是岛上有几百年流传下来不穿鞋的生活习惯，短期内是无法改变的，所以各路群雄，都只能望而却步！这不是可喜，是可惜啊！"

成吉思汗比较理性，分别听完了郭靖和杨康的一番话，他只说了一句："继续调研，要用数据说话！"就把电话挂了。

一个星期之后，杨康率先给成吉思汗发了一封邮件，附件是一份调研报告。杨康的调研报告里面详细地记录了他与岛内精心筛选出来的 150 个居民的谈话内容，以及他抽取居民样本时科学合理的甄别条件，最后的结论就是：岛内居民100% 以捕鱼为生，脚一年四季泡在水里，根本就不需要鞋。这就是这个岛居民不穿鞋的原因。

按照这封邮件的说法，应该有结论了，也就是这个市场不值得做。可是成吉思汗看到邮件之后没有马上做决策，而是继续等。他在等什么呢？他在等郭靖的结论。

又过了两天，郭靖打来了电话。郭靖在电话里说："这个市场可以做！"原因是岛上的居民除了捕鱼之外，每周都要上山砍柴，并且在这个过程中，十有八九会被划破脚。这不正是卖鞋的时机吗？更可喜的是，通过这段时间的调研，郭靖和岛主的女儿黄蓉逐渐产生了感情，而且黄蓉答应给射雕牌运动鞋做形象代言人！

在桃花岛投资卖鞋，到底要不要做这笔生意呢？故事到了这里，似乎应该有个结论了吧？可是成吉思汗听完郭靖的结论后，答复还是一句话，不过比第一次多了几个字："继续深入调研，用翔实的数据论证。"

为什么成吉思汗要这么说呢？难道郭靖和杨康提供的这些数据还不够翔实吗？

是的！因为关于是否可以在这里投资，成吉思汗还存在大量的疑问，具体如下。

第一类疑问是关于竞争对手的：难道竞争对手真的没来过？还是对方来过，经过了充分论证后发现真的不可行？对方又是怎么论证的呢？

第二类疑问是关于是砍柴这件事的：既然居民的主业是捕鱼，砍柴是业余要做的事，一周才一次，而且容易伤着脚，那居民砍柴这件事，会不会被山上开伐木厂代替？如果有了伐木厂，居民就不用上山砍柴了，到时候送柴上门，鞋还有什么用呢？

第三类疑问是关于经营的：运动鞋的运输成本是多少？营销成本是多少？销售成本是多少？前期预估的销售规模有多大？库存周转有多快？投资收益率到底会有多高？

对于这些问题，郭靖和杨康确实没有充分调研，然而这些还只是数据应用层面的问题。

通过这个故事，我们能得出另外一点非常重要的启示，那就是虽然正确的决策需要有充分的数据去论证，可是面对同样客观真实的数据，不同的人会说不同的话，相同的数据不一定能推导出相似的结论。郭靖和杨康面对的市场相同，数据基础相同，但是他们得出的结论却完全不同。

这个故事告诉我们，在实际工作中，即便拥有相同的数据基础，却有可能有人会和我们得出完全相反的结论。当出现这种情况的时候，我们很可能会陷入前面故事中郭靖和杨康的争论。最终谁也说服不了谁，难以形成决策。

如何避免这种情况发生呢？

这一点，我们可以参考 J 公司对门店选址的管理。J 公司在选择新开店位置的时候，对门店的选址标准有明确的规定。拟开门店所在的商圈情况、附近半径范围内的居民情况、居民购物习惯情况、当前竞争对手情况、当地的劳动力成本状况等，都是选址前必须调研的数据。

当这些数据达到某种标准的时候，J 公司才会选择在该位置开店，而不会因为不同选址人员的个人经验或喜好不同出现不同的判断而争论不休。

所以，解决这个问题最好的办法是用统一的标准和口径分析数据——事先定义标准，用标准来做数据分析。

比如，在《射雕英雄传》版本的荒岛卖鞋故事中，成吉思汗应当事先定义郭靖和杨康都应当获取哪些数据。当哪些数据出现的时候，代表这个市场值得做；当哪些数据出现的时候，代表这个市场不值得做。有了这些标准，就可以避免出现不必要的争论，数据的获取和分析将会更加高效。

为避免面对相同数据不同的人产生不同的结论，以及避免出现不必要的争论，在公司的人力资源管理实战中，人力资源管理者应当事前定义要解决某类特定问题，需要用到哪些数据，当这些数据达到什么标准时，应当做出何种判断，以及应当做出什么决策。

附录　人力资源数据分析常用公式

1. 基础分析常用公式

（1）人员系数＝员工实际出勤天数÷员工应出勤天数。

（2）月度平均人数＝（月初人数＋月末人数）÷2。

（3）季度平均人数＝（季内各月平均人数之和）÷3。

（4）年度平均人数＝（年内各季平均人数之和）÷4。

（5）员工离职率＝某时期的离职人数÷（期末人数＋某时期的离职人数）×100%。

（6）人员编制管控率＝（总编制人数÷总在职人数）×100%。

（7）月度出勤率＝（月度实际出勤天数÷月度应出勤天数）×100%。

（8）人员缺勤率＝（缺勤人数÷应出勤人数）×100%。

（9）加班强度比率＝（当月加班时数÷当月总工作时数）×100%。

（10）劳动合同签订比率＝（签订劳动合同的人数÷报告期内员工平均人数）×100%。

（11）员工投诉比率＝（员工投诉的数量÷报告期内员工平均人数）×100%。

2. 招聘分析常用公式

（1）单位招聘成本＝招聘总成本÷录用总人数。

（2）招聘完成比率＝（总录用人数÷计划招聘人数）×100%。

（3）简历获取率＝（收到简历总数÷招聘需求人数）×100%。

（4）简历合格率＝（通知面试的人数÷收取简历的数量）×100%。

（5）面试赴约率＝（参加面试的人数÷通知面试的人数）×100%。

（6）面试通过率＝（公司决定录用的人数÷参加面试的人数）×100%。

（7）最终到岗率＝（最终实际到岗的人数÷决定录用的人数）×100%。

（8）同批雇员留存率＝（同批雇员留存人数÷同批雇员初始人数）×100%。

（9）同批雇员损失率＝（同批雇员离职人数÷同批雇员初始人数）×100%。

（10）内部招聘比率＝（内部招聘人数÷总录用人数）×100%。

（11）外部招聘比率＝（外部招聘人数÷总录用人数）×100%。

（12）空缺岗位人员补充时间＝某岗位需求从确认到新人上岗花费的总天数。

（13）月度员工新进率＝（当月新进员工总人数 ÷ 当月平均人数）×100%。

（14）月度员工进出比率＝（月度入职员工总人数 ÷ 月度离职员工总人数）×100%。

3. 培训分析常用公式

（1）培训人次＝$N_1 + N_2 + \cdots + N_n$（N_n 指不同培训参加培训的实际人数）。

（2）内外部培训人数比率＝内部培训人次 ÷ 外部培训人次。

（3）某岗位受训人员比率＝（某岗位受训员工人次 ÷ 接受培训员工总人次）×100%。

（4）培训费用总额＝内部培训总费用＋外出培训总费用。

（5）人均培训费用＝报告期内培训总费用 ÷ 报告期内员工平均人数。

（6）培训费用占薪资比＝（报告期内培训总费用 ÷ 报告期内工资总额）×100%。

（7）内外部培训费用比率＝（内部培训总费用 ÷ 外部培训总费用）×100%。

（8）培训平均满意度＝报告期内所有培训员工满意度之和 ÷ 报告期内培训人次。

（9）培训测试通过率＝（通过测试总人次 ÷ 参加培训总人次）×100%。

（10）培训后绩效改善率＝（培训后绩效考核结果改善人次 ÷ 参加培训总人次）×100%。

4. 薪酬绩效分析常用公式

（1）直接生产人员工资比率＝（直接生产人员工资额 ÷ 工资总额）×100%。

（2）绩效工资比率＝（绩效工资总额 ÷ 工资总额）×100%。

（3）绩效评价 A 类员工比率＝（绩效评价 A 类员工人数 ÷ 员工总人数）×100%。

（4）人均工资＝报告期内工资总额 ÷ 报告期内员工平均人数。

（5）年工资总额增长率＝（报告期内年度工资总额 ÷ 上年度工资总额）×100% −1。

（6）年人均工资增长率＝（报告年度人均工资 ÷ 上年度人均工资）×100%−1。

（7）人均保险＝报告期内所缴保险总额 ÷ 报告期内员工平均人数。

（8）员工社会保险参保率＝（总社会保险参保人数 ÷ 报告期内员工平均人

数）×100%。

（9）万元工资销售收入＝报告期内销售收入总额÷报告期内员工工资总额。

（10）万元工资净利润＝报告期内净利润总额÷报告期内员工工资总额。

（11）人均销售收入＝报告期内销售收入总额÷报告期内员工平均人数。

（12）人均净利润＝报告期内净利润总额÷报告期内员工平均人数。